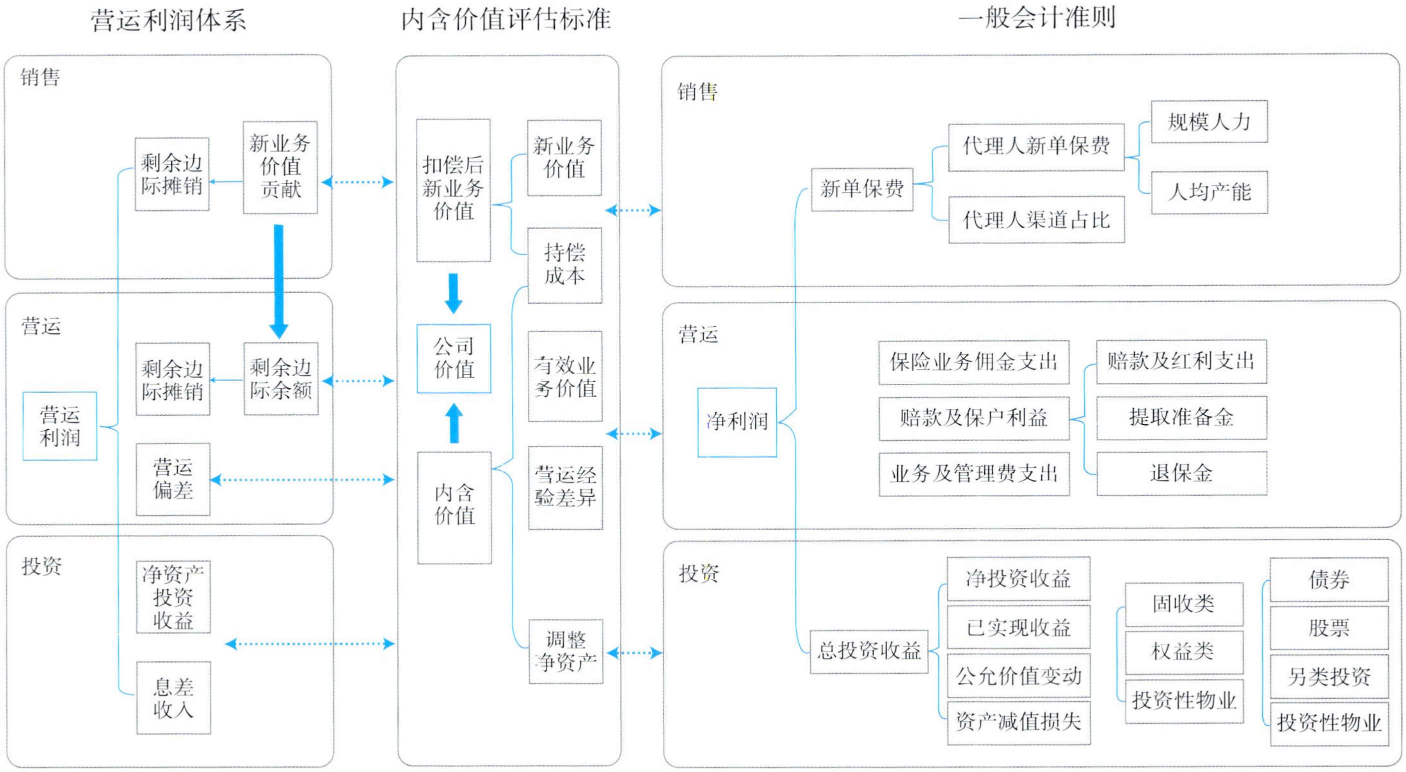
营运利润体系
内含价值评估标准
一般会计准则
销售
新业务价值贡献
剩余边际摊销
营运
剩余边际余额
剩余边际摊销
营运偏差
营运利润
投资
净资产投资收益
息差收入
扣偿后新业务价值
新业务价值
持偿成本
公司价值
有效业务价值
营运经验差异
内含价值
调整净资产
销售
新单保费
代理人新单保费
代理人渠道占比
规模人力
人均产能
营运
净利润
保险业务佣金支出
赔款及保户利益
业务及管理费支出
赔款及红利支出
提取准备金
退保金
投资
总投资收益
净投资收益
已实现收益
公允价值变动
资产减值损失
固收类
权益类
投资性物业
债券
股票
另类投资
投资性物业

读懂保险股

东先生◎著

INSURANCE STOCKS

中国经济出版社
CHINA ECONOMIC PUBLISHING HOUSE
北京

图书在版编目（CIP）数据

读懂保险股 / 东先生著. -- 北京：中国经济出版社，2021.5

ISBN 978-7-5136-6443-1

Ⅰ.①读… Ⅱ.①东… Ⅲ.①股票投资-基本知识 Ⅳ.①F830.91

中国版本图书馆 CIP 数据核字（2021）第 055889 号

责任编辑 燕丽丽 吴 楠

责任印制 巢新强

封面设计 久品轩

出版发行 中国经济出版社

印 刷 者 北京力信诚印刷有限公司

经 销 者 各地新华书店

开 本 710mm×1000mm 1/16

印 张 24

字 数 330 千字

版 次 2021 年 5 月第 1 版

印 次 2021 年 5 月第 1 次

定 价 69.00 元

广告经营许可证 京西工商广字第 8179 号

中国经济出版社 **网址** www.economyph.com **社址** 北京市东城区安定门外大街 58 号 **邮编** 100011

本版图书如存在印装质量问题，请与本社销售中心联系调换（联系电话：010-57512564）

名词释义

公司简称

中国人寿　中国人寿保险股份有限公司，上市公司代码601628。

中国平安　中国平安保险（集团）股份有限公司，上市公司代码601318。

中国太保　中国太平洋保险（集团）股份有限公司，上市公司代码601601。

新华保险　新华人寿保险股份有限公司，上市公司代码601336。

平安人寿　中国平安旗下专营人身险、健康险及养老险业务对应的公司主体。

太保人寿　中国太保旗下专营人身险、健康险及养老险业务对应的公司主体。

新华人寿　新华保险旗下专营人身险、健康险及养老险业务对应的公司主体。

中国人寿集团　中国人寿保险（集团）公司，是中国人寿（601628）的母公司。

中国人寿财产险　中国人寿财产保险股份有限公司。

广发银行　广发银行股份有限公司。

一般会计准则常用名词

规模保费 不考虑保险产品的种类，保险公司收多少钱就计多少该保费。

原保险保费 在规模保费基础上剔除投资类保费，得到的“原汁原味”的保费。

保险业务收入 在原保险保费基础上加上从其他公司分入的保费而得到的保费。

已赚保费 在保险业务收入基础上剔除分保支出和部分非当年保费而得到的保费。

赔款及保户支出 保险公司为客户支出的钱，包括赔款、红利等，提取准备金往往占比最大。

保险业务佣金支出 保险公司为渠道支出的钱，其中代理人佣金占比最大。

业务及管理费支出 保险公司为自有员工支出的钱，包括薪酬和激励奖金等。

净投资收益 不随公允价值波动的保险公司投资收益。

总投资收益 净投资收益加上各类资产（如股票）波动的收益。

折现率/投资收益率 基于一般会计准则计算会计准备金时使用的利率，又名会计利率。

会计准备金 基于一般会计准则计算出来的准备金，它与会计利率是一套。

最优估计负债 会计准备金的基础部分，用来覆盖对应的保险责任。

风险边际 会计准备金中，在最优估计负债上进行的额外计提，以应对不确定性风险。

剩余边际 保险公司在承保时就赚到的钱，但不得计入利润，只能计入会计准备金。

产品定价体系常用名词

预定利率 精算师“生产”保险产品时使用的利率，又名定价利率。

保险三差 死差、费差和利差。

行业监管体系常用名词

评估利率 监管部门约束产品定价时使用的利率，用来“锁死”定价利率。

偿付能力体系常用名词

最低偿付能力额度 为保障保险公司当前保单责任有效所需要的资本，又名最低资本。

偿付能力额度 根据特定方法评估的公司目前所具备的资本，又名实际资本。

偿二代 偿付能力体系 2.0 版本，包含定量、定性、市场监督三大支柱。

内含价值评估标准常用名词

集团内含价值 集团旗下非人身险公司的调整净资产 + 人身险部分的内含价值。

人身险内含价值 人身险部分的调整净资产 + 扣偿后有效业务价值。

扣偿后有效业务价值 有效业务价值 + 归属于有效业务价值的持有偿付能力额度的成本。

有效业务价值 存量保单理论上每年赚的钱的折现之和。

扣偿后新业务价值 新业务价值 + 归属于新业务的持有偿付能力额度的成本。

新业务价值 当年新增保单理论上每年赚的钱的折现之和。

持有偿付能力额度的成本 公司为持有对应保单所需的最低偿付能力额度而付出的代价。

营运利润体系常用名词

剩余边际摊销 剩余边际每年转换为利润的行为。每年转换多少与摊销模式有关。

净资产投资收益 基于净资产按5%投资收益率投资所得的收益。

息差收入 对应负债的那部分资产按5%投资收益率投资后，扣除“负债成本”后多赚的钱。

营运偏差 公司实际营运支出与假设支出之间的差别。

保险科技常见名词

ABCD 人工智能、区块链、云计算和大数据四种前沿技术的简称。

人工智能相关

自然语言识别 一种把人类的自然语言解读后转换为文本的技术。

知识图谱 一种告诉机器某种东西与另外一种东西关联关系的网络结构。

云服务相关

如果把“用户寻租云服务”比喻为“用户想要租一间厨房”，那么如下几个专有名词可以这样解释：

IaaS 层服务 云服务商只出租了一所空荡荡的房子给用户（基础设施）。

PaaS 层服务 云服务商出租了一所带中央厨房的房子给用户（基础设施+后端平台）。

SaaS 层服务 云服务商出租了一所带中央厨房且带厨具的房子给用户（完整软件服务）。

区块链相关

共识机制 一种让机器与机器达成共识的算法。

哈希加密 一种理论上无法反向解密的加密方式。

P2P 网络 点对点的传输网络。

推荐序

草帽路飞

一直以来，不断有想投资保险股的朋友问我：有没有一本从投资的角度系统介绍保险行业的书籍，能够帮助投资者快速学习基础知识？过去我一直都非常肯定地回答：没有。因为保险（尤其是人身险）行业自身一直在进行“波涛汹涌”的变革，从一般会计准则到内含价值评估标准，再到偿二代监管体系、营运利润体系，每隔三两年就冒出一个新东西，让投资人云里雾里。

虽然保险行业历史悠久，但从投资的角度来给保险公司合理估值还是一门新兴的学问。大多数投资人买保险股还是受到“保险股投资教父”戴维斯的启发。人身险是一种先收费后服务的超长期契约，保单获取时费用前置，而利润实现往往在以后十几年甚至几十年。一般会计准则的计量方式大大低估了人身险企业的盈利能力。戴维斯正是利用这种“会计漏洞”，在三十几年的投资生涯中，横扫南北美洲和日本的人身险公司，攫取了上万倍资本回报。一招鲜，吃遍天。

十年前我开始投资保险股的时候，因为保险股有巨额的存量可投资资产，市场上还只是把保险股当成牛熊市的“放大器”，跟券商股（强周期属性）一样来看待。受戴维斯的启发，我开始从内含价值角度思考人身险企业的投资价值。我搜遍了互联网上关于人身险内含价值分析的蛛丝马迹，当这些碎片化的知识汇聚成网的时候，我开始意识到人身险公司所具有的长期稳定盈利能力，与市场对它的周期属性认知之间存在巨大的鸿沟。有偏见，才有低估值。这正是投资者的机会所在。

然而读懂保险股谈何容易！我零零散散在网上写了几万字保险股的分析文章，越写越觉得吃力。一方面作为金融行业最复杂的子行业——保险业的价值评估涉及诸多精算假设；另一方面监管规则一直在变化，尤其是偿二代监管体系的实施，迫使保险公司注重保单质量，回归保障功能，整个行业从运营体系到评估体系都发生了重大变革。若不是深度接触保险公司经营，很难触及精算体系精髓，也无法持续跟踪这些政策的变化。

人身险公司的营销、运营、精算、投资部门各司其职。单单精算就至少有定价、财务、监管及内含价值四套平行的分支。投资人还不能陷在保险公司的数据旋涡里，否则无法自拔。

要想写出一本系统总结保险股投资价值的书籍，作者得是一位资深保险从业者，能随时冲进人身险公司的数据洪流，抓取关键信息如探囊取物；还得是一位资深价值投资者，能够高屋建瓴，将复杂问题系统总结并通俗地呈现在读者面前。当一口气读完东先生寄给我的本书初稿时，我意识到，这正是我苦苦等待了十年的保险股投资科普全书。

化繁为简正是一本优秀科普书籍的特质，本书一开始便从大众最容易接触的保险公司产品端入手。现行保险公司的人身险产品已是融合各类险种的复杂产品，东先生抽丝剥茧，将人身险、健康险、养老险、分红险、万能险等险种的来龙去脉娓娓道来，保险公司产品线逻辑瞬间清晰透明。

在理解保险公司的生意模式方面，东先生以农夫种苹果树的例子为切入口，然后层层深入，推演递进，将人身险公司的三大评估体系（一般会计准则、内含价值评估标准、营运利润评估体系）形象生动地关联起来，让读者有一种大彻大悟的快感。

在一些细节问题的处理上，比如剩余边际的概念及其摊销，东先生的理解深度已经触及人身险精算的核心，一般投资人很难厘清头绪。东先生用一张简化的保单举例，在数字的加减之间，各种精算假设之间的关联关系跃然纸上。

本书还通过对比分析几大保险巨头的历史财务数据，还原监管政策以及各保险公司经营策略的变化过程，推演出未来行业的竞争格局，数据翔实，逻辑严密。

新科技、新经济对保险行业的渗透与融合正在发生。多年的从业经验，也让东先生对科技赋能保险以及互联网保险有着深刻而独到的见解。世界一直在变化，投资人需要时刻保持头脑清醒。

人身险精算是金融皇冠上最耀眼的明珠，若没有扎实的基础和持久的学习，很难触碰其精髓。东先生这本《读懂保险股》为我们提供了一条学习保险知识的捷径。本书的信息量之大、逻辑关系之缜密，值得读者仔细阅读、反复品味。每次翻阅总会有不一样的理解和收获。

前言

在保险行业久了，老东发现一个怪现象：很少有人能说清保险公司的价值。

以从业者的角度来看，这个被誉为“长长的坡，厚厚的雪”的行业，有逻辑缜密，数学和金融学科班出身的精算师；也有结构复杂，来自医学、生物学、社会学不同领域的核保师；更有从阿里、腾讯等顶尖互联网企业加盟的大数据、区块链、云计算和人工智能等科技人才；当然，还有那些身怀绝技，可以调动各种奇奇怪怪社会资源服务客户的代理人，可谓是群星璀璨。

在过往的岁月里，老东如饥似渴地向他们汲取各种知识，越学习越能理解这个古老行业经久不衰的原因，也越能理解为何大师如巴菲特和戴维斯都对保险公司垂涎三尺。但每每我与同行聊起该怎么评估保险公司的价值时，聊到深处，他们都是摇头不知，然后大家就急急忙忙地又加班去了，留下努力的身影。

每次看到他们离开的身影，我都会想到《神雕侠侣》里杨过问郭靖襄阳城是否能守住的问题。原书如是描述：“我与你郭伯母谈论襄阳守得住、守不住，谈到后来，也总只是‘鞠躬尽瘁，死而后已’这八个字。”

同样的怪现象，也发生在投资者身上。

中国经济从改革开放至今已历40多年，大多数行业已经到了存量博弈和升级换挡的阶段，而新经济虽然增长潜力十足，头顶却始终挂着一片颠覆性创新和非连续性的乌云。相较之下，古老的保险业在我国仍处于方兴未艾的阶段，有着广袤的行业空间等着保险公司前去开垦。单看寿险密度这一指标，我国离欧美国家就有3~6倍的空间，离与我们有着类似东方文化的日本，距离则更为夸张。行业之下的公司竞争格局，甚是羡煞旁人。按2019年的数据，以净利润计，头部5家公司拿走了行业80%以上的利润，单平安人寿一家就拿走行业35%的利润。若以计量新单全生命周期产生利润的“新业务价值”来看，上述数据会更加夸张。由此可见，若只考虑行业和公司层面，保险特别是人身险，毫无疑问是投资的首选。

但到了研究“公司值多少钱”，从而进行买卖决策时，不少投资者也是摇头不知，更有甚者，认为保险公司的价值都是精算出来的，没有投资价值。只不过与保险从业者必须“困在系统里”不同的是，投资者们可转而选择其他行业的公司进行投资，空留下“想要却不可得，你奈人生何”的感慨。

首先，老东认为，要回答“公司值多少钱”这个让从业者和投资者都头疼的问题，得回到“某个资产值多少钱”的根本性答案中去：“一项资产的价值，不偏不倚地等于其未来所产生的自由现金流的折现值。”

比如一棵苹果树的价值，应该不偏不倚，等于它每年结下的苹果变现的价值，向现在的折现再求和——之所以要折现而不是直接求和，在于货币有时间价值，明年产生的100元，显然不如今年产生的100元那么值钱。

这种被称为“自由现金流折现”（DCF）的评估价值的方法，是巴菲特和其合伙人查理·芒格的投资生涯中一直坚持的理念，两人的伯克希尔－哈撒韦公司走过了数十年的风风雨雨，至今留下了年复合增长20%以上（4年翻一倍）的惊人战绩。当然，该方法被许多投资大师如菲利普·费雪和彼得·林奇等认可，是逻辑上自洽且经得起历史考验的、投资者必须掌握的“公理”之一。

此时我们再来看股票市场的买卖，无非当公司的报价（股价乘以股本数）高于该价值时，公司就高估；低于该价值时，公司就低估。至于高估低估多少就卖出或者买入，全凭个人拿捏“安全边际”了。

其次，在“公理”的基础上，我们还可以推导出很多“定理”，比如：

定理1：既然“公司价值等于未来产生的自由现金流的折现”，无论是日常消费品公司，或是生产“保障”的保险公司，要回答“公司值多少钱”这个问题时，都得涉及预估，都会涉及“广义的精算”，因此保险公司不是异类。

比如前者，我们得预估生产成本的涨价从而预估毛利率的变动，得预估生产设备的折旧和员工薪酬的涨幅，得预估新扩产能的回报率；再观后者，我们得预估死亡率、费用率和投资收益率。只是预估的挑战对于前者而言相对容易，而对于后者而言，则受制于生命科学的进步和宏观经济波动的影响，其中有个“度”的问题。为了得到公司的价值，都得进行“广义的精算”，大家并无二致。

定理2：既然“公司价值等于未来产生的自由现金流的折现”，那么要对公司进行估值，公司未来业绩就得满足“可预测性”。这层逻辑之下，则是可预期性低、持续性差的公司，应予以排除。

“可预测性”是建立在公司内外部环境基础上的。外部环境方面，比如某些行业因为补贴处于快速增长中，但很可能补贴一去，就一地鸡毛，显然难以满足可预测性；又比如某些行业处于衰退期，人们对它的需求可能出现断崖式下跌，更是难以预期的。相比较而言，那些有“长坡厚雪”的行业，消费者的需求就像一波接一波的浪潮推动着公司滚滚向前，业绩可预测性很强。内部环境方面也是如此，那些有明确的战略目标、果断的执行能力、一如既往的文化基因、优秀管理层的公司，得益于从战略到机制再到流程的一致性，有很强的可预测性。

我们常言“靠谱”是现代职场人最重要的品质，而“靠谱”在人力资源管理中最重要的外在表现是“行为可预期”。殊不知，“靠谱”更是使用DCF进行估值的基础——这也是为何我们常说“财报是用来排除企业的”。

最后，当某个公司通过诸多类似的“定理”考验，我们才需要考虑如何将“公理”落到其估值实处。比如对于该公司，DCF中的每个参数如何设置合理，又以怎么样的数学表达式进行该方法的具象化展现。

正是带着上述认知，老东写成了此书。

本书在前两章主要介绍保险这门生意的底层逻辑以及上市保险公司在一般会计准则下的表现，“图谋”修正大家对复杂保险业的认知，同时使大家感受定理1所描述的内容——保险公司与其他上市公司一样，都可以使用相同的准则进行解释，只是该准则解释起来有些费力和失真罢了。

在第二章中，老东还用了一些笔墨尝试回答定理2所描述的内容，即老东理解的满足“可预测性”的公司该是怎样的。当然，这部分内容难免带着个人的认知偏见——老东是有私心的，毕竟终我一生也只能去逼近而无法抵达对某个公司的全面认识，因此期待大家阅读后的反馈，能帮我“盲人摸象”。

再往后的章节，就开始回答“如何将DCF落到实处”的问题了。

在方法论上，DCF落到人身险公司便是“内含价值评估标准”。为了便于大家从一般会计准则过渡，理解该标准与一般会计准则的差别，在第三章中，老东以“利率”为切入口，解释了“会计利率”与“内含价值假设投资收益率”的差别，同时讲解了会计准备金的构成。那些晦涩的概念，如剩余边际、合理估计负债等，我们统统在这里消灭。

随后的第四章，介绍了理解“内含价值评估标准”所需要的先决条件——理解“偿付能力体系”。此后，第五章描述了“内含价值评估标准”，并以中国平安为例，辨析该标准的实际应用与理论的差别。

在第六章，老东为大家展现了一种“嫁衣神功”般的新准则——营运利润体系。该准则建立在“一般会计准则”的基础上，试图嫁接“内含价值评估标准”的逻辑，是国外优秀保险公司正努力引导投资者使用的一套准则。国内上市保险公司中，中国平安和中国太保也引入了该准则，以期让投资者更加全面地认识公司。较之“内含价值评估标准”，“营运利润体系”复杂度较低，理解起来更加容易，但因其较为“年轻”且一直在演化，投资者理解其逻辑即可。

三套会计准则，像是从三个角度看待保险公司。在老东看来，抛开失真的一般会计准则不谈，虽然近年来披露“营运利润体系”的保险公司都在努力引导普通投资者关注营运利润，但“内含价值评估标准”已演变百年，经得起历史考验，更值得深度保险投资者关注。此外，“内含价值评估标准”的底层逻辑就是DCF，也更满足“拿来就用”的懒人思维。

为了让大家更加明晰三者间千丝万缕的钩稽关系，老东在第七章和第八章中分别用了一则不带数字的小故事，以及一次带数字的上市保险公司全面梳理，从定性和定量两个角度解读三套准则，并建立了一套跟踪保险公司的体系。

最后，本书将会把大家引回定理2，再次关注DCF的前提——可预测性。在第九章和第十章中，老东用简短的篇幅梳理了可能影响可预测性的颠覆性创新——保险科技和互联网保险。但受制于篇幅和个人认知水平，老东并不寄希望于此两章能覆盖行业细枝末节；代之以，更希望此两章能为大家提供抽象逻辑的认识，捕捉那些可能影响“可预测性”的变化。

分析保险公司，特别是本书所述的人身险公司，从某种程度而言确实是复杂的。与其他行业的公司对比，分析保险公司涉及三套准则，每一套都自成体系，三套准则间又相互钩稽，让人读之如梦似幻。但从某种程度而言，分析保险公司又是简单的，因为只要理解了三套准则之间的逻辑，“内含价值”可以拿来就用，趁手得很。如此，我们可以有更多的精力研究行业和公司。

作为一名后学晚辈，书中难免有所欠缺。幸运的是，在写本书的过程中，有太多的贵人相助，包括在保险从业期间，无私教导我的余劲东先生和刘晓波先生两位领导；让我得以窥视保险投资逻辑的草帽路飞、山行、牛和智、潜龙在渊、木浴等诸位雪球大V；在我抓破脑袋搞不懂精算时伸手相助的精算师和非银分析师Alex、赵总、婷姐、冯总和广荣兄等。更感谢茶道燕梳的发起人谢跃先生，此平台让我受益匪浅。最后也是最重要的，要感谢我太太对本书的帮助。一年多来，我因写作而没法陪她逛街，深感惭愧。

谨以此书，送给所有保险股的投资者。

目 录

第七章 构建保险能力圈

第八章 各家保险公司的三生三世

第九章 保险科技

第十章 互联网保险公司与新物种

第一章

保险这门生意

保险的由来

英国百年保险集团保诚（Prudential）在其财报首页有个对保险公司言简意赅的定义：

帮助客户消除生活中的不确定性。

助推保险的大航海时代

16世纪西班牙称霸全球，大航海时代拉开序幕。面对巨大的不确定性和机遇，贵族和王室纷纷雇佣探险家、船长和水手出海。为了帮助消除海上贸易的不确定性，资本家们和政治家们推动了保险制度的建立——这是我们常听到的保险起源的故事。

可惜的是，就如《加勒比海盗》和《海贼王》歌颂的那些让人如痴如醉的海盗故事一般，因大航海时代实现了全球性的陌生人协作，我们容易放大这个时代对一切的影响。或者换言之，这样说更容易让我们把保险和伟大的时代背景结合，让我们更容易接受保险。

大航海时代助推了保险业不假，但它既不是互助组织诞生的节点也不是近代保险公司的起源。要说它是互助组织诞生的节点，早在公元前5000—前4000年的古埃及，就有为修建金字塔的石匠而成立的互助组织，该组织通过向每个成员收取会费来支付石匠死亡后的丧葬费用；要说它是近代保险公司的起源则更是瞎扯，互助组织经历了几千年的发展，一直到1900年左右，英日德美等国颁布保险监管法，才出现如今这种集中化玩转死差、费差和利差[①]的公

① 俗称保险公司的"三差"，指实际死亡发生率与假设死亡发生率间的差异，实际费用率与假设费用率的差异，实际投资收益率和假设投资收益率的差异。"三差"是保险利润的来源。对应的假设死亡发生率、假设费用率和假设投资收益率又被称为保险公司的"三率"，下文同。

司形态。

虽然本书立足于让投资者能更好地理解保险这门生意，无意于过度梳理那段纷繁复杂的保险史，但老东认为，开始正题前还是有必要追溯一下保险的起点。就像那句老话说的，历史从来不是过去了的事和物，历史是现在为什么这样子的答案——特别是这个起点对理解保险有关键的作用。

广义的保险：始于“我”的概念

尤瓦尔·赫拉利在《未来简史》中有一个根本的认知：人类文明的基础是我们这个物种虚构的能力，俗话说就是讲故事的能力。宗教是故事，国家是故事，民族是故事，商业是故事，公司是故事，是故事组织了大规模陌生人的协作。

广义的保险，诞生于比古埃及久远得多的年代。

大约两三百万年前，我们祖先的大脑开始突变，中枢神经突然高速增长。

长脑子的直接结果是催生“我”的概念。千万别以为这很容易，有过育儿经验的朋友都知道：小孩大概两三岁才有“我”的概念。在这之前，小孩与许多动物一样，所作所为都是对外在条件的反馈。比如猪圈里的猪，其实智商不低，但当它们眼看着同类一个个被屠宰，从不会想到有一天会轮到自己。再比如我们把蚊子拍死在蚊帐上，从来也不会让其他蚊子惧怕，因为它们也联想不到有一天自己会这样。

“我”的概念演化的直接结果就是无边的恐惧。眼看同类生老病死，知道有一天会轮到自己；眼看打雷、下雨、洪水、地震，也知道有一天临到自己头上也无能为力。于是乎，“我”的概念生成后，祖先们头脑中蹦出来的第一个问题就是：

如果有一天我遭遇同样的问题，该怎么办？

风起于青萍之末，浪成于微澜之间。有关保险的一切都是围绕这个人类首问进行的。

人类首问从两三百万年前延续至今，构建了保险这个行业经久不衰的基础。至于后面演化的古埃及首个互助组织，佛罗伦萨第一张保单，大航海时代海上保险的繁荣，近代保险公司的诞生，都是在这个基础上搭建起来的高楼大厦罢了。

同样，我们的基因在“我”的概念催生了人类首问后，也夹带着两三百万年间形成的各种心理学效应一直延续到了今天，形成了保险公司强大的“护城河”。这些心理学效应包括损失厌恶、认知偏差、锚定效应等，都转换为代理人游说客户购买保险的伎俩。

中国保险业的起点

至于我国的保险业，则起源于更晚的时期。

1805 年，由东印度公司创立的保险公司首次被翻译为中文，当时还没有“保险”这个名词，而是称为“保安行”。后来随着东印度公司在广东一带贸易的兴起，广东人将“保安行”彻底更名为“燕梳”（粤语 Insurance 的谐音），随后才演变为今日的“保险”一词。由“燕梳”到“保险”的演进足足花了近 150 年的时间，直到 1984 年我国保险业复业，中国人寿、中国平安、中国太保、新华保险等才有了近代保险公司的雏形。

这也是为什么我们会看到至今仍有许多保险组织会自称为“燕梳”，比如知名的科普保险知识的公益组织“茶道燕梳”，知名的微信公众号“燕梳楼”，等等。

遗憾的是，保险业复业并没有结束行业坎坷的旅程。取而代之的是群雄逐鹿，险象环生。就如丘吉尔在二战中的关键之战——阿拉曼战役中演讲的那样：“这不是结束，甚至不是结束的开始。”

1996 年，寿险产品保底利率为 6% ~8%，全国步入降息通道之后，巨额的利差损让整个行业不堪重负；1998 年，中国太保新帅王国良上台，严格整顿网点，严打中介，一系列雷厉风行的举措才止住了在太保蔓延的巨大风险；2001 年，科网泡沫[1]破裂，中国平安花费巨资打造的 PA18 胎死腹中，一度影响平安对未来蓝图的规划；2004 年，新华保险偿付能力充足率严重不足，管理层涉嫌腐败，公司被保险保障基金接管，轰动全国；2007 年，利差损的历史背景迫使中国人寿股份剥离“坏账”保单至中国人寿集团，这才解决了上市危机；2008 年 1—8 月，全国财险业承保亏损高达 88 亿元，平均每月亏损超过 10 亿元，原保监会使用强硬手段勒令整顿，这才使财产险行业逐步走向健康；2015 年，前海人寿等一批资产驱动负债型的保险公司在二级市场叱咤风云，搅得保险行业鸡飞狗跳；2019 年，安邦保险继新华保险后又成一件全国性接管大案，董事长涉嫌欺诈……中国保险行业就这样在跌跌撞撞中艰难前行。

当然，诸多苦果并不意味着我国保险业深陷泥潭。相反，我国保险业用短短 30 多年时间取得了举世瞩目的成绩，至今已是保险业全球第二大国。之所以花些笔墨提及上述保险业曾经的风险，是期望作为投资者的我们能时刻谨记：那些保险业曾经痛苦万分的过去，是我们要极力去避免的将来。“反过来想，总是要反过来想”，查理·芒格如是说。

① 科网泡沫（又称互联网泡沫或 Dot 泡沫）指 1995—2001 年的投机泡沫，在欧美及亚洲多个国家和地区的股票市场，与科技及新兴互联网相关的企业股价高速上升。

人身险与财产险

直觉偏差

我们大多数人在接触财产险后才懵懵懂懂地推开了保险的大门，其中航班延误险是被购买得最多的产品之一。商务出行者对这个险种乐此不疲，有些人购买它是真心从时间补偿的角度考虑，更多人的购买冲动则基于投机套利。

然而，包括老东在内的大多数套利者以失败告终，留下一句“保险公司真会赚钱”，随后扬长而去。却不知，财产险公司的管理层此时也正眉头紧锁。这类产品除了赔款支出外，还有高额的业务管理费支出和给中间商的保险业务手续费支出，算下来承保利润很可能为负。近两年越来越多的财产险公司暂停了此前高歌猛进的航延险业务，原因多为“公司采取了更为谨慎的核保政策，对于综合成本率超过100%的项目严格禁止承保”①。

以直觉认知事物容易产生偏差。我们直觉以为航延险很赚钱是一个例子，另一个例子则是人身险和财产险公司的经营范围。若我们把保险公司比喻为一家“赌场”，直觉上我们认为人身险公司是“以身体为赌注”的，财产险公司是“以财产为赌注”的。在中国保险业复业后的许多年里，这样的认知还算站得住脚。但经历了2017年至今的互联网百万医疗产品大发展后，若我们还这样认知，就错得有些不应该了。

微保中销量领先的两款医疗险②见图1-1。作为微保的合作伙伴，泰康集团提供了这两款医疗险。有心人或许发现了，百万医疗险是由泰

① 引自永诚保险2016年年报。

② “微保”是腾讯控股的互联网保险代理公司。“销量靠前”指2019年销量靠前。

康在线提供的，而长期医疗险是由泰康人寿提供的，这两者有什么区别呢？

图 1-1　微保中 2019 年销量靠前的两款医疗险

资料来源："腾讯微保"微信小程序。

百度一下"泰康在线"4 个字，我们会惊喜地发现其全名为"泰康在线财产保险股份有限公司"。没错，这是一家财产险公司，一家可以经营"以身体为赌注"健康险产品的财产险公司①。让我们看看另一个例子，中国人寿财产险和中国人寿。

表 1-1　中国人寿财产险和中国人寿经营范围

公司	经营范围
中国人寿财产险	包括财产损失保险、责任保险、信用保险和保证保险、短期健康保险和意外伤害保险，上述业务的再保险业务，国家法律、法规允许的保险资金运用业务，经中国银保监会批准的其他业务
中国人寿	包括人寿、年金、健康和意外伤害保险产品，涵盖生存、养老、疾病、医疗、身故、残疾等多种保障范围，全面满足客户在人身保险领域的保险保障和投资理财需求

《中华人民共和国保险法（2015）》第九十五条规定："经营财产保险

① 除此外，泰康在线、众安在线、安心财险、易安财险还是 2013—2016 年期间原保监会批复的 4 家专业互联网保险公司，这些公司无一例外是财产险公司。

业务的保险公司经国务院保险监督管理机构批准，可以**经营短期健康保险业务和意外伤害保险业务**。”因此，财产险公司与人身险公司并非平行世界，二者是有交集的。

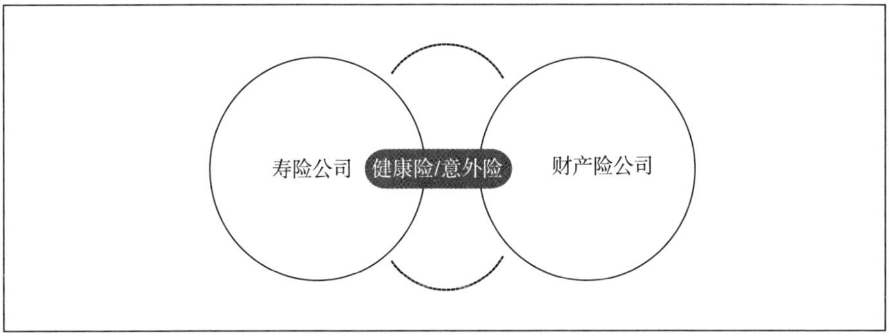

图1－2　寿险公司与财产险公司经营范围的交集

财产险公司被赋予短期意外险的经营范围或许可以被大多数人理解，因为财产险公司主要经营车险，卖了车险顺便搭售一年期的意外险，无可厚非。但也有少数人不能理解，毕竟意外险是“以身体为赌注”的，财产险不该插这么一手。

这种过度追求逻辑严谨性的后天习惯起源于我们学习成长的心路历程。查理·芒格认为，我们倾向于过度追求逻辑严谨性，只是因为不想浪费在学校所学习的自然学科知识与能力。同样的情况也发生在投资领域。打开许多券商研究报告，我们可以很轻易在结尾处找到大量的数据预测，这些数据经过多次逻辑组合（如乘积），最终构成了关键的决策指标，如净利润、营业收入等。数据预测的背后，是研究员们加班加点的努力。遗憾的是，根据条件概率的算法，若某项指标的准确率只有80%，几项指标乘积后的准确率会迅速下降至非常低的水平（如：80%的五次方约等于32%）。花费大量人力沉浸在数据的汪洋大海中寻找关键决策的意义究竟有多大，就仁者见仁智者见智了。

老东并不是抨击券商等卖方研究报告，实际上他们的研究报告为诸多研究者提供了非常大的便利。只不过类似于券商研究，我们在日常生活中时常过度强调逻辑的严谨性，难免陷入“精确计算的错误”。

人身险与财产险的范围

说到人身险与财产险经营范围的界定：为什么财产险公司可以经营**短期**健康险和意外险？这个问题在期限的长短上（比如为何是短期，不是绝对禁止、中期或是长期）是找不到答案的。相反，求助于真实世界的演变过程，我们很容易知道为什么——这也是为何老东花了两段来强调切勿痴迷于过度追求逻辑严谨性，毕竟世界不是机械分割的。

在香港保监局的网站上找到“保险人登记册”，我们可以看到不同的保险公司业务类型，分为一般业务、长期业务和综合业务，其中综合业务包含一般业务和长期业务。以表1－2为例，安泰是一般业务类型，中国人寿（海外）[①] 是长期业务类型，友邦则是综合业务类型。

表1－2　香港保监局规定的三类业务类型公司

文件号码	保险机构名称	注册地点	业务类型
F3018	中国人寿保险（海外）股份有限公司	中国内地	长期
55631	美国安泰保险（香港）有限公司	中国香港	一般
2047	友邦保险有限公司	中国香港	综合

资料来源：香港保险业监督局网站。

按香港保监局《保险业条例》[②] 定义，“长期业务”包括人寿及年金、永久健康[③]等业务，“一般业务”指**不属于**长期业务的保险业务。虽有别于香港保监局规定，我国内地是以长期和短期来划分保险公司的业务范围，但我国财产险公司能经营短期健康险却与此息息相关。

1984年保险业复业后，首先壮大的是财产险公司。那时的财产险公司以承保国家基础建设项目为起点，演变出了承保船舶、承保车辆等业务，经营范围与早期的人身险公司并无交集，当然也不能发行短期的健康险和意外险产品。

---

① 中国人寿集团专营境外保险的全资子公司。

② 2018年4月20日版本。

③ 指期限不短于5年的健康险。

2001 年中国加入世界贸易组织，“含苞待放”的保险业被推到了滚滚浪潮中。我国《保险法》对标国际上的“一般业务”，在第四章第九十五条中增加了“经营财产保险业务的保险公司经国务院保险监督管理机构批准，可以经营短期健康保险业务和意外伤害保险业务”。

实际上，长期保险公司（Long Term Insurance）和一般保险公司（General Insurance）是国际通用的划分形式，划分的边界是“以长期标的为赌注”或“以短期标的为赌注”，而非“以身体为赌注”或“以财产为赌注”。我国则一直延续了“以身体/财产为赌注”的人身险和财产险的划分形式，虽然如今的财产险也已深度介入人身险的经营范围了。

郑也夫先生在《文明是副产品》一书中曾用“层层叠叠”来形容文明的发展形式。我们真实世界的大多数事物，大到国家，小到行业和公司，边界的划分都不遵从逻辑的严谨性，而是遵从历史的演进，一层叠一层，才有了今天的样子。与我国人身险和财产险公司经营范围类似的，国土面积有 75% 在亚洲的俄罗斯被归为欧洲国家，也是个看起来不符合逻辑的例子，却很符合历史。

寿险、健康险、意外险和养老险

人身险

考虑到本书后文将不免引用大量人身险公司的案例，在此有必要就人身险的含义再做一次澄清。毕竟“人身险”是行业内的说法，我们日常生活中接触更多的名词是“寿险”。

人身险包含寿险、健康险、意外险等诸多险种。按2019年银保监会披露的数据，人身险保费中，寿险业务原保险保费收入22754亿元；健康险业务原保险保费收入6226亿元；意外险业务原保险保费收入649亿元。寿险原保险保费收入占比高达76%，这也是为什么我们对“寿险”一词更有印象。

人身险公司如中国人寿、平安人寿、太保人寿等除了发行寿险产品，也可以发行健康险、意外险和养老险。这4类主要人身险产品中，从履约责任的角度看，寿险产品的触发条件是生命特征，死亡就给钱。健康险产品中又主要分为医疗险和重疾险①，医疗险产品的触发条件是治疗，帮忙解决治疗的费用；重疾险的触发条件是得病②，有点像彩票，得了病就给一笔钱。意外险的触发条件是遭遇意外受伤或身故③。养老险产品（又名年金险）的触发条件则是足够老——年轻时缴费，到一定年纪时陆续返还。下文我们将一起看看这几类产品。

---

① 在发达国家或地区，健康险还有一种主力险种是护理险。

② 重疾险的设计初衷是收入补偿。当被保人罹患重疾时就赔偿对应金额，无论治疗费用是多少。该险种旨在解决患者得病期间无法工作的问题，一般购买保额约等于患者3年的收入。

③ 意外险不仅包括伤残和身故赔偿，一般也会包括因意外导致的门诊和住院医疗费。

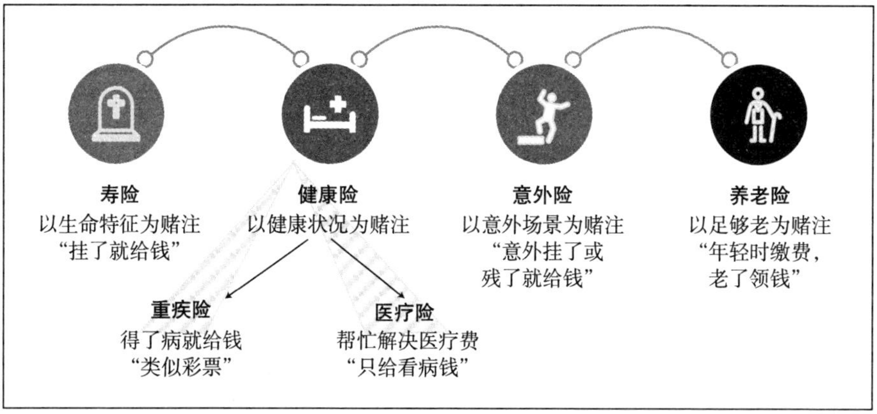

图 1-3　各类人身险产品及理赔条件

（一）寿险

一款性价比较高的寿险产品常常只需要每年花几千元，就可以获得几百万元的保额。这类保险，往往鼓励家庭顶梁柱先买，且购买金额大于等于家庭负债金额（主要是房贷）。

（二）健康险

健康险主要包括重疾险和医疗险。重疾险由于是得病即理赔，故一般缴费高、保额低（杠杆率远低于寿险）。2019 年性价比较高的重疾险如百年人寿的康惠保，30 万元保额一年缴费几千元。医疗险一般需住院①才可理赔，理赔金额为住院开销金额减去一定的免赔额，缴费低、保额高，如 2017—2018 年火遍网络的平安人寿 e 生保，一年仅须缴费几百元。

（三）意外险

意外险的履约责任不仅包括意外导致的身故或伤残，也包括意外门诊或住院的医疗费报销。值得一提的是，一般说意外险保额多少，这个数值是指伤残等级满级（1 级）时才可以获得的赔付。在保险条款里的“人身保险伤残评定标准”中可以找到相关内容，该标准由保险行业协会和法医

① 实际上大部分医疗险会包括住院前后一段时间的门诊报销。

学会共同发布。以太平人寿的无忧保意外险为例，一侧眼球缺失被认定为 7 级，仅可获赔保额的 30%；双侧眼球都缺失被定义为满级，可获赔 100%。

（四）年金险

年金险的魅力在于其可提供源源不断的现金流。以图 1－4 产品为例，该产品在缴纳 5 年保费后，便可一直领取现金直至终身，此后再缴纳 15 年便无须缴费，俨然迷你版的社保——这也是年金险设计的初衷。

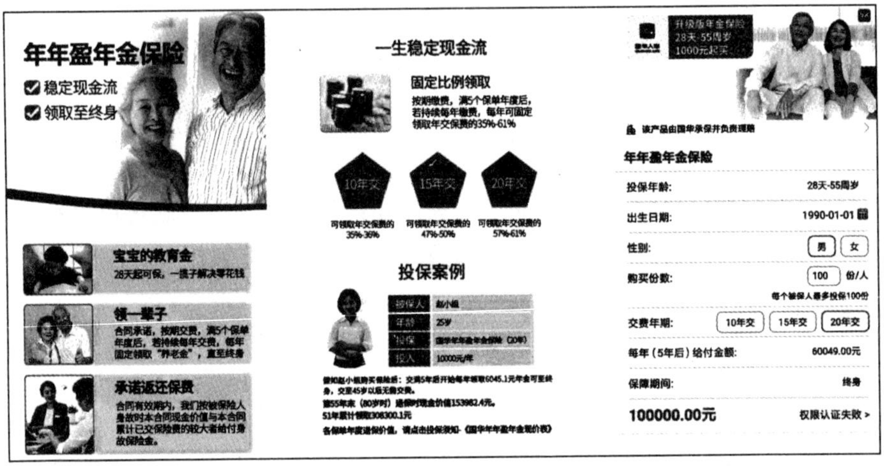

图 1－4　国华人寿的某款年金险

资料来源：“保险师” App。

保险公司与保险集团

除了人身险公司，大型保险集团一般还会设立健康险公司和养老险公司。健康险公司负责以医疗险为主的健康险业务，如上文的医疗险——平安 e 生保就出自平安健康之手。此外，平安也设有养老险公司，主要负责养老险产品的发行与销售，但养老险在我国还是个很弱小的险种，仍处于探索阶段。

本书讨论的主要内容是人身险，但也不免涉及保险集团。因而，为了便于区分，本书中的 × × 人寿指对应保险集团的人身险、健康险及养老险业务的公司主体，如平安人寿指中国平安保险（集团）股份有限公司旗下专营人身险、健康险及养老险业务对应的公司主体，包括但不限于平安人寿、平安健康险和平安养老险。中国人寿、太保人寿和新华人寿同理。本书中的中国平安、中国人寿、中国太保及新华保险与二级市场所指主体一致，其中，中国平安、中国太保和新华保险指集团公司，如中国平安指中国平安保险（集团）股份有限公司。需特别注意的是，中国人寿则指上市的中国人寿保险股份有限公司，该公司是中国人寿保险（集团）公司（本书中简称“中国人寿集团”）的子公司，并非集团公司。

健康险和养老险公司多从保险集团旗下的寿险公司中独立出来，有些目前仍是寿险公司旗下一个独立部门或事业群，如中国人寿健康险。虽然寿险公司仍能发行健康险，但各保险集团大多通过制度和默契达成了“寿险公司只发行重疾险、少或不发行医疗险”的共识，以留存空间给自己的小弟——健康险公司发挥。谁曾想，井水不犯河水的财产险在互联网的助澜下，居然半路杀出，一首“碧海潮生曲”吹响了与健康险公司的争夺战。

至此，我们对寿险、健康险、养老险和财产险公司的经营范围大致有了了解。但更为精彩的是，保险公司还衍生了万能险和投连等投资型险种，变相跨界“打劫”银行，并通过“主险＋附加险”打出一系列让人眼花缭乱的组合拳。不同类型的公司外加各种产品组合，就像地球的不同板块，互相挤压，使本已十分模糊的边界满是裂缝。

当然，有裂缝也不是什么坏事，毕竟那是光照进来的地方。

分红险、万能与投连

上文提及的各类险种仍属简单的产品范畴，多流行于互联网渠道①。实际上，占保险公司营业收入来源大头的代理人渠道几乎不会销售此类简单产品。取而代之，代理人销售的产品往往是上述多类产品的组合，外加投资性的功能（分红或万能）。这样做的理由也容易理解——对绝大多数仍处于温饱线的代理人而言，逮到一个客户就恨不得把他所有保险潜能都挖掘出来；对客户而言，一款产品满足多项需求也正好减少了认知成本——看多款保险产品再来决策，对于许多人实在太痛苦了。正如华为总裁任正非老先生说的，一个人在生活里艰苦奋斗很容易，在思想里艰苦奋斗却很难。

以某上市保险公司的这款拳头产品为例，让我们感觉一下它的构成：

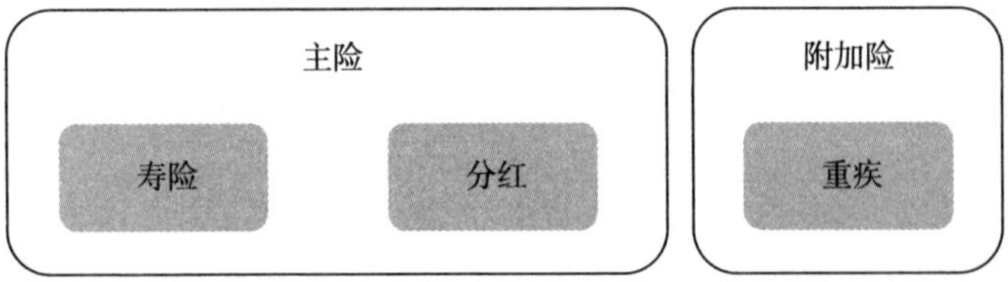

图1-5　某上市保险公司的拳头产品结构

正因为有了主险（分红、寿险）和附加险（重疾险）的组合，该产品产生了诸多卖点：

（1）分红，分红功能让客户感觉保费没有白交。

（2）重疾，附加的重疾责任含88种重大疾病，让客户感觉履约概

① 保险公司一般会有五大销售渠道：银保渠道、代理人渠道、中介渠道、团体保险渠道和互联网渠道，其中互联网渠道的保费收入占比一般为个位数甚至更少。

率高①。

（3）身故，主险寿险对身故和全残都有保障。

图1-5所示产品的主险部分是分红型的寿险——正是本章的主角之一。

分红险的由来

中国古语有言，饱暖思淫欲。在人类首问来临后，我们首先面临的是生存问题。当生存问题解决后，繁衍问题便接踵而至。与此类似，保险的形态也随着滚滚时代长河不断演变。如果说寿险、健康险和养老险解决的是“饱暖问题”，则分红险、万能险与投连险解决的是“淫欲问题”——只不过该问题落到我们当今，则成了决定谁有优先繁衍权的财富问题。

在“君君，臣臣，父父，子子”的儒学治下，君主拥有至高无上的权力和财富，也就拥有了最优先的繁衍权。西施、王昭君、貂蝉、杨玉环，中国四大美女无不与帝王相干。与欧洲残酷的长子继承制不同，东亚文化十分害怕阶层调转，更害怕阶层跌落。这也是为何齐景公听闻孔子圣言后，会拍案叫绝道：“讲得好呀！如果君不像君，臣不像臣，父不像父，子不像子，虽然有粮食，我能吃得上吗?”

随着历史发展，君主的权力逐渐消亡。事情发展到近代，我们越发警惕被越级的危险，也自然越为存在越级的希望而感到激动——那些让人读起来“爽点”不断的“升级流”网文，诸如天蚕土豆的《斗破苍穹》，唐家三少的《斗罗大陆》，我吃西红柿的《星辰变》，无不利用了后者；保险公司则更擅长利用前者。

为了防止被越级，就要保住财富。于是乎，分红险出现在了我们的眼前。它一般是寿险或年金险配上分红功能，即前文提及的分红型寿险，或后文即将举例的年金险（分红型）。其底层原理是客户在原本的寿险或年

① 银保监会规定的必保25种重大疾病已占发病率的95%以上，该产品支持的88种重疾并没有数字上显示的提高概率那么多。

金保费基础上多交一些钱，保险公司将多交的钱用于投资，获取收益后分配一些给客户，从而形成“西瓜与芝麻兼顾”的美誉。

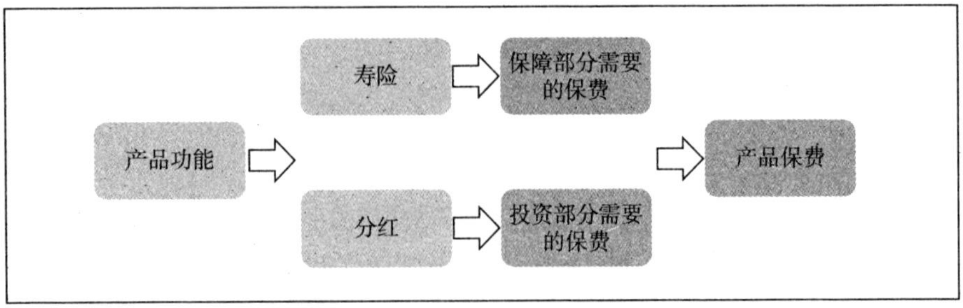

图1-6　分红型寿险产品的结构

分红险中的“自定义”

按银保监会2020年颁布的《关于强化人身保险精算监管有关事项的通知》要求：“保险公司为各分红保险账户确定每一年度的可分配盈余时应当遵循普遍接受的精算原理，并符合可支撑性、可持续性原则，其中分配给保单持有人的比例统一为70%。”**说白了，就是让保险公司在遵守某些要求下，自行定义不小心多赚的钱，然后把它的70%分给客户。**

这里的“自行定义”，是“当我们提及分红险时究竟在说什么”的关键。

按2015年版《分红保险精算规定》中的红利公式，“不小心多赚的钱”（可分配盈余）的算法中关键参数是“计算分配盈余时使用的利率参数－准备金评估利率”，两者都在产品设计时由保险公司“自行定义”。

这就好像楼下早餐店大妈和你说，投资她的早餐店很有前途，问你要不要投资。

你问她投资回报率怎么样啊，怎么算啊。

她说，开店有个盈亏平衡线（大概3%，她说的，不是我说的），因此只有早餐店赚到了一定的钱才可以给你分红。但同时不意味着高于3%回报率的部分都会分给你，而是她会在符合“可支撑性和可持续性”的原则下，分给你高于3%回报率的某部分，如这次分给你4%与3%的差，下次或许又分给你5%与3%的差，全看她“自行定义”。

可分配盈余的误读

为了更好地理解分红险，我们可以看看中国平安2019年年报中原保险保费收入居前五位的赢越人生年金保险（分红型）。该产品由上文所述的传统年金险外加分红部分构成，有关分红的规则，在保险条款的保单红利部分可以找到如下说明：

本主险合同为分红保险合同，您享有参与分配我们分红保险业务可分配盈余的权利。

在本主险合同保险期间内，我们每年根据分红保险业务的实际经营状况确定红利分配方案。保单红利是不保证的。

“可分配盈余的70%”早在2000年就出现在原保监会的《分红保险管理暂行办法》[①] 中，但至今仍有许多销售人员不知出于何种目的，把“可分配盈余的70%”置换为“净利润的70%”，形成销售误导。**要知道，“可分配盈余”的含义是不小心赚多了的钱（比如上面说的4%与3%之差，或是5%与3%之差），“净利润”是公司当年赚的钱，两者完全不是一个概念。**

在中国平安2019年年报“主要业务经营分析：寿险及健康险业务”章节中检索“保单红利支出”，可以查到公司当期支出了193.29亿元的红利（中国平安2019年年报第25页），该金额除以70%即可得到“可分配盈余”为276.13亿元（该算法仅作理解之用，实际上可分配盈余还涉及每一期的平滑，比该算法复杂很多）。同样，我们检索“净利润”可得到中国平安的“寿险及健康险业务”部分当期净利润为1037.37亿元（中国平安2019年年报第17页），两者不在一个量级。

---

① 此前为不低于70%，2020年后统一为70%。

在利润表的角度，可分配盈余的70%，即“保单红利支出”是支出，是营业成本；净利润则是营业收入减去营业成本的产物，二者不可相提并论。

营销界有名的《定位》一书，其核心观点是，一个社会期初是产品生产力的竞争，谁能生产更多的产品，谁就有话语权；随之而来的是渠道力的竞争，当产品丰富到一定程度时，谁掌握渠道，谁能触达客户，谁就有话语权；在如今的时代，产品极度丰富，互联网也使渠道触达无孔不入，因而谁掌握消费者的心智，谁就拥有最终话语权。心智的抢夺则依靠定位。

依靠《定位》逆袭的案例不胜枚举，本书无意延伸。但《定位》的原理同样适用于保险产品，而分红险则有点两头不顾的味道。分红险设计的目的是兼顾保障和强制储蓄，无奈总被诟病为保障不高，分红不高，透明度不高，只有保费高。

“那么是否有比分红险收益更高的产品？”

于是，“万能”就这样走上了时代的舞台。

形似寄生虫的“万能”

“万能”1980年左右发迹于美国。当时保险公司开发这款保险的目的是应对财富效应和对冲通货膨胀。之所以称其为“万能”，是其缴费灵活、账户可追加、保单账户价值领取方便、保证收益[①]等特点，给客户一种专业投资险种的感觉。

“万能”在大多数情况下被称为“万能账户”而不是“万能险”，因其在我国必须依附于某款产品上[②]。分红型寿险和年金险与它们的配合最多，因为这两类保险往往具有分红功能，所以一般会鼓励分红型寿险或年金险的分红金额进入万能进行投资。由此可见，这家伙就是个寄生虫。

以平安人寿的金瑞人生20（附加万能）为例，该产品由主险（分红型年金险）和附加万能账户构成，主险有3年、5年和10年不同的缴费期。

① 万能保证收益当前一般为2%左右。

② 我国保险历史上曾出现过独立的万能险，但目前已被禁止。

产品从第 5 年开始，根据保费或保额，会有不同程度的分红。客户在投保时，需决定主险的缴费年限、投保金额（决定保额），同时需要决定附加万能的一次性趸交金额。

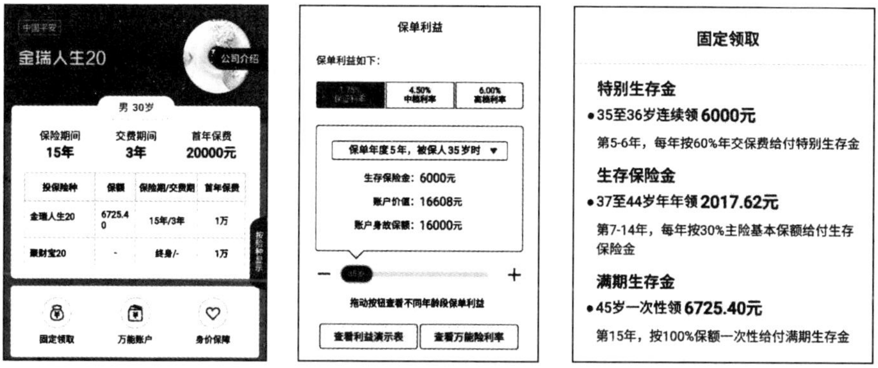

图 1－7　平安人寿的金瑞人生 20（附加万能）利益演示

资料来源：“平安金管家” App。

从主险分出来的钱，客户可以选择进入（一般会选择进入，很多客户买这种类型的产品就是奔着万能来的）万能账户进行“钱滚钱”，该账户保底收益 1.75%，如图 1－8 所示。

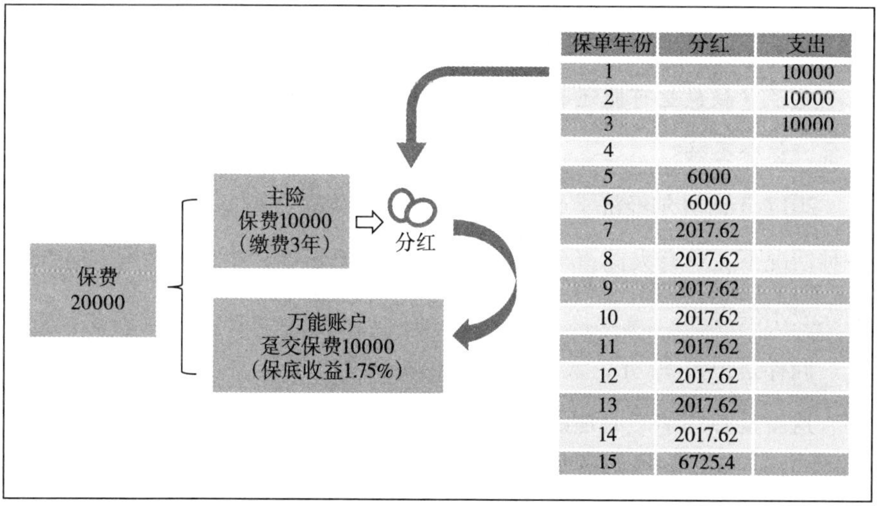

图 1－8　平安人寿金瑞人生 20（附加万能）的原理结构（单位：元）

按照平安人寿的规定，该款产品万能账户的“趸交金额与追加金额之和”不能超过主险总保费。这里的“追加金额”正是“万能”所谓的“账户可追加”的表现。而万能账户的钱是可以随时提取的，再加上前文说的利率既有保底也有高的期望演示①，主险又有保障功能，真有点无所不能的感觉。

“万能”对比分红险，最大的特点是单独设立账户，此事值得说道。

独立投资账户：心理学知识的小应用

我们知道，分红险因“自行定义”而备受争议，却也因“自行定义”而被约束，使保险公司不能也不敢在分红险中拿过多的钱去冒太大的风险。反观“万能”，则设立独立投资账户并承诺有保底收益，颇有点“专业投资”的感觉。

你或许会好奇：不就是独立的投资账户，这又怎么了？

在讨论之前，我们先做一个简单的思想实验：

情况 1：假如你花了 50 元买了电影票，入场前，发现票丢了。现在想要看电影，需要重新买票。你会买吗？

情况 2：假如你去电影院看电影，准备了 50 元去买票，买票时发现 50 元不见了（钱包里可能还有好几百）。现在看电影，需要另外拿 50 元现金买票。你会买吗？

2017 年诺贝尔经济学奖得主理查德·塞勒找了很多人来调查，发现第一种情况下，只有大概 46% 的人会再买一张电影票；第二种情况，有 88% 的人表示会再买。

同样是损失 50 元，人的处理态度却有明显差异。

这就是心理学“心理账户”的魅力。

我们每个人都可能有一个银行账户，但在对资金的认知心理过程中，可能有几十个心理账户，且心理账户的钱是不能相互转账的，每一笔得失

① 该产品演示上会显示 1.75%、4.5% 和 6% 不同收益率的情况。

都要单独计算。同样的钱，我们有可能存放在不同的心理账户，比如，生活必要的开支账户、家庭建设账户、个人发展账户、情感维系账户、休闲娱乐账户等。

情况 1 中，丢失的是电影票，电影票丢了，对应的心理账户损失了，会选择不再另外购票。

情况 2 中，丢失的是现金，不是电影票。看电影的心理账户没有损失，会选择买票。

对这种非理性的行为加以利用，就成了商家的决胜利器。

比如，我们一般不会舍得花几百块钱给自己买一盒巧克力，因为这在“生活必要开支”的心理账户中并非必需品，在“休闲娱乐”心理账户里又是奢侈品。但如果商家告诉我们巧克力是送给伴侣最好的礼物时，我们往往就会在“情感维系”账户中花掉这几百元。

类似地，“万能”单独设置账户，初衷便是寄希望于“心理账户”降低客户决策的成本——投资赚多少清清楚楚，来吧，你原来打算存银行的钱不如放这里吧。我们在平安人寿网站的公告页能找到平安万能险的投资收益率[①]，几乎都处于 4.5%，个别能达到 5%。

前面我们提到，分红险虽然有“自行定义”的坑，却让保险公司陷入了刚性兑付的窘境。为此，借助单独设置投资账户的“万能”，保险公司寄希望于投资者们能很好地理解产品，从而很好地理解风险的含义——看，您的主险有保障功能，保障肯定丢不了；至于投资账户，这里的钱您得想清楚，投资有风险，入市需谨慎。

投连：仍有很长的路要走

在万能险基础上，又衍生了一类没有收益率保底的账户：投连。

在早期，管理层丝毫不避讳引入投连的用心。在被誉为中国平安管理

---

① 又名结算利率，后面章节有介绍。

经典的《平安心语》中，马明哲开诚布公地说道："为了摆脱利率变动对传统寿险产品的影响，平安启动了凤凰计划，引入了国外新兴保险品种——投资连结保险。"①

遗憾的是，当"心智未开"的我们遇上"如狼似虎"的销售，注定无法有效地理解投连险真正曼妙的地方。2000年首推投连的平安因为销售误导遭遇了前所未有的危机，大量不明真相的群众买了投连，后来因为股市大跌而账户惨不忍睹，上门大闹。为解决该问题，平安花了大血本执行"百万客户回访计划"。经此一役，马明哲意识到了战略与执行一致的重要性。

单独设置投资账户的万能和投连险本身无错，只不过在金融市场还不发达、金融普惠还不足够的中国市场，太容易让我们扭曲了灵魂，出卖了人格。

至于万能和投连的区别，**作为投资者的我们，需要记住万能有1个投资账户，收益率有保底，"风险"更适中；投连则可附加1个或多个投连账户，一般收益无保底，"风险"更大**。风险二字之所以打引号，是因为老东从不认为巨大的净值波动是风险。诚如巴菲特所说，本金永久性损失的可能性才是风险。前者谈的是别人对标的物的报价，后者谈的是标的物本身是否有问题，有着云泥之别。

拉长时间来看，投连的投资收益率并不差。如平安人寿的投连公告中，于2000年10月31日设立平安发展投资账户，持续18.5年至2019年上半年，累计收益率330%，年化收益率也接近有7%，高于银行定期存款。

表1-3　投资连结保险投资账户（2019年年中报告）（%）

业绩周期	平安基金投资账户	平安发展投资账户	平安保证收益投资账户	平安价值增长投资账户	平安精选权益投资账户	平安货币投资账户	平安天玺优选账户
2000/10/31—2000/12/31		9.79					
2000/12/31—2001/4/30		6.68					

① 马明哲《在寿险区域事业部启动会上的讲话》。

续表

业绩周期	平安基金投资账户	平安发展投资账户	平安保证收益投资账户	平安价值增长投资账户	平安精选权益投资账户	平安货币投资账户	平安天玺优选账户
2001/4/30—2001/12/31	-1.26		2.77				
2001/12/31—2002/12/31	0.80	3.09	4.49				
2002/12/31—2003/12/25	6.30	3.61	3.01				
2003/8/28—2003/12/25				1.02			
2003/12/25—2004/12/31	-0.87	0.44	2.91	2.00			
2004/12/31—2005/12/29	3.31	4.66	2.63	5.43			
2005/12/29—2006/12/28	71.25	39.34	2.74	13.95			
2006/12/28—2007/12/27	93.08	52.14	3.51	26.95			
2007/12/27—2008/12/31	-31.57	-16.54	4.14	1.92	-37.58	3.83	
2008/12/31—2009/12/31	43.59	24.14	3.55	3.99	52.24	1.38	
2009/12/31—2010/12/31	-3.25	-2.55	3.47	2.22	-8.80	2.07	
2010/12/31—2011/12/31	-20.19	-11.75	3.94	1.48	-28.29	3.96	
2011/12/31—2012/12/31	0.90	2.56	4.00	3.33	11.26	4.06	
2012/12/31—2013/12/31	7.60	6.95	4.25	2.38	13.15	4.22	
2013/12/31—2014/12/31	20.64	15.08	5.08	9.40	5.04	5.71	
2014/12/31—2015/12/31	36.27	29.26	4.15	10.02	55.41	3.71	
2015/12/31—2016/12/31	-13.74	-8.51	4.08	-1.79	-9.79	1.89	
2016/12/31—2017/12/31	11.52	10.02	4.62	0.83	24.68	3.89	
2017/12/31—2018/12/31	-22.81	-12.75	4.95	5.38	-26.72	4.59	0.40
2018/12/31—2019/6/28	19.33	13.89	1.95	2.16	26.85	1.67	1.82
设立以来累计收益率	330.77	305.53	99.27	135.01	37.18	50.56	2.23

资料来源：中国平安网站。

收益虽如此，可惜因为2000年后的投连风波，投连账户已在市场上绝种。这款在发达国家让投资者受益匪浅的产品，在我国仍有很长的路要走。但我们也不必气馁，就如那句老话说的：所有事情到了最后都会是好事，如果不是，只因它还未到最后。

被误解的“保险姓保”

阅读至此，是否有点烧脑？坚持一下，让我们好好瞅瞅这张产品图。

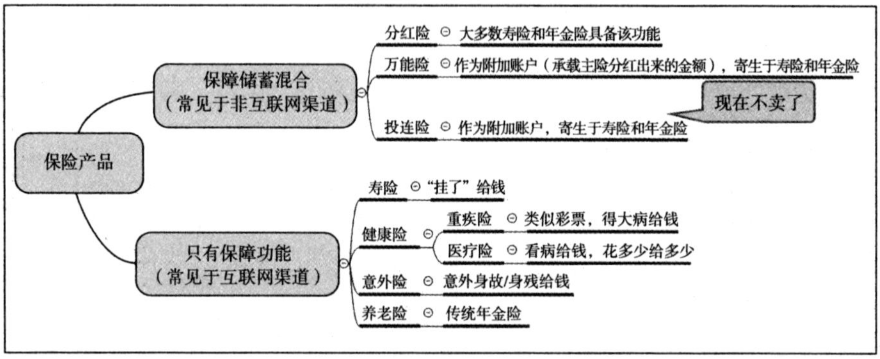

图 1－9　保险产品分类

首先，我们可以按是否具备储蓄功能来划分产品。

不具备储蓄功能的产品是形态相对简单的保障型保险产品，即寿险、健康险、意外险和养老险。而具备储蓄功能，则可能是分红险（一般是和寿险一起，称为分红型寿险，也可能和养老险一起，称为分红型年金险）；也可能是设有万能账户（一般也与寿险一起，称为万能寿险或万能两全险）的万能险。

那么保险公司销售的产品中大概多少比例具有投资功能呢？

以中国平安为例，我们可以在其 2019 年年报的“主要业务经营分析：寿险及健康险业务”中，找到平安人寿的原保费收入为 5236.72 亿元。此外，该章节亦披露销售 TOP 5 产品合计 1023.04 亿元。1023.04 亿元保费中，仅有占比 15.38%（约 157 亿元）的平安福主险——平安福终身寿险不带投资功能，剩余 TOP 4 产品皆具有投资属性，占比为 84.62%①。

表 1－4　2019 年平安人寿按原保险保费收入计的 TOP 5 产品

单位：百万元

产品	原保险保费收入	退保金
赢越人生年金保险（分红型）	36,655	292
金瑞人生年金保险	20,962	110
平安福终身寿险	15,732	574
玺越人生（少儿版）年金保险（分红型）	15,166	139
玺越人生（成人版）年金保险（分红型）	13,789	166

资料来源：2019 年中国平安年报。

在年报该章节中，我们还可以找到中国平安寿险及健康险业务的利润表。该表中，归属于万能和投连的保费都显示在“万能、投连产品分拆至保费存款的部分”②，该数据对比原保险保费收入约为 1∶7，可以理解为每收取 7 元钱的保障保费，就会收取 1 元钱的投资保费。

寿险及健康险业务利润表 (人民币百万元)	2019年	2018年
规模保费	611,637	570,523
减：未通过重大保险风险测试的规模保费	(3,543)	(5,654)
减：万能、投连产品分拆至保费存款的部分	(84,422)	(93,169)

图 1－10　中国平安利润表中被剔除的万能和投连部分

资料来源：2019 年中国平安年报。

很多投资者可能听过“保险姓保”的说法，这源于原保监会 2017 年颁布的号召全行业执行“保险姓保”的 134 号文③，但“姓保”和完全不掺杂投资属性是两码子事。

---

① 意思是约 84% 保费归属的产品与投资型险种相关，并不意味着约 84% 的保费用于投资。

② 人身险公司的会计准则要求。

③ 《关于规范人身保险公司产品开发设计行为的通知》。此文的发出被誉为保险回归保障的标志。

几百万年自然选择的结果让我们心理上相对于获得，更害怕损失，因而自然要求我们在购买保险时无法接受钱“白白交了”。不过也要感谢这种害怕损失的心理，它衍生了谨小慎微的性格，让我们的祖先受益匪浅。若非如此，我们很可能早已灭绝于非洲大草原。

第二章

保险公司的故事

由三家公司组成的保险公司

人保集团独董陆健瑜先生曾把一家人身险公司比喻成三家子公司的组合。

销售公司：经营新增客户，增长依赖于新增保单产生的价值增长，是利润中心。

服务公司：经营存量客户，增长依赖于存量保单产生的价值增长，是成本中心。

投资公司：经营投资业务，增长依赖于投资收益增长，是利润中心。

销售公司

“销售公司”专门负责营销新业务，年终销售公司将这一年营销的所有新保单转让给“服务公司”。同时，“销售公司”和“服务公司”扣除经营费用后将留存资金移交“投资公司”帮忙投资。一家人身险公司最起码应该具备如下部门。

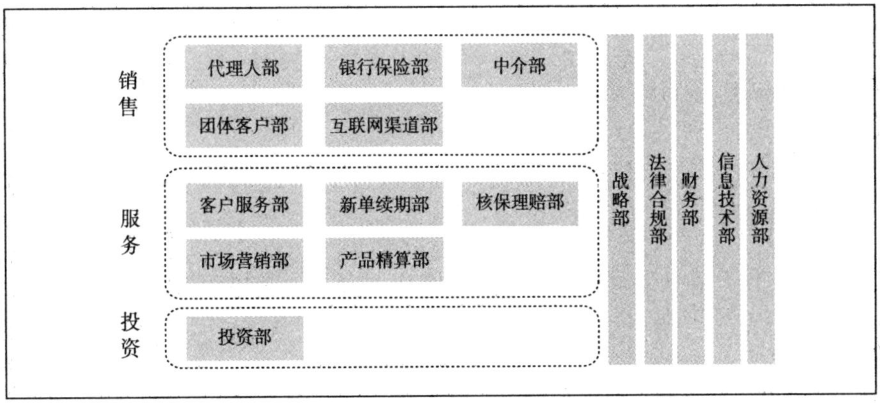

图2－1　人身险公司组织架构示例

归属于“销售公司”的部门包括代理人部、银行保险部、中介部、团体客户部、互联网渠道部。它们的职能顾名思义，分别负责代理人渠道、银行渠道、中介渠道、团体保险和互联网渠道的保险销售。在不同公司，这些不同渠道销售的保费占比各不相同。

以中国平安为例，在其2019年年报“主要业务经营分析：寿险及健康险业务”（年报第24页）可以看到，按新业务算①，代理人渠道销售占比70.72%（1246.31亿元），银行渠道销售占比3.69%（64.98亿元），互联网和中介渠道②销售占比12.96%（228.39亿元），团体保险销售占比12.64%（222.72亿元），见图2-2。

（人民币百万元）	2019年	2018年
个人业务	589,239	548,555
新业务	153,968	156,599
代理人渠道	124,631	130,715
其中：期缴保费	114,685	124,394
银保渠道	6,498	5,500
其中：期缴保费	5,290	4,252
电销、互联网及其他	22,839	20,384
其中：期缴保费	11,209	12,322
续期业务	435,271	391,956
代理人渠道	389,790	353,343
银保渠道	11,870	10,001
电销、互联网及其他	33,611	28,612
团体业务	22,398	21,968
新业务	22,272	21,907
续期业务	126	61
合计	611,637	570,523

图2-2　中国平安2019年各渠道保费

资料来源：2019年中国平安年报。

服务公司

归属于“服务公司”的部门包括客户服务部、新单续期部、核保理赔

① 此处统计口径为“规模保费”，指保险公司统计业务收入的一种方式，即不分保险产品的种类，按照全部销售收入进行统计的保费总量。此处新业务所指的规模保费为个人业务中的新业务和团体业务的新业务二者相加，即1539.68+222.72=1762.4（亿元）。

② 电销一般会归入互联网渠道部，有些公司也叫直接销售部或直销部，表示这是公司“自营”。

部、市场营销部和产品精算部。客户服务部负责客户问题的解答，由于销售已有五大部门承接不同业务，客户服务部主要承接售中和售后的问题，比如保单核保情况如何了、如何理赔等，其扮演的是连接各个部门及客户的角色；新单续期部负责解决客户在新单和续期时的问题，如保费缴费、保单资料录入、分红等，不直接面对客户；核保理赔部负责解决客户的核保及理赔问题，也不直接面对客户；市场营销部不仅负责产品和品牌的线上线下传播和推广，也负责服务的营销，比如公司新增某类智能服务的宣传；产品精算部是保险公司非常重要的一个部门，大型保险公司一般会设置产品市场部（负责总结市场上流行产品的特点）、产品精算部（负责承接来自产品市场部的信息并设计具备竞争力的产品）及公司级的精算部（负责内含价值体系的各类数据统筹和计算）。

投资公司

归属于“投资公司”的部门一般仅仅包括一个孤零零的投资部。从图2－1来看，归属于投资公司的组织是最少的，那么人数也是最少的吗？实际上确实是这样。一家保险公司负责投资的人，占比只有1%～2%并不足为奇。后文将详细介绍。

人身险公司全景

除了复杂的组织架构外，人身险公司经济价值的评估也是个复杂的工程。截至目前，为了公允地评估保险公司的经济价值，至少有一般会计准则①、内含价值评估标准②和营运利润体系③三套准则流传于世。三套准则就像三种看世界的价值观，也像人身险公司在三个世界的投影，相互纠

① 指由财政部规定的会计人员从事会计工作必须遵循的基本原则，是会计核算工作的规范。普通的上市公司年报中都是使用该类准则。

② 指一种人身险公司独有的经济价值评估标准，其底层思维是“自由现金流折现法”（DCF）。

③ 指一种出于可预期的角度，借助内含价值评估标准的思维，修正了一般会计准则后，得到的一种评估人身险公司经济价值的标准。

缠，绚丽多姿，我们将在后文逐一介绍。

在开始后文之前，老东希望展示一张人身险公司的全景图（图2－3）。

考虑这张图中蕴含着人身险公司在三个世界里经济价值的推演逻辑，像极了中国历史上一直成谜的那部可以推演唐朝及此后中国两千多年的国运盛衰的预言书——《推背图》，因此老东给它取名叫“人身险公司推背图”，以敬先贤。

坐稳扶好，本章的旅程，将是关于人身险公司在一般会计准则世界里的故事。

我们首先从人身险公司的“销售”说起。

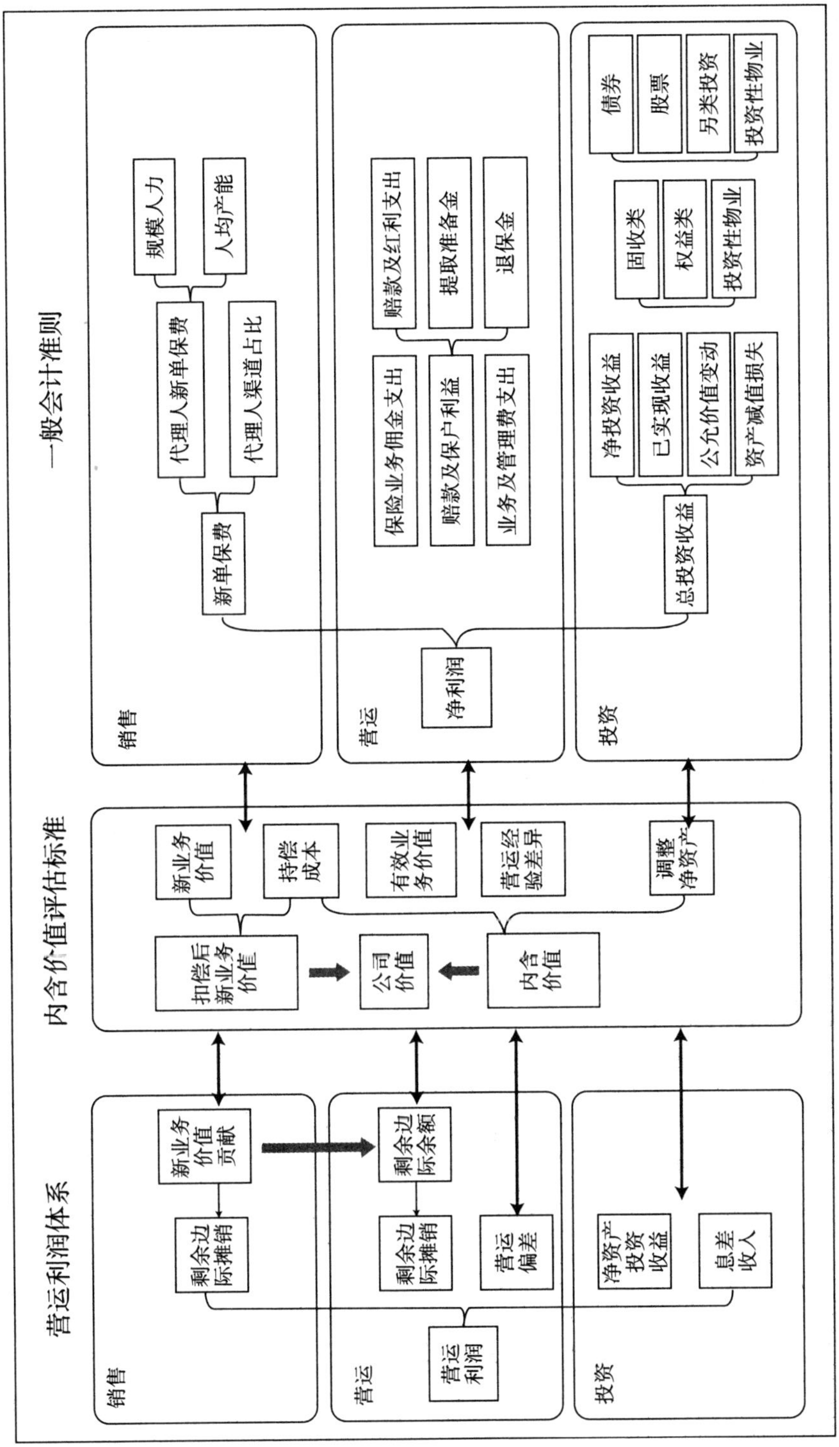

图2-3　人身险公司推背图

被魔鬼化的销售

黑匣子效应

销售一词对于有些投资者是个麻烦事。大多数行业的公司，如白酒、保健品、牛奶，销售都在上市公司体外，依赖第三方（如经销商）。因而，终端销售数据传导到上市公司通常有个漫长过程，投资者无法直接获得终端销售情况，更难以得知公司的策略对终端动销的影响。此谓“黑匣子效应”。

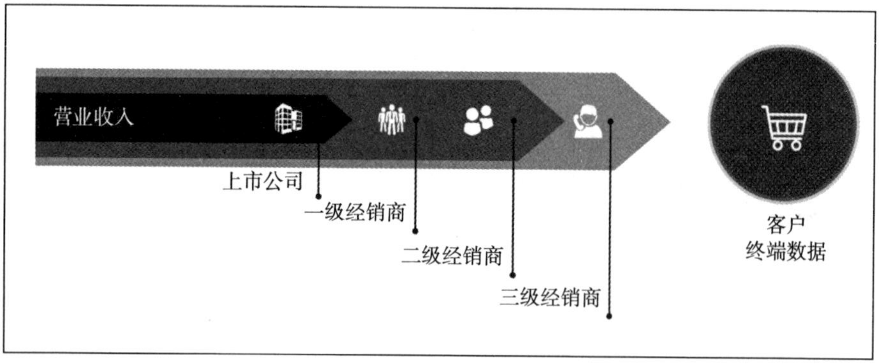

图2－4　从客户到经销商到公司的收入传导示意

这种情况在2018年的东阿阿胶尤其明显。根据第三方零售药店调研机构中康CMH发布的零售药店数据①，阿胶品类全年同比增长20.5%。反观代表阿胶品类的东阿阿胶，2018年半年报营业收入数据却同比减少36.7%。究竟是终端调研机构中康CMH有误，还是终端数据正确但还没传导到上市公司，至今不得而知。

① 来自中康微信公众号“第一药店财智”。

影响公司业绩的核心：代理人队伍

身为保险公司投资者是“幸运的”。保险公司的销售渠道，包括代理人、银行保险、直接销售[①]、中介和团体客户，除了中介渠道外，其他都掌握在自己手中。保险公司的研究员则是更加幸运的，销售渠道的某些参数变化，往往在某个阶段会成为公司业绩的先行指标。比如2015—2017年，代理人队伍的增长就是公司业绩的先行指标。这将非常有利于中短期研究员和中短期投资者玩“业绩猜猜猜”的游戏。

作为长期投资者，我们更多地要关注两个问题：一是我们投资的保险公司单兵作战的能力有多强，即销售端的人均产能问题；二是我们投资的保险公司团体作战能力又是如何，即销售端的规模问题。但在开始前，请容老东再啰唆两句销售的重要性。

我们常常会鄙夷销售，特别是保险公司的销售，认为他们是传销，是忽悠。相反地，我们往往倾向于盛赞战略和定位的优秀，认为现在得天独厚的管理层就是神兵天降。但在老东看来，一个优秀的组织不仅需要一个优秀的“大脑”，更需要优秀的“神经末梢”。或者换言之，管理层之于保险公司，与销售之于保险公司，在老东心中有相同的权重。

公司层面的例子也很多，比如海康威视，这家被美国在2019年列入“实体名单”[②]的企业，以安防起步，切入智慧城市，依靠的不是阿里、腾讯那种高举高打的“城市大脑”建设的战略，而是下沉到“神经末梢”，勤勤恳恳地进行一个个差异化解决方案搭建的策略。我们的“城市大脑”不是电脑游戏中的模拟城市，什么内容都是现成的数字。客观世界的城市需要有设备把城市状态和事件数字化。海康威视正是在这个领域辛苦耕耘，形成了自己宽广的“护城河”。

---

① 包括互联网渠道和电话销售，前者趋势在兴起，后者趋势在衰败。

② “实体名单”是美国为维护其国家安全利益，进行出口管制的一个重要手段。简单来说，“实体名单”就是一份“黑名单”。企业一旦被列入，就失去了在美国的贸易机会。

与此类似，一家保险公司最宝贵的资源，莫过于干练的销售队伍。“即使给我一笔巨资，我也无力挑战这家公司。”巴菲特用这招来思考某家公司是否值得投资。保险公司，特别是头部的保险公司正符合这样的标准。销售队伍背后的管理模式和制度，是日积月累在“神经末梢”打磨的结果，不是哪个巨头携巨资就能轻易威慑而来的。

与银保、中介、互联网等第三方渠道不同，代理人是保险公司真正抓在自己手中的销售渠道。此外，身处末梢的代理人采用的是点对点、人对人的销售方式，更容易触及客户最深处的需求，或者换言之，更容易让客户在决策时从自身出发，而非与保险公司的博弈出发，因而销售的保单自然更能让保险公司产生丰厚的利润。老东曾经有过这样的经历：虽然老东的好友向客户推荐的产品无论是条款还是价格都远优于友邦，但友邦代理人的“亲密度”还是征服了客户的先生，为公司创造了丰厚的利润。下文是好友发给老东的信息。

东先生您好，客户意向已经确定，女性，34 岁，体况总体较好，有体检报告，这是从香港友邦 PK 下来的单子。但客户的先生依然决定自己投友邦，因为友邦代理人和她先生关系很好，是熟人。

销售的核心指标：新单保费

我们在投资时总会涉及估值问题，估值方法包括市盈率估值、市净率估值、横向对比同行业公司的相对估值，但经济学意义上，唯一能正确衡量一家公司值多少钱的，只有自由现金流估值方式——公司未来赚的所有钱（无须再投入生产的钱，巴菲特称之为“自由盈余”）向当前的贴现之和。因而，评估公司赚取自由现金流的能力，远比评估其净资产更重要。

自由现金流，由“经营性现金流减去资本性开支”构成。其中，“经营性现金流”是公司通过经营活动产生的真实现金，落到人身险公司上，则源于销售和投资所得，前者是保费收入，后者是投资收益；

"资本性开支"指公司为保持持续竞争力所必须支出的钱，落到人身险公司上，则是营运支出。

由此可见，为考量人身险公司赚取自由现金流的能力，首先需要研究的是保费收入。保费收入（包含新单保费和续期保费）中，新单保费又是公司源源不断收入的来源，乃生死之地、存亡之道，不可不察。

考虑银行和中介①往往对保险公司产生强大的定价权，留给人身险公司银保渠道和中介渠道的利润空间非常稀薄，因而在新单保费中，我们又需要重点关注代理人渠道的新单保费占总的新单保费的比例，这个比例理论上越高越好。

在此基础上，逻辑可以再向下拆分——研究每家公司经营代理人渠道的思路是内生式的（提升人均产能）或是外延式的（提升规模人力）。这将有利于我们在初次邂逅一家公司时有个具象化的认知。因此，我们可以将人身险公司在一般会计准则里最重要的销售指标——新单保费再拆解为以下 3 个关键指标：

新单保费 = 代理人人均产能 × 规模人力 ÷ 代理人新单占比

带着这 3 个指标，我们缓缓揭开"推背图"中一般会计准则的"销售"部分。

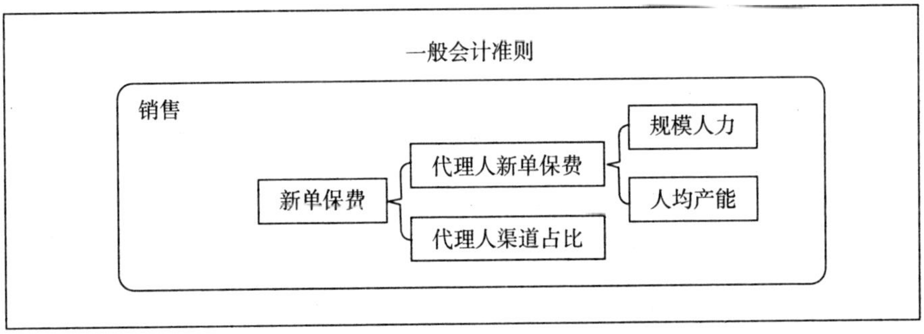

图 2-5　推背图（仅显示一般会计准则下的销售）

① 含互联网流量中介，主要为百度、阿里巴巴、腾讯及一些在线旅游平台。

代理人渠道新单占比

我们在上市保险公司财报的“业务分析”章节[①]中可以找到规模保费口径下的各渠道产生的新单保费和总的新单保费。以此为基础，可以得到各家人身险公司各渠道的新单占比。从2019年的数据来看（见表2－1），一直秉承“大个险”战略的平安人寿和太保人寿的代理人渠道新单保费占比位列前两名，分别为70.72%和69.53%。中国人寿占比最低，为55.13%。银保渠道占比第一的为新华人寿，占比为31.72%。

表2－1　2019年各公司各渠道新单保费及占比（规模保费口径）

项目	平安人寿	中国人寿	太保人寿	新华人寿
代理人（亿元）	1246.31	999.45	395.94	196.75
占比（%）	**70.72**	55.13	**69.53**	60.89
银保（亿元）	64.98	254.37	—	102.50
占比（%）	3.69	14.03	—	**31.72**
直销与中介（亿元）	228.39	290.56	—	—
占比（%）	12.96	16.03	—	—
团体（亿元）	222.72	268.51	79.93	23.85
占比（%）	12.64	14.81	14.04	7.38
合计（亿元）	1762.40	1812.89	569.42	323.10

资料来源：2019年中国平安、中国人寿、中国太保、新华保险年报。

注：太保人寿未公布银行、直销与中介渠道分项数据，其合计值为93.55亿元。

前文我们说过，通过银保渠道和中介渠道产生的保费往往利润微薄，因此从历史上看，各家公司都在努力提高代理人渠道的新单占比。从2014—2019年这6年的平均数据来看（见表2－2），平安人寿的代理人渠道新单占比最高，为66.5%；中国人寿占比最低，为42.11%。从趋势上可以看出，中国人寿在这两年也在努力追赶，2019年代理人新单占比达到了55.13%。

① 中国平安和中国太保是保险集团，因此一般在“寿险及健康险业务”章节可以找到，中国人寿和新华保险则可以直接在“业务分析”中找到。

表 2－2　2014—2019 年各公司代理人渠道新单占总新单保费比例（规模保费口径）（%）

公司	2014 年	2015 年	2016 年	2017 年	2018 年	2019 年	6 年占比平均
平安人寿	64.72	63.11	66.58	71.00	68.13	65.46	66.50
太保人寿	53.58	53.42	63.01	69.78	70.31	69.53	63.27
中国人寿	28.19	31.52	39.76	44.71	53.37	55.13	42.11
新华人寿	20.78	30.85	43.33	73.44	73.23	60.71	50.39

资料来源：2014—2019 年中国平安、中国人寿、中国太保、新华保险年报。

银行和中介渠道之所以能对保险公司产生较强定价权，是因为其一般相对保险公司而言体量较大，且直接面对客户，对客户有一定的控制力。实际上，这类居间渠道利润微薄并不是人身险公司独有的问题，更不是我国人身险行业的个例。

以马来西亚为例，其排名第二的一般保险公司 Am General 的中介渠道①产生的保费占比高达 90% 以上，据老东调研，这 90% 的保费产生的利润非常微薄，公司对此也是苦不堪言。但受制于马来西亚多岛的地形，代理人渠道发展较为缓慢，可谓家家有本难念的经。

代理人的人均产能

搞明白第一个问题后，接下来的问题是各家代理人的人均产能如何。最直接的比较指标便是每个代理人新产生的保费是多少，即“人均新单保费”。同样，在每家公司各年财报的“业务分析”章节，我们可以找到代理人渠道产生的新单保费，以及代理人的人数，前者除以后者，就是人均新单保费。

从 2014—2019 年这 6 年的数据来看，随着 2015 年代理人资格考试②的取消，代理人数量“井喷式”发展，由于队伍水平难以短时间内提高，大部分公司的人均产能快速下降。截止到 2019 年底，平安人寿的人均新单产

① 2018 年数据。
② 2015 年 7 月 1 日，中国取消了保险代理人资格证，各家保险公司代理人数“井喷”。

能在保险公司中处于较高水平，见表2－3。

表2－3 2014—2019年各公司代理人渠道人均新单保费及增速（规模保费口径）

项目		2014年	2015年	2016年	2017年	2018年	2019年	6年增速
平安人寿	新单保费（万元）	8.33	8.41	9.16	10.85	9.90	**10.39**	
	增速（%）		1.01	8.83	18.45	－8.70	4.88	24.69
中国人寿	新单保费（万元）	5.42	5.55	5.49	6.33	6.34	**6.20**	
	增速（%）		2.34	－1.11	15.44	0.15	－2.32	14.28
太保人寿	新单保费（万元）	5.02	5.33	5.73	5.66	5.51	**5.01**	
	增速（%）		6.17	7.37	－1.13	－2.61	－9.11	－0.23
新华人寿	新单保费（万元）	5.24	6.24	6.30	6.73	5.23	**3.88**	
	增速（%）		19.06	1.04	6.67	－22.21	－25.83	－25.95

资料来源：2014—2019年中国平安、中国人寿、中国太保、新华保险年报。

注：人均新单保费和增速因计算中多次四舍五入，增速数据与直接使用表中数据计算的数值存在误差。下同。

我们提及健康情况时，都喜欢用自己的体重来衡量。实际上，某些体重数据并不超标的人，体脂含量和内脏脂肪等级可能很高，这类人的健康状况甚至比胖子还要不如，在一些健康管理的书籍如《本能减脂》中，称之为“胖子核”。同理，人均新单高，并不代表代理人为股东带来的人均利润就高，也很可能是保费虚高纯赚吆喝。

为了更好地衡量代理人的质量，避免错把“胖子核”当健康的瘦子来看待，我们更应该关注的是人均新业务价值——该指标将在第五章“内含价值评估标准”中详细介绍，此处可以简单理解为人均带来的新单利润。我们可以在各家公司财报的“内含价值分析”章节中找到“新业务价值①”②，再除以“业务分析”章节披露的代理人数③，即可得到人均新业务价值的情况，见表2－4。

① 此处指扣除持有偿付能力额度的成本后的一年新业务价值。

② 公司一般不披露代理人渠道专属的新业务价值，此处的新业务价值包含其他渠道，但也有一定的参考意义。

③ 由于中国人寿分别披露了总队伍规模和代理人渠道队伍规模，表2－4中中国人寿相关数据所使用的分母为总队伍规模。

表 2-4 2014—2019 年各公司人均新业务价值及增速

项目		2014 年	2015 年	2016 年	2017 年	2018 年	2019 年	6 年增速
平安人寿	人均新业务价值（万元）	3.43	4.42	4.58	5.35	5.48	6.33	
	增速（%）		28.67	3.64	16.80	2.45	15.56	84.39
中国人寿	人均新业务价值（万元）	3.13	3.22	3.29	3.80	3.44	3.65	
	增速（%）		2.90	2.08	15.74	-9.64	6.16	16.63
太保人寿	人均新业务价值（万元）	2.54	2.49	2.92	3.06	3.20	3.11	
	增速（%）		-1.65	16.91	4.86	4.72	-2.76	22.77
新华人寿	人均新业务价值（万元）	2.81	2.96	3.19	3.47	3.30	1.93	
	增速（%）		5.41	7.67	8.81	-4.80	-41.55	-31.28

资料来源：2014—2019 年中国平安、中国人寿、中国太保、新华保险年报。

从表 2-4 中可以看到，平安人寿在此 6 年间人均新业务价值增速最快，为 84.39%。人均新业务价值之所以与人均新单增速有较大差别，原因有二：其一是平安和太保一直致力于做大做强代理人队伍，因此保单的利润率呈上升趋势；其二是中国人寿和新华人寿虽然在 2017 年以后也开始狠抓队伍，但历史包袱过重，低利润率的银保渠道占比过高。其中新华人寿又因为在此期间更换了两次风格迥异的管理层，战略持续性不佳，因此负增长。

代理人队伍

队伍规模

2015 年以前很多年时间，全国保险代理人人数徘徊在 300 万上下，并未有太大起色。随着 2015 年 7 月代理人资格考试取消，由各家保险公司自行设置代理人准入门槛，全行业的代理人人数开始呈“井喷式”发展，到 2019 年已有 800 万之多。A 股上市的 4 家公司代理人队伍数量变化如下：

表 2－5　2014—2019 年各公司代理人队伍数量　　单位：万人

年份	平安人寿	中国人寿	太保人寿	新华人寿
2014	64	74	34	18
2015	87	98	48	26
2016	111	150	65	33
2017	126	158	87	35
2018	132	144	85	37
2019	120	161	79	51

资料来源：2014—2019 年中国平安、中国人寿、中国太保、新华保险年报。

各家保险公司的代理人人数无不在 2015 年发生了量的飞跃，一直到 2017—2018 年到达顶峰。随着 2017 年 134 号文①的落地，行业逐渐回归“保障”，以往大刀阔斧地销售理财型产品的套路再难继续，行业终于从量的发展转向质的发展。2018 年与 2019 年两年，行业总保费负增长，部分公司开始削减产能低下的代理人。比如平安人寿和太保人寿分别实施了代理人“清虚”的策略，代理人数量都有所减少。

然而并非所有公司都对外部环境有相同的解读。比如中国人寿在 2018

① 该文通过各种方式限制了万能险的发展。

年原太平集团董事长王滨来临后，提出了“重振国寿”的战略，代理人队伍的数量在2019年逆势增长。2019年年报显示，其代理人人数已达到了161万人。而新华人寿在2019年也提出了“规模与价值并举”的战略，为了实现公司规模的增长，代理人人数同比增长38%至51万人。我国有14亿人口，保险代理人总人数已达800万人，代理人占总人口的比例已与发达国家相当。在行业代理人总人数逐渐见顶的背景下，孰对孰错，只能留给时间去检验。

更深层次的代理人信息

通过前文我们知道了新单保费的构成：

新单保费＝规模人力×人均产能÷代理人新单占比

若我们单从等式中看，队伍越大，人均产能越高，代理人新单占比越小，得到的新单保费越大，该公司的销售端就越强大。可是根据上文的论述，应该是规模人力越大，人均产能越高，代理人新单占比越高，才更加符合强大销售的定义。

问题的症结在于，用新单保费衡量保险公司的销售优秀与否，仅仅适用于代理人新单占比相同的情况下。在第五章“内含价值”小节，我们将认识一个新名词“新业务价值率”（此处可以简单理解为保单利润率）。这个家伙与新单保费相乘，构成了新业务价值——最适合于评估保险公司销售端的指标。虽然代理人新单占比高会拉低新单保费，但同时也会拉抬新业务价值率。此消彼长之间，新业务价值更多的是走高，而不是降低。

除了拆解“新单保费”外，各家公司财报在销售上还有什么值得关注的地方呢？老东建议关注各家公司对于不同产能队伍的定义与数据披露。

各家公司除了代理人的总数、新业务价值和新单保费外，还提供更加细致的代理人产能和队伍的数据，这些数据都可以在财报“业务分析”章节找到。虽然每家公司披露的口径不同，但将披露的口径集合梳理后，可以概括为：

（1）月均举绩人力，指每月平均开单的人数。这个数据平安和新华有披露。

（2）月均合格人力，指每月首年佣金 >800 元。这个数据新华有披露。

（3）月均健康人力，指每月首年佣金 >1000 元。这个数据太保有披露。

（4）月均绩优人力，指每月首年佣金 >2000 元。这个数据太保和新华有披露。

（5）月人均收入。这个数据平安和太保有披露，平安是直接披露，太保披露的是每月人均首年佣金，没披露续期、新人补贴、基本法收入、交叉销售收入等其他收入。

我们知道，代理人渠道是人身险公司利润来源的大头，更是新业务价值源源不断增长的动力。因而代理人日子过得如何，对人身险公司来说至关重要。

敢于披露，有两种理解，一是拿得出手，二是开诚布公。

首先值得一提的是平安人寿和太保人寿①，它们赤裸裸地披露了代理人每个月赚了多少钱，这让我们对公司销售的驱动力——代理人过得如何有了更加直接的理解。

表 2-6　平安人寿代理人详细数据

项目	2014 年	2015 年	2016 年	2017 年	2018 年	2019 年
代理人人数（万人）	64	87	111	126	132	120
月均举绩人力（万人）	—	—	—	82.50	82.60	73.08
代理人收入（元/人均每月）	—	—	6016	6250	6294	6309
每月人均新保（件）	1.10	1.20	1.20	1.22	1.22	1.38
每月人均首年保费（元）	6244	7236	7821	—	—	—

资料来源：2014—2019 年中国平安年报。

① 草根调研显示，太保人寿代理人的月均收入应在 2000 ~ 2500 元，即除了首年佣金外，太保代理人的其他收入在 1000 元左右。

表 2-7　太保人寿代理人详细数据

项目	2014 年	2015 年	2016 年	2017 年	2018 年	2019 年
代理人人数（万人）	34.4	48.2	65.3	87.4	84.7	79.0
月均健康人力（万人）	—	—	20.0	24.8	31.2	25.7
月均绩优人力（万人）	—	—	10.0	13.1	14.9	13.0
每月人均首年佣金（元）	—	—	987	1012	1058	941
每月人均新保长险（件）	1.21	1.37	1.72	1.68	1.64	1.51
每月人均首年保费（元）	4096	4776	5084	—	4631	4212

资料来源：2014—2019 年中国太保年报。

其次是新华人寿。这家公司并未披露代理人收入或佣金，但披露举绩人力（每月佣金 >0 元）、合格人力（每月佣金 >800 元）、绩优人力（每月佣金 >2000 元）。按相关数据毛估，新华代理人的月均收入水平应该在 1600 元左右，落后于平安和太保。一个有意思的细节是：2019 年半年报开始，公司把举绩人力换成了合格人力披露，是意味着举绩人力和合格人力差不多，还是有其他原因，我们不得而知。

表 2-8　新华人寿代理人详细数据

项目	2014 年	2015 年	2016 年	2017 年	2018 年	2019 年
代理人数	17.5	25.9	32.8	34.8	37.0	50.7
月均举绩人力（万人）	7.4	9.4	15.3	15.1	17.5	—
月均合格人力（万人）	3.3	4.6	—	—	—	13.3
月均绩优人力（万人）	3.3	4.6	—	—	—	—
每月人均首年保费（元）	—	—	5798	5801	4372	3387

资料来源：2014—2019 年新华保险年报。

最后要说的是中国人寿。这位代理人数量排名第一的老大哥，披露过"月均有效销售人力同比增长""季均有效人力同比增长""月均销售特定保障型产品增长"。遗憾的是，这些数据都是增长率，并未披露绝对数值。同时，对于"销售特定保障型产品"是哪些产品，也没有披露。在老东参加过的业绩会或调研会中，也偶有投资者问及这些数据的绝对值，但出于信息披露的考虑，中国人寿的投资者关系部门并未告知。

表 2-9　中国人寿代理人详细数据

项目	2014 年	2015 年	2016 年	2017 年	2018 年	2019 年
代理人人数（万人）	74.3	97.9	150.0	158.0	144.0	161.0
月均有效销售人力同比增长（%）	—	—	—	—	2.60	34.90
季均有效人力同比增长（%）	—	—	—	29.80	—	—
月均销售特定保障型产品增长（%）	—	—	—	—	43.40	43.80

资料来源：2014—2019 年中国人寿年报。

各家公司披露的口径不一，为何我们还要研究这些数据呢？

宋仁宗嘉祐二年，当时只有 21 岁、已经考中进士的苏轼，参加了礼部的考试，考题是《刑赏忠厚之至论》。苏轼写下了一篇后来入选了《古文观止》的文章。

这场考试的主考官是欧阳修。欧阳修读了苏轼这篇文章，第一眼就看出这篇文章的写法不是宋朝人的习惯写法，而是他正在提倡的“古文运动”的新写法，由此断定至少此人心态开放，乐于接受新鲜事物，这是苏轼当时入选的重要原因之一。

很明显，欧阳修作为彼时的天下文学宗师，不但清楚天下文风都有什么，更清楚不同文风背后的意蕴是什么。欧阳修把苏轼的文章一拿起来，就像武侠小说一般，感觉有一道熟悉的真气刺入自己的气海，形成了一张作者的轮廓画像，此人的性格映入眼帘。

同样地，从上述信息中，您是不是也有了一些关于各家公司代理人情况更深层的理解？这正是读书破万卷的裨益——我们读的财报越多，看得越细，就越会逼近欧阳修这般的修为，以一种天下宗师的感觉来识别公司。

代理人队伍发展的难点

顺着思维的河流漂流而下，另一个老东建议思考、但答案不在财报中的问题是：为什么各家公司代理人队伍产能会有这么大差距？

这个问题没有标准答案，老东说说自己的见解。

以老东的认知来看，代理人入门后，一般都会先“自杀”（自己买保单），再“杀熟”（让身边的亲戚朋友购买），从而成为一个举绩人力（月均首年佣金 >0 元）或合格人力（月均首年佣金 >800 元）。随着圈子经营的积累，代理人会有越来越多的客户。这个阶段的代理人顶多称得上前文所述的健康人力。经营能力不强、人脉圈子不够的代理人，在这个阶段就到头了，大概率没多久就会脱离队伍，这是人身险公司队伍建设要迈过的第一道坎。

经过这个阶段，代理人就进入了健康人力的水平（月均首年佣金 >1000 元）。此时的代理人要逐渐学会客户分级，每类不同等级的客户采用不同的经营策略。诚然，有许多客户喜欢比价，特别是入门级的客户。但当代理人能往高产代理人发展，甚至发展成为百万圆桌会议会员[①]时，手头沉淀下来的多为成交金额大的客户。这个阶段又会有大量的代理人无法向前一步，仅在绩优人力（ >2000 元）边缘徘徊，是人身险公司建设要迈过的第二道坎。

当跨过这个阶段，代理人展业的过程运用到的专业知识更少，运用理念和规划知识会更多。这是因为越高净值的客户，越是抓大放小，越是理解人身险是个先有后优的过程，越是理解时间的价值。这类高产代理人更合适的称谓应该是保险顾问。保险顾问大多数不把自己定义为产品测评员或对比员，只因买卖双方都清楚服务才是更加重要的东西，销售是次要的。

诚然，有一些高产代理人拥有丰富的知识，也是靠比价和卖弄专业知识获得客户信任，但这类代理人即使做到高产，也需要一直成交新客户。新客户普遍有个特点——信任难以建立，成交金额相对小，持续性差。稍有不慎，这类高产代理人就会回落到绩优人力边缘。

因此，我们会发现，保险销售是个从相信到信任，再到信赖的过程。

---

① 英文缩写是 MDRT，该组织成立于 1927 年，一般每年佣金收入超过 5 万 ~6 万美元才可申请加入。

如果一直停留在相信阶段，那么即使该代理人经常有单签，单也不会太大。反观高产代理人，他们的策略在于寻找那些更加期望得到保障规划和保险服务，而不是寻求产品性价比最优的客户。这个阶段的人身险公司已经不怎么怕对手打价格战了。在中国内地经营多年，主打精英战略的“友邦保险”，就是这类型人身险公司的典型代表。

代理人行业还有很多道道。比如“十五三一”定律，代理人每拜访 10 个客户，大概率有 5 个愿意大致聊聊的，其中又有 3 个大概率会有意向，最终大概率只能成交 1 个。故而，为了开单，更为了养家糊口，加大客户的拜访量，成了许多代理人性价比较高的策略。另外有“沟通不过三”的潜在规则（房地产销售也有类似的），如果和一位客户聊天超过 3 次，对方仍在聊产品的性价比而不是人生的保障规划，一般代理人都会战略性放弃。这某种程度是这个行业唯利是图的表现，但给我们更多的警示是：不应以自然科学和博弈论的角度来理解人身险产品，而应以社会学及人生保障规划来理解这群不凡的代理人。

久居深宅的营运

两面不讨好的状态

人身险公司的营运人员承上启下，这头从销售人员那边接过钱，销售人员会指责他们效率太低；那头又把钱给投资人员，投资人员又会指责他们支持不力。若进行类比，营运人员像极了夹在小孩和丈夫间的全职妈妈，稍有不慎，保险公司的状况就成了一部分中国家庭的常态——焦虑的妈妈、有问题的孩子和失踪的爸爸，实际上大多数公司都是如此。

若将人身险公司的销售（代理人、银保、中介、团体和互联网）比喻成5支骁勇善战的军队，可以各自为战的话，营运则像输送炮火的大后方，往往由诸多部门不可分割地协助完成。这些部门至少包括直接面对客户售中和售后的客户服务部，负责保单核保的核保部，负责新单和续期保费缴纳的新单续期部，乃至更加靠后的负责收费和对账的财务部。

营运的核心

本书无意于讨论各个部门协作的标准模式为何，但若无具体形象化的作业流程，又无益于我们进行更深层次的理解，因而老东人致梳理了营运过程中涉及频率最高的新单投保、续期保费缴纳流程，见图2－6。

诚然，并不是所有公司都会采用如此的组织架构（有些公司新单和续期就是分立两个部门），更不一定会照搬上述作业流程。在一个公司内部的不同阶段，极可能组织架构和作业流程也都截然不同。但无论这二者如何调整，优秀的管理层大都会遵循“让听得见炮火声的人来指挥战斗”的原则，这是我们在研究管理层组织架构调整是否合理时不变的逻辑。

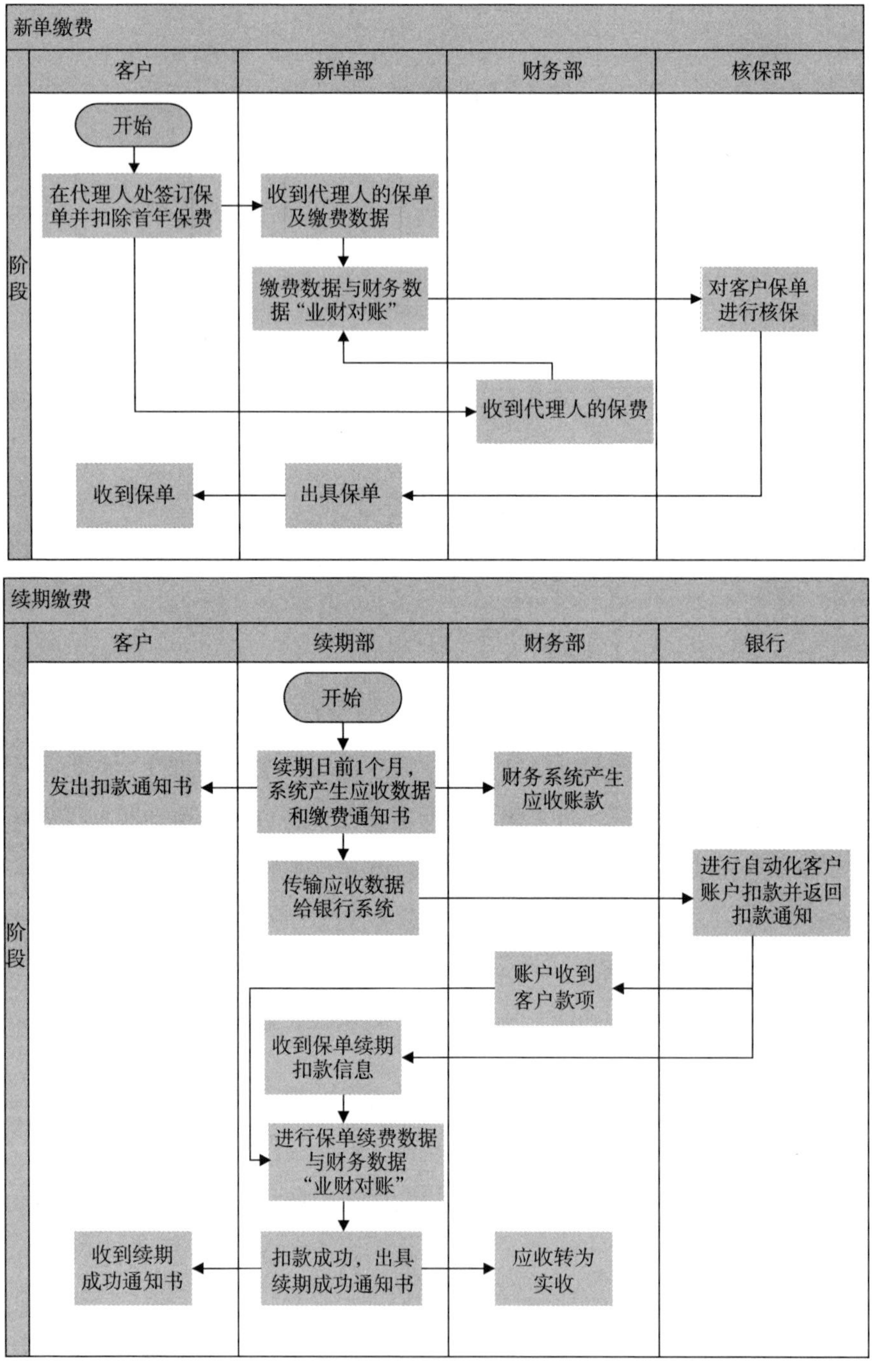

图2-6　某人身险公司的新单投保、续期保费缴纳流程示意

营运效率的评判

那么面对大逻辑相同、实际作业流程不同、自动化水平也不同的保险公司，我们如何评估每家公司在营运层面的效率，这个效率又如何落到投资者实实在在的利益上呢？

前文提及，若我们将保险公司拆成 3 家子公司，“服务公司”是成本中心，并不产生利润。因而为了比较，我们的问题自然而然转换为：

哪家保险公司帮股东们省下了更多的钱？

若瞧瞧保险公司的利润表，实际也是如此。保险公司的营业收入来自销售取得的保费以及投资取得的收益，成本包括各种支出。我们可以在各家公司的财报“业务分析”章节找到这部分内容。以中国平安 2019 年的年报为例，我们可以在“寿险及健康险业务”章节（财报第 24 页）找到人身险业务所需承担的成本。

寿险及健康险业务利润表

(人民币百万元)	2019年	2018年
规模保费	611,637	570,523
减：未通过重大保险风险测试的规模保费	(3,543)	(5,654)
减：万能、投连产品分拆至保费存款的部分	(84,422)	(93,169)
原保险保费收入	523,672	471,700
分保费收入	3,139	659
保险业务收入	526,811	472,359
已赚保费	517,140	465,583
赔款及保户利益	(445,775)	(323,494)
保险业务佣金支出	(80,034)	(84,142)
业务及管理费支出	(54,787)	(50,202)
总投资收益	174,682	79,384
其他收支净额	(2,428)	(5,870)
税前利润	108,798	81,259
所得税	(5,061)	(22,502)
净利润	103,737	58,757

图 2－7　平安人寿 2019 年寿险及健康险业务利润表

资料来源：2019 年中国平安年报。

图 2－7 中，方框圈出的 3 个短语略显怪异，千万别被它们吓到了，其

实它们的逻辑非常简单，分别是“给客户的钱”“给代理人的钱”和“给员工的钱”。其中，“给客户的钱”指因为客户而支出的各类费用，比如理赔款、红利派送、准备金提取[①]、退保金等；“给代理人的钱”[②] 指因销售渠道而支出的费用，包括给代理人的佣金和给其他各类渠道的手续费；“给员工的钱”则是给自己员工的薪酬和奖金。

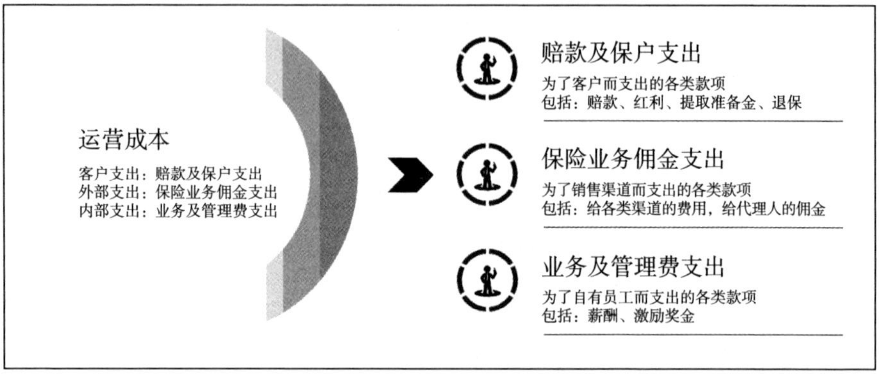

图 2－8　人身险公司运营成本构成

为了回答上面的问题，一个很自然的做法便是比较这 3 项支出与保险公司收入的比值。考虑到保险公司的投资人员占比非常低，而保险公司的投资的波动非常大，因而我们更加合适的做法是研究 3 项支出与已赚保费的比值——实际上这确实只是“更”合适的做法，而不是“最”合适的做法。最合适的做法将在第五章“内含价值评估标准”介绍。

值得注意的是，我们的比较对象（分母）将使用“已赚保费”而非“被魔鬼化的销售”小节的“规模保费”。二者的主要差别在于已赚保费是在规模保费基础上剔除一些“不像保费的保费”（如万能账户里的钱），属性更加真实。而“被魔鬼化的销售”中之所以使用“规模保费”，实属不得已而为之——各家公司没有披露已赚保费口径下按渠道划分的保费比例。好在虽然“已赚保费”与“规模保费”有差距，但各家公司目前产品

① 为客户的风险做准备。

② 保险公司又把自己的营销人员（代理人）称为外勤，这是为了区分内部人员（称为内勤）。从法律形式上看，代理人所签合同是代理合同，而非劳动合同。

结构类同，这个差距的比例也是近似的，所以并不妨碍我们得出相关的结论。正如巴菲特老爷子常念叨的那句话：模糊的正确，胜过精确的错误。

让我们一起展开“推背图”的新篇章——一般会计准则下的营运：

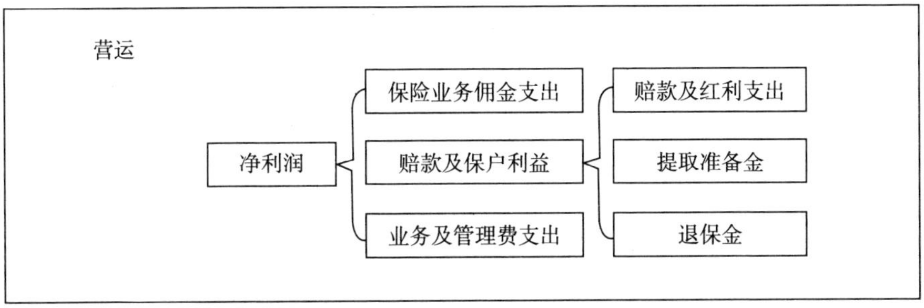

图2－9　推背图（仅显示一般会计准则下的营运）

“苹果树”的商业模式

在开始讨论营运的内容前，我们有必要更加深入地探讨一下保险公司的商业模式。

我们日常生活能接触到的公司，比如生产白酒的贵州茅台、生产牛奶的伊利股份、生产榨菜的涪陵榨菜等，虽然依据企业对上下游话语权的不同或某期内经营策略的变化，也有可能产生应收或应付款项，但利润表还是能比较清晰地反映公司当期的经营情况。

与此不同，人身险公司在春天卖出的保单，由于准备金计提和费用前置等原因，在今年冬天结账时很可能导致账面亏损。但在往后的岁月，由于保费不断流入，准备金计提与早期费用消失，如果公司不开展新的业务，净利润将迅速转正，呈现强劲的业绩表现。按中国平安在2019年股东大会上的披露，平安人寿负债端（指销售端带来的保单所产生的负债）目前的久期约14年，这意味着在未来的14年，即使平安人寿不干活，仍有源源不断的银子会涌入公司，形成持续的现金流。

这就好比种植一棵苹果树，在种树初期投入了较多的费用，但一旦树种下了，无论后续公司经营情况是“万里悲秋常作客”，还是“百年多病

独登台”，都会有源源不断的“苹果”结出。但用一般会计准则计量的话，在早期这棵苹果树看起来像个“有毒资产”。人身险公司的这种特殊商业模式，使收入与支出错配严重。通常只看某期利润表无法有效评估当前公司的情况，常常让刚入门的投资者困惑不已。

我们的先贤在固有体系崩塌之际，总会分裂为两派，一派固守本元，在原有体系上进行修正；另一派则大胆创新，另外创立体系。20 世纪初物理学天空的两朵乌云就是最好的例子，第一朵乌云造就了以哥本哈根学派为轴心的量子力学体系；第二朵乌云使爱因斯坦敢于投入十余年学习非主流的非欧几何学，最终开创相对论。

此时此刻，我们面对这棵“苹果树”，固然要花很浓重的笔墨与大家探讨大胆创新的后者（那将发生在第五章“内含价值评估标准”），但老东期望我们也能当一回保守派，从一般会计准则着手来理解人身险公司的营运板块。这样做至少有两方面的好处，一是有利于已经接触过许多公司利润表的朋友理解人身险公司；二也是更重要的，这将有利于我们更好地感受利用一般会计准则分析保险公司的无力感，更加珍惜内含价值评估标准的来之不易。

为客户支出的钱

以中国平安2019年年报为例，我们可以在“主要业务经营分析：寿险及健康险业务”（财报第24页）找到“赔款及保户利益”，其定义为：

赔款及保户利益包括分部利润表中的退保金、保险合同赔付支出、摊回保险合同赔付支出、提取保险责任准备金、摊回保险责任准备金、保单红利支出以及其他业务成本中的投资型保单账户利息。

这段定义虽有许多让人头大的名词，但无非想表达“为客户支出的钱”的意思，无论是实际已经发生的，或是计提了准备金为了预防将来发生的。虽然各家公司的定义有些许差距，比如有些公司并未说明“投资型保单账户利息”是否归入此类，但各公司的赔款及保户利益中都包含了构成该项的“四大名捕”——赔付支出、红利支出、提取准备金和退保金。

“四大名捕”的战绩

关于“四大名捕”的“忠奸善恶”，我们按照表2－10—表2－14，且先看看“为客户支出的钱”这个装着各位“名捕”的“神侯府”究竟“克扣”了股东多少白花花的银子。为得到这个结论，老东将各公司2014—2019年6年的“已赚保费”和“赔款及保户利益”从财报“业务分析”章节摘出，整理如下，见表2－10—表2－13。

表2－10　平安人寿“为客户支出的钱”占比

项目	2014年	2015年	2016年	2017年	2018年	2019年
已赚保费（亿元）	1791.69	2156.27	2880.64	3845.67	4655.83	5171.40
赔款及保户利益（亿元）①	1498.37	1919.86	2412.83	3209.57	3238.54	4457.75

续表

项目	2014 年	2015 年	2016 年	2017 年	2018 年	2019 年
占比（%）	83.63	89.04	83.76	83.46	69.56	86.20

资料来源：2014—2019 年中国平安年报。

注：①为保持统一口径，平安人寿该科目中包含投资性保单账户利息，故 2016 年和 2018 年与财报中数据有出入，全书下文同。

表 2-11　中国人寿“为客户支出的钱”占比

项目	2014 年	2015 年	2016 年	2017 年	2018 年	2019 年
已赚保费（亿元）	3301.05	3623.01	4262.30	5069.10	5320.23	5602.78
赔款及保户利益（亿元）①	3491.22	3959.39	4388.59	5079.20	5217.40	5577.53
占比（%）	105.76	109.28	102.96	100.20	98.07	99.55

资料来源：2014—2019 年中国人寿年报。

注：①为保持统一口径，中国人寿、太保人寿、新华人寿该科目中包含其他业务成本，故部分数据与财报中有出入，全书下文同。

表 2-12　太保人寿“为客户支出的钱”占比

项目	2014 年	2015 年	2016 年	2017 年	2018 年	2019 年
已赚保费（亿元）	972.34	1065.53	1348.99	1723.45	1978.97	2043.40
赔款及保户利益（亿元）	1041.20	1114.46	1310.40	1641.12	1769.33	2034.06
占比（%）	107.08	104.59	97.14	95.22	89.41	99.54

资料来源：2014—2019 年中国太保年报。

表 2-13　新华人寿“为客户支出的钱”占比

项目	2014 年	2015 年	2016 年	2017 年	2018 年	2019 年
已赚保费（亿元）	1092.71	1112.20	1115.47	1079.28	1199.47	1354.03
赔款及保户利益（亿元）	1155.89	1222.52	1115.87	1056.79	1129.13	1291.44
占比（%）	105.78	109.92	100.04	97.92	94.14	95.38

资料来源：2014—2019 年新华保险年报。

在“‘苹果树’的商业模式”一节我们提到，利用一般会计准则的利润表分析某期保险公司的情况容易失真。作为“暂时性的保守派”，我们可以利用“平均值”来对结果进行修正。通过对赔款及保户利益的占比进行此 6 年的平均，将让我们对各家公司“为客户支出的钱的占比”有个直观的初步印象，见表 2-14。

表2－14　4家公司6年的“为客户支出的钱”占已赚保费的平均（%）

项目	平安人寿	中国人寿	太保人寿	新华人寿
赔款及保户利益占比	82.61	102.64	98.83	100.53

对比数据显示，中国人寿“为客户支出的钱”占比最多，比例为102.64%；平安人寿最少，比例为82.61%。当然，“为客户支出的钱”中包含了“四大名捕”，它们“忠奸善恶”各不相同，因此“为客户支出的钱”给我们的初步印象的参考意义不大。我们还需继续深挖“为客户支出的钱”的构成项。

结构分析：深挖“四大名捕”

首先是“保险合同赔付支出”和“保单红利支出”，这俩是实实在在支付给客户的钱，金额过大则对客户有利，金额过小虽对股东有利，但对客户不利，长期而言必然损害公司，故该金额宜保持适中。

赔款及保户利益包含的另一个有意思的科目叫“提取准备金”（某些公司又名责任准备金净增加额，该项含摊回责任准备金①），该数值反映了保险公司的审慎程度。更为重要的是，因为审慎原则，保险公司有1/2至3/4的利润来自于准备金的过度提取②。**因而，提取准备金占比越大，有可能意味着保险公司雪藏的银子越多。**

赔款及保户利益包含的最后一个科目是“退保金”，这个科目中，有些人身险公司喜欢玩的伎俩是：当期通过各种手段吸引大量保费，冲高规模，来年或者第三年又鼓励客户大批量退保。更有甚者，还会专门设计适合2~3年后退保的保险产品。此举可让当权者在职期间业绩坐上快车，然后“事了拂衣去，深藏功与名”。

以中国平安2019年年报为例，在“主要业务经营分析：寿险及健康

① 指公司的部分保单由再保险公司承保，所以有一些准备金是被再保险公司承接的，因此需要加回来。

② 后文将详述。

险业务”（财报第 25 页）我们可以找到赔款及保户利益的构成。

赔款及保户利益 (人民币百万元)	2019年	2018年
退保金	26,661	21,539
退保率(%)	1.4	1.3
保险合同赔付支出	86,086	84,713
赔款支出	20,381	15,836
年金给付	9,557	22,725
满期及生存给付	25,983	22,186
死伤医疗给付	30,165	23,966
摊回保险合同赔付支出	(4,623)	(2,653)
保单红利支出	19,329	16,445
保险责任准备金的净增加额	286,687	186,043
投资型保单账户利息	31,635	17,407
合计	445,775	323,494

图 2－10　平安人寿 2019 年赔款及保户利益

资料来源：2019 年中国平安年报。

老东将 2014—2019 年的相关数据摘出，重新整理如下，见表 2－15。

表 2－15　平安人寿“为客户支出的钱”中各项明细　　单位：亿元

项目	2014 年	2015 年	2016 年	2017 年	2018 年	2019 年
赔付支出①	340. 68	396. 35	707. 93	888. 81	994. 67	1130. 98
赔款支出	60. 36	81. 03	109. 15	130. 32	158. 36	203. 81
年金给付	55. 87	58. 82	59. 07	73. 71	227. 25	95. 57
满期及生存给付	174. 05	187. 13	245. 20	277. 09	221. 86	259. 83
死伤医疗给付	84. 99	109. 53	143. 72	188. 97	239. 66	301. 65
摊回保险合同赔付支出	－34. 59	－40. 16	－22. 86	－20. 01	－26. 53	－46. 23
保单红利支出	58. 71	84. 55	112. 36	131. 29	164. 45	193. 29
提取保险责任准备金	997. 10	1273. 18	1432. 04	1984. 28	1864. 03	2866. 87
退保金	101. 88	165. 78	160. 50	205. 19	215. 39	266. 61
合计	1498. 37	1919. 86	2412. 83	3209. 57	3238. 54	4457. 75

资料来源：2014—2019 年中国平安年报。

注：①含年报里的投资型保单账户利息。

接下来，我们对“为客户支出的钱”中，“四大名捕”6 年的占比进行平均，整理得到平安人寿各项如下，见表 2－16。考虑赔付和红利支出是经营保险业务实打实为客户支出的金额，将它们放在一起。

表 2－16　平安人寿"为客户支出的钱"的结构（6 年占比的平均）（%）

公司	赔付和红利支出	提取准备金	退保金
平安人寿	30.50	62.65	6.85

依葫芦画瓢，我们可以在各家保险公司 2014—2019 年财报的"业务分析"章节中找到"赔款及保户利益"项，将数据摘出，依序整理如下。

表 2－17　中国人寿"为客户支出的钱"的结构（6 年占比的平均）（%）

公司	赔付和红利支出	提取准备金	退保金
中国人寿	43.03	36.66	20.30

表 2－18　太保人寿"为客户支出的钱"的结构（6 年占比的平均）（%）

公司	赔付和红利支出	提取准备金	退保金
太保人寿	32.98	53.75	13.27

表 2－19　新华人寿"为客户支出的钱"的结构（6 年占比的平均）（%）

公司	赔付和红利支出	提取准备金	退保金
新华人寿	35.27	31.81	32.92

诚然，各家公司因为数据含义的不同，我们很难得到绝对一致的比较口径。如老东将太保人寿"其他业务成本"也加入赔付支出中一并比较，但按中国太保 2019 年年报"经营业绩回顾与分析"一章显示，其他支出包括保单红利支出、分保费用、摊回分保费用、利息支出、其他业务成本、计提资产减值准备、税金及附加等，这些科目中如"分保费用和摊回分保费用"不应该计入赔付支出中。无奈太保人寿未拆分该科目的细分项披露，因此我们无从剔除，只能一股脑儿加进去。幸运的是，这些科目对结果的影响微小，并不妨碍我们得出"模糊而正确"的结论。

作为"暂时性的保守派"，我们目前掌握的技能还是只有一般会计准则。因此通过此 6 年每年占比的平均（注意：是将每年占比进行平均），我们能得出一个相对靠谱的"修正性"结论。将上述的表 2－16、表 2－17、表 2－18，表 2－19 合并，我们得到表 2－20。

表2-20　各公司“为客户支出的钱”的结构（6年占比的平均）(%)

公司	赔付和红利支出	提取准备金	退保金
平安人寿	30.50	62.65	6.85
中国人寿	43.03	36.66	20.30
太保人寿	32.98	53.75	13.27
新华人寿	35.27	31.81	32.92

从上表中我们可以看到，中国人寿的赔付支出占比较高，新华人寿的退保金比例较高，这两项都是实打实的为客户支出的钱。另外，高度审慎的提取准备金原则使平安人寿和太保人寿的提取准备金比例占比较高，这些在财务层面提取的准备金中，“可能”蕴含着无须支出的银子。

当然，这些银子是雪藏了，还是实际上就需要提前预支，我们在第五章“内含价值评估标准”中会有更明确的答案。为了更加清晰地分析各家公司“为客户支出的钱”，我们将表2-14也并入表2-20，得出表2-21。

表2-21　各公司“为客户支出的钱”的占比及结构（6年占比的平均）(%)

公司	为客户支出的钱占已赚保费	为客户支出的钱中各项占比		
		赔付和红利支出	提取准备金	退保金
平安人寿	82.61	30.50	62.65	6.85
中国人寿	102.64	43.03	36.66	20.30
太保人寿	98.83	32.98	53.75	13.27
新华人寿	100.53	35.27	31.81	32.92

从上表中我们可以看出，为客户支出的钱的占比中，中国人寿、太保人寿、新华人寿虽然相差无几，但三者在结构上有较大差距。从这6年占比的平均数据来看，中国人寿的“赔付和红利支出”和新华人寿的“退保金”占比较高，这两项是实打实支出的费用，而太保人寿的“提取准备金”占比较高，这意味着三者的经营思路是迥异而不是类同的。我们应该庆幸将逻辑下沉了一层，从而得到与仅停留在“为客户支出的钱的占比”层面截然不同的结论。

“死磕”的过程虽然辛苦，结果却是让人欣慰的，这正是研究与终身学习的魅力所在。

就如英国间谍小说家约翰·勒卡雷所说的那样：凡事都有一个与一望而知截然不同的真相。

给销售的钱

提及销售，绕不开的是保险公司的销售佣金，那是一个盘根错节的体系。

横向来看，不同的渠道有不同的佣金诉求，诉求的大小取决于其对保险公司的溢价能力。比如银行渠道，国有大行或全国性银行由于拥有规模化的网络，往往对保险公司有较强的溢价能力；反观小银行，一则大保险公司不屑与它们合作，二则在与小保险公司的合作中也要看人脸色，相同行业却天差地别。再如中介渠道，大型中介如泛华等，对保险公司有强大的溢价能力，这是许多小保险公司生存在水深火热之中的原因。互联网渠道更是如此，在线旅行社（OTA）如携程和去哪儿的强大溢价能力，让许多想合作的公司（主要是财产险公司）都望而却步。

纵向来看，同一类型的渠道又分级严重。夸张的例子如某著名香港保险公司的重疾险，给中介渠道的直接佣金可以高达首年保费的120%。但因为中介网络的层层分销（最高者甚至高达12层），落到最底层的外部营销人员身上有可能只有20%不到的佣金。一份比较常见的长期保障型产品的佣金表，大概是长这样的：

表2－22　佣金表示例（%）

产品名称	首年	第二年	第三年	第四年	第五年	第六年	第七年	第八年	第九年	第十年及之后
年金险	14.03	0.00	0.00	0.00	0.00	0.00	0.00	0.00	0.00	0.00
	7.96	0.00	0.00	0.00	0.00	0.00	0.00	0.00	0.00	0.00
	10.37	0.00	0.00	0.00	0.00	0.00	0.00	0.00	0.00	0.00
	25.93	0.85	0.50	0.50	0.50	0.00	0.00	0.00	0.00	0.00
	25.93	0.85	0.50	0.50	0.50	0.00	0.00	0.00	0.00	0.00
	34.43	0.85	0.50	0.50	0.50	0.00	0.00	0.00	0.00	0.00
	34.43	0.85	0.50	0.50	0.50	0.00	0.00	0.00	0.00	0.00

续表

产品名称	首年	第二年	第三年	第四年	第五年	第六年	第七年	第八年	第九年	第十年及之后
年金险	31.49	4.25	0.00	0.00	0.00	0.00	0.00	0.00	0.00	0.00
重疾险	52.02	4.25	1.50	1.50	1.50	1.50	0.00	0.00	0.00	0.00
	75.65	11.05	1.60	1.60	1.60	1.60	0.00	0.00	0.00	0.00
	82.03	15.30	2.40	2.40	2.40	2.40	0.00	0.00	0.00	0.00
	82.03	21.25	3.00	3.00	3.00	3.00	0.00	0.00	0.00	0.00

注：非真实数据，比例仅供参考。

高高在上的金字塔顶端的中介头子坐拥天下，基层的营销人员水深火热，这是中介渠道普遍的现状。因为销售效率和规模不如中介渠道，保险公司自建的代理人队伍往往拿不到这么高的佣金比例，但对于销量超然的代理人，公司的“保险基本法”[①] 中会设置一些其他奖励，以鼓励自家代理人。如下是平安人寿“保险基本法”中的奖励样例：

图2－11　平安人寿业绩喜报示意

在讨论国家经济形势如何时，我们可能会说制造业不好，也可能会提及房地产还是很赚钱，但这都是拿微观思维讨论宏观的错误想法。与此类

① 指的是保险公司对代理人的基本管理办法，通常包含日常管理、收入待遇、业绩考核、福利保障等。

似，我们在研究保险公司佣金水平时，最好还是少听一线代理人“吐槽”别家佣金如何，而应该从大盘子着手来分析。

那么什么是大盘子呢？研究宏观经济时，我们应该使用物价指数（Consumer Price Index，CPI）而少用民间笑称的另一个CPI（China Pig Index，猪肉价格指数）。同理，在研究保险公司的佣金水平时，我们应使用“佣金支出/已赚保费”。

与“为客户支出的钱”类似，我们可以在各家公司财报的“业务分析”章节找到“佣金支出[①]”金额，将2014—2019年的数据摘出并整理，见表2-23—表2-26。

表2-23　2014—2019年平安人寿佣金支出与已赚保费

项目	2014年	2015年	2016年	2017年	2018年	2019年
已赚保费（亿元）	1791.69	2156.27	2880.64	3845.67	4655.83	5171.40
佣金支出（亿元）	227.97	348.23	562.49	777.54	841.42	800.34
占比（%）	12.72	16.15	19.53	20.22	18.07	15.48

资料来源：2014—2019年中国平安年报。

表2-24　2014—2019年中国人寿佣金支出与已赚保费

项目	2014年	2015年	2016年	2017年	2018年	2019年
已赚保费（亿元）	3301.05	3623.01	4262.30	5069.10	5320.23	5602.78
佣金支出（亿元）	271.47	355.69	520.22	647.89	627.05	813.96
占比（%）	8.22	9.82	12.21	12.78	11.79	14.53

资料来源：2014—2019年中国人寿年报。

表2-25　2014—2019年太保人寿佣金支出与已赚保费

项目	2014年	2015年	2016年	2017年	2018年	2019年
已赚保费（亿元）	972.34	1065.53	1348.99	1723.45	1978.97	2043.40
佣金支出（亿元）	104.18	145.60	223.57	301.61	328.63	288.86
占比（%）	10.71	13.66	16.57	17.50	16.61	14.14

资料来源：2014—2019年中国太保年报。

① 不同公司叫法不同，如中国平安称之为“保险业务佣金支出”，其他公司为“手续费及佣金支出”。

表 2－26　2014—2019 年新华人寿佣金支出与已赚保费

项目	2014 年	2015 年	2016 年	2017 年	2018 年	2019 年
已赚保费（亿元）	1092.71	1112.20	1115.47	1079.28	1199.47	1354.03
佣金支出（亿元）	76.13	106.69	135.53	159.05	167.08	168.71
占比（%）	6.97	9.59	12.15	14.74	13.93	12.46

资料来源：2014—2019 年新华保险年报。

同样，为了更好地评估 4 家公司，我们对佣金支出的占比进行 6 年平均，见表 2－27。

表 2－27　4 家公司 6 年佣金支出与已赚保费占比平均（%）

项目	平安人寿	中国人寿	太保人寿	新华人寿
佣金支出占比的平均	17.03	11.56	14.87	11.64

从表 2－27 中我们可以看出，平安人寿和太保人寿的佣金支出占比较高。那么公司给了这么好的待遇，队伍的产出如何呢？在“被魔鬼化的销售”的“代理人的人均产能”一节我们已经看出，无论人均新单保费还是人均新业务价值，平安人寿都位列第一。太保人寿在人均新单保费上落后于中国人寿，但在人均新业务价值增速上是优于中国人寿的。工欲善其事，必先利其器，代理人待遇好了，产能自然不会差。产能好了，反过来又能给代理人更好的待遇，也有更多的资本投入公司的未来——这正是人身险行业强者恒强的逻辑。

给员工的钱

2019 年，中国平安轮值主席 CEO 李源祥以 5000 万元年薪加 2 亿元离职补偿加盟友邦保险，一时间激起广大媒体的火热议论。那么，李总的薪水变化幅度如何呢？

在各公司年报的“董事、监事、高级管理人员和员工情况”章节，我们可以找到给高管的薪酬。以中国平安 2018 年年报为例，我们可以看到彼时的首席保险官李源祥先生的薪酬是 840 万元。经此一役，李源祥先生的薪酬由 840 万元变成 5000 万元，涨幅 5 倍，羡煞旁人。

姓名	职务	报告期内从公司结算的税后报酬总额（人民币万元）	报告期内结算报酬总额合计应缴纳个人所得税（人民币万元）	报告期内是否从公司关联方获取报酬
马明哲	董事长、首席执行官	518.96	366.68	否
孙建一	资深副董事长、常务副总经理	417.18	287.45	是
李源祥	执行董事、联席首席执行官、常务副总经理、首席保险业务执行官	840.11	617.77	否
任汇川	执行董事、总经理	430.89	285.23	否
姚波	执行董事、常务副总经理、首席财务官、总精算师	645.42	462.46	否

图 2－12　中国平安 2018 年年报披露的董事长与执行董事薪酬

资料来源：2018 年中国平安年报。

中国平安的高管薪酬水平较其他内地公司高出（虽然较之友邦还是有差距）不少。从历史的高管流动来看，中国人寿、中国太保和新华保险之间高管流动较频繁，中国平安的高管则很少向这些央企股东的保险公司流动，除了企业文化，薪酬水平也是重要原因之一。让我们感受一下同期另外 3 家公司高管的薪酬情况，老东根据各公司 2018 年财报整理，见表 2－28。

表2-28 3家公司高管薪酬

公司	姓名	职务	薪酬情况
中国人寿	徐海峰	执行董事	已发工资/薪酬143.2万元
中国太保	孔庆伟	董事长、执行董事	应付税前报酬总额167.9万元
中国太保	贺青	执行董事、总裁	应付税前报酬总额279.6万元
新华保险	万峰	董事长、执行董事	已发税后报酬总额276.17万元
新华保险	黎宗剑	代行董事长职务、执行董事	已发税后报酬总额134.61万元

资料来源：2018年中国人寿、中国太保、新华保险年报。

整体来看，保险集团的薪酬在各类行业中也是有竞争力的。以中国平安2019年年报为例，在年报中检索“职工薪酬”，第270页披露整个集团全年职工薪酬751亿元（见表2-29）（本书部分表格数据引自财报，保留了财报中的原有格式，下同）。老东调研发现，平安集团2019年的员工为53万人，平均薪酬为14.2万元，平均月薪为1.2万元。要知道，2019年深圳的平均工资也才10646元，而平安集团可是遍布全国的。

表2-29 中国平安职工薪酬 单位：百万元

项目	2019年	2018年
职工薪酬	75,106	65,904
其中：薪酬及奖金	59,144	49,902
养老金、社会保险及其他福利	14,040	14,148

资料来源：2019年中国平安年报。

再聚焦到人身险公司。在中国平安2019年年报的“主要业务经营分析：寿险及健康险业务”中，我们可以找到“业务及管理费支出”科目（见表2-30）。该科目中，90%以上是支付相关员工薪酬和奖金激励的“管理费用”①。研究该科目占已赚保费的比例，能从整体上知悉公司员工薪酬在同业的竞争力水平。

表2-30 平安人寿业务及管理费支出构成 单位：百万元

项目	2019年	2018年
管理费用	53,867	49,276

① 也包含其他管理费用支出，如差旅等。

续表

项目	2019 年	2018 年
税金及附加	881	883
应收账款等其他资产减值损失	39	43
合计	54,787	50,202

资料来源：2019 年中国平安年报。

采用同样的方式，老东将“业务及管理费支出”从各家人身险公司年报中摘出，将其与“已赚保费”进行比较，整理得到表 2 - 31—表 2 - 34。

表 2 - 31　平安人寿业务及管理费与已赚保费

项目	2014 年	2015 年	2016 年	2017 年	2018 年	2019 年
已赚保费（亿元）	1791. 69	2156. 27	2880. 64	3845. 67	4655. 83	5171. 40
业务及管理费（亿元）	228. 56	321. 52	403. 49	475. 69	502. 02	547. 87
占比（%）	12. 76	14. 91	14. 01	12. 37	10. 78	10. 59

资料来源：2014—2019 年中国平安年报。

表 2 - 32　中国人寿业务及管理费与已赚保费

项目	2014 年	2015 年	2016 年	2017 年	2018 年	2019 年
已赚保费（亿元）	3301. 05	3623. 01	4262. 30	5069. 10	5320. 23	5602. 78
业务及管理费（亿元）	262. 12	283. 23	330. 12	376. 85	391. 16	420. 08
占比（%）	7. 94	7. 82	7. 75	7. 43	7. 35	7. 50

资料来源：2014—2019 年中国人寿年报。

表 2 - 33　太保人寿业务及管理费与已赚保费

项目	2014 年	2015 年	2016 年	2017 年	2018 年	2019 年
已赚保费（亿元）	972. 34	1065. 53	1348. 99	1723. 45	1978. 97	2043. 40
业务及管理费（亿元）	104. 00	113. 53	125. 15	139. 41	145. 18	149. 38
占比（%）	10. 70	10. 65	9. 28	8. 09	7. 34	7. 31

资料来源：2014—2019 年中国太保年报。

表 2 - 34　新华人寿业务及管理费与已赚保费

项目	2014 年	2015 年	2016 年	2017 年	2018 年	2019 年
已赚保费（亿元）	1092. 71	1112. 20	1115. 47	1079. 28	1199. 47	1354. 03
业务及管理费（亿元）	114. 51	128. 39	133. 22	140. 20	125. 61	137. 83
占比（%）	10. 48	11. 54	11. 94	13. 02	10. 47	10. 18

资料来源：2014—2019 年新华保险年报。

再次强调，由于已赚保费是续期保费和新单保费之和，为了更好地衡量各公司业务及管理费水平，我们看这个比值时采用此6年平均值更为合理。按照此6年的数据来看，平安人寿第一，中国人寿排行榜末。实际上，二者差距并没有想象得那么大（两倍）。中国人寿的业务及管理费占比之所以低，是因为其前身是中华人民共和国成立时的中国人民保险，脱离老人保后，中国人寿也继承了中国幅员辽阔的许多村镇里人身险分公司或支公司的人员，因此业务及管理费占比自然要低些。

表2-35　各公司业务及管理费占已赚保费比例的6年平均（%）

项目	平安人寿	中国人寿	太保人寿	新华人寿
业务及管理费占比	12.57	7.63	8.89	11.27

但反过来想，依赖辽远广阔的下沉市场，中国人寿花费较低的业务及管理费却能赚得较多的保费，这无疑给了现下正流行的“互联网下半场在于四五线小镇”这一说法提供了佐证。拼多多、飞鹤奶粉、快手等依赖下沉市场这个蓝海崛起的公司，不过是将早已具备的逻辑实践了一遍而已。很多时候，创新就是用最新的手段把古老的东西再做一遍。

失效的会计准则

人身险公司的营运费用包含了“为客户支出的钱”(赔款及保户利益)，“给销售的钱”(佣金支出)，“给员工的钱”(业务及管理费)。老东将它们各自的占比及占比求和汇总整理，以便得出进一步的结论，见表2-36。

表2-36　各公司营运3项占已赚保费比例的6年平均（%）

项目	平安人寿	中国人寿	太保人寿	新华人寿
赔款及保户利益占比	82.61	102.64	98.83	100.53
佣金支出占比	17.03	11.56	14.87	11.64
业务及管理费占比	12.57	7.63	8.89	11.27
合计	112.21	121.83	122.59	123.44

细心的读者或许注意到了，前文我们提及在“赔款及保户利益”中，某些公司隐藏了大笔被保守计提的准备金，因此也可将此项的影响调整至统一口径。比如我们可以把各家公司按照中国人寿的同等水平计提准备金，再得出新的数据。

表2-37　各公司营运3项占已赚保费比例的6年平均（经调整）（%）

项目	平安人寿	中国人寿	太保人寿	新华人寿
原赔款及保户利益占比	82.61	102.64	98.97	100.53
因统一准备金变化	-25.99	0.00	-17.09	4.85
赔款及保户利益占比	61.14	102.64	82.07	105.38
佣金支出占比	17.03	11.56	14.87	11.64
业务及管理费占比	12.57	7.63	8.89	11.27
合计	90.74	121.83	105.85	128.29

从表2-37看出，平安人寿整体占比最低，为90.74%，新华人寿整体占比最高，为128.29%。当然，采用统一口径的处理方式一定是有问题的，毕竟各家公司产品结构不同，计提准备金的初衷也不同。但即使“模

糊的正确”还成立，我们就能马上得出“平安人寿和太保人寿经营得不错，中国人寿和新华人寿看起来有些差”这样的结论吗？

“只有知道一个知识什么时候失效，我们才配拥有这个知识。”查理·芒格唠叨道。

因此，下结论前，我们还要弄清楚用“N 年平均值”来研究人身险公司的方法，在什么时候失效。这要回到我们使用这个方法论的起点——“费用前置，利润后置”的人身险公司商业模式特点，导致只看某期一般会计准则的数值完全无法研究公司。

还记得我们前面提到的“苹果树”吗？种树初期保险公司需要投入非常多的费用，但一旦树种下了，后续就会有白花花的银子进来。这么好的模式，这么广袤的市场空间，保险公司自然不会就只种一棵树（特别是在代理人资格考试取消的背景下）。因此我们会看到持续的大笔费用被前置，各家保险公司从一般会计准则看来，似乎都在亏钱。实际上，公司经营情况不那么好，反而会在一般会计准则的财报角度看起来非常好。

极端点，我们甚至可以把公司的员工全部裁掉，销售渠道也全部砍掉，这样每年就能减少约 30% 以上的开支。以平安人寿为例，算上投资端的收益，每年应该可以实现 30% 左右的利润率——但我们心里也清楚，这样的公司是没有未来的。随着续期保费的逐渐减少，公司的利润率会慢慢回落到只有 5%（投资收益率）的水平，再扣除 1% 的经营成本，赚的钱就所剩无几了。一次投资失败，很可能公司就面临倒闭风险。

另一个极端，我们成批地挖业内最优秀的销售团队，也雇佣业内顶尖的内部管理人员，这样在近 5 年很可能 3 项费用的合计占比会高得离谱，但这样的公司就会没有未来吗？随着网络效应的产生、销售体系的成熟、管理效能的提升，公司只要稍微放慢业务节奏，续期保费带来的白花花银子就会转化为利润。

换言之，**用“6 年平均”来修正上文所述的“费用前置，收益后置”问题，还需要有个大前提——公司的经营持续，而不会时不时发生上述两**

个极端。遗憾的是，人身险公司的经营周期性还是明显的。且不说2015年代理人资格考试取消导致的代理人数暴涨问题，每家公司内部也有自己的经营调整。比如上述4家公司中，新华人寿的数据最有可能是失效的。

2014年，被誉为“中国精算第一人”的万峰辞去在中国人寿的职务，赴任新华保险总裁。当时万总接手的新华是一个严重依赖银保渠道的传统型人身险公司。精算出身的万峰深谙银保渠道存在的问题，开始大刀阔斧地改革，削减银保和趸交业务，提高新业务价值①。

表2－38　2014—2018年新华人寿（万峰在任）新单保费和新业务价值

单位：亿元

项目	2014年	2015年	2016年	2017年	2018年
新单保费	441.43	523.89	477.21	318.67	264.35
新业务价值	49.12	76.63	104.49	120.63	122.10

资料来源：2014—2018年新华保险年报。

万总的成绩有目共睹。虽然新单保费直线下降，但公司的新业务价值一直上升。在演讲《寿险公司保费增长模式与转型发展的业务平衡》中，万峰提到了转型的心得——锁住总保费，提高新业务价值。实际上新华人寿确实做到了。万峰在任期间，已赚保费没减少，如表2－39所示。

表2－39　2014—2018年新华人寿（万峰在任）新单保费和已赚保费

单位：亿元

项目	2014年	2015年	2016年	2017年	2018年
新单保费	441.43	523.89	477.21	318.67	264.35
已赚保费	1092.71	1112.20	1115.47	1079.28	1199.47

资料来源：2014—2018年新华保险年报。

万峰也提到了转型的阻力，例如，动了非常多人的奶酪，比如原本做惯了储蓄型产品的代理人可能会因此失业，新补足的代理人可能青黄不接；新单规模小了，因而可能不需要那么多的内部人员；有些惯性大的老员工，会因难以迈出舒适区而流失。新单规模小了，自然当期不需要计提

① 此处可以简单理解为公司新保单的利润。

那么多准备金，因此赔款及保户利益占比直线下降。

表 2 - 40 2014—2018 年新华人寿（万峰在任）营运情况

项目	2014 年	2015 年	2016 年	2017 年	2018 年
已赚保费（亿元）	1092.71	1112.20	1115.47	1079.28	1119.47
赔款及保户利益（亿元）	1155.89	1222.52	1115.87	1056.79	1129.13
占比（%）	105.78	109.92	100.04	97.92	94.14
佣金支出（亿元）	76.13	106.69	135.53	159.05	167.08
占比（%）	6.97	9.59	12.15	14.74	13.93
业务及管理费支出（亿元）	114.51	128.39	133.22	140.50	125.61
占比（%）	10.48	11.54	11.94	13.02	10.47
三项合计占比（%）	123.23	131.06	124.13	125.68	118.54

资料来源：2014—2018 年新华保险年报。

作为投资者，我们无非期望通过低廉的价格买入打折的公司。这个打折的基准自然是公司的价值。那么何谓公司的价值呢？自然是“公司未来能产生的自由现金流的折现值”。因而我们追求的自然是能持续创造最大化价值的公司。

那么问题来了，这样转型背景下的新华人寿，能持续创造最大化的价值吗？

让我们来看看中国平安董事长马明哲在《平安心语》中对此的理解：

价值最大化是检验工作的唯一标准。对企业而言，价值分为财务价值和内在价值两种，财务价值反映在公司的各种财务表现指标上，如利润、市值等；内在价值则是公司可持续发展的动力，如优秀的企业文化、强势品牌、核心技能、牢固的客户基础、多元的销售渠道等。那什么是价值最大化？我们认为这个最大化表现在外是市值等财务指标，表现在内则是公司的四大责任（对股东、客户、员工、社会）的平衡。

万峰主导下的新华人寿采取了硬着陆的方法，2018 年的新单保费直接被砍成了 2014 年的一半，虽说新业务价值有所提升，但机构内部的利益群体，上自管理层，下至普通员工，外至代理人队伍，落入口袋的钱都和新单保费密切相关。**这种激进的转型方式必然导致各方势力的失衡，使公司**

持续“创造价值”的战略无法持续，也很难持续创造最大化价值。

2019年1月16日，万峰辞任。次月，新华人寿宣布重回规模与价值并重的老路。后面公司的业绩指标会如何变化，没人能预测。但可以肯定的一点是，它绝不会持续此前的态势了。此时再来做平均，意义已不大。由此可见，想用一般会计准则下的6年平均数值来分析某家人身险公司，公司的经营策略稳定是非常重要的。

遗憾的是，因为经营的周期性存在，即使大多数公司不会像新华人寿这般有剧烈调整，采用平均法来衡量人身险公司或多或少还是会失真的。在此基础上，因为苹果树“费用前置，收益后置”的模式，我们较难估算企业新签订的保单究竟能为股东带来多少自由现金流，也就无法通过一般会计准则对企业进行估值。

因而，老东建议，**一般会计准则只能用来排除公司，不能用来进行公司估值，更不适合用来做投资决策**。如此来看，一般会计准则下的人身险公司与我们在公众场合的表现倒有点类同：公众场合都缺德的人，私底下大概率不行；反过来，公众场合不失道德水准的人，私底下未必也是这种姿态——想想水门事件的尼克松总统吧。

统观各家公司的营运数据，我们至少可以得到一些“公众印象”：

（1）在为客户支出的钱方面：

中国人寿给的最多；

细分项中，中国人寿和新华人寿在计提保险准备金上可能不如另外两家保守；

细分项中，新华人寿的退保金占比高于其他3家公司；

细分项中，中国人寿的赔付和红利支出占比高于其他3家公司。

（2）在给销售的钱方面：

平安人寿给的最多。

（3）在给员工的钱方面：

平安人寿给的最多。

（4）总体来看：

大家数据差不多，但如果将准备金口径统一，平安人寿数据更优。

至于基于这些印象，是否还要选择某些公司，就是仁者见仁智者见智的事情了。这就好比相亲，有的人会因为脸蛋长得不好看而直接否定整个人，有的人要求必须身高 170 厘米以上，又有人要求配偶一定比自己小。若非得问问老东的选择，自然从“眼睛里容不得沙子”的角度，只会让平安人寿过关。

可无论最终的选择如何，我们都切记不能基于一般会计准则的数据对公司进行估值，不能因为平安人寿调整后的 3 项支出/已赚保费为 90.74%，就认为它有 14% 左右（9% 营运利润率[①] +5% 投资收益率[②]）的利润率并基于此进行估值；更不能因为中国人寿 3 项支出/已赚保费为 121.83%，就认为它是个亏本的买卖。当然，更不能依据此估值做投资决策。

有读者会好奇，真实情况难道就不能通过对一般会计准则的修正得到吗？比如平均 6 年的数据不行，那我们平均 10 年来看如何？平均 20 年来看又如何？

同样的事情在人类历史上也发生过。19 世纪末，当迈克尔逊－莫雷实验推翻了传统的时空观时，无数的物理学家前赴后继尝试进行修正，洛伦兹就是赫赫有名的一位。这位经典电子论的创立者，借助洛伦兹变换尝试把传统时空观修正为有效，遗憾地错过了后来广袤的天地——当时仍在专利局工作的爱因斯坦借该变化推导出了狭义相对论，并在此基础上建立广义相对论的全新时空观。

若不想重蹈先贤的覆辙，在失效的准则面前，我们最好别这样做。

---

① 100% 减去 90.74%。

② 保险公司投资收益率大概在此数值。

鲜为人知的资管

在金融领域，为了约束参与其中的重要环节，常常在监管之下还会产生自治自律的协会组织。保险销售有 MDRT 和 IDA①，保险精算有中国保险精算师协会，而举手投足就是亿级别资金进出的保险资产管理，自然少不了属于它的协会：中国保险资产管理业协会。也由此可见前文提及的营运真的是个小可怜——从未听及什么营运协会。

按中国保险资产管理业协会数据，2019 年保险总资产规模超过 20 万亿元。20 万亿元是什么概念呢？离工商银行总资产 32 万亿元仍有差距，离银行业 300 万亿元更是遥不可及。

截至 2019 年，资管的市场主体包括综合性保险资产管理公司 24 家，专业保险资产管理 14 家，合计 38 家主力军②。此外，还有 11 家香港子公司，14 家私募股权管理公司，8 家养老金管理公司，1 家财富管理公司，8 家保险系证券基金管理公司，以及分散在各寿财险公司的 170 个资产管理中心或部门。全行业从业人员仅不到 1 万人（含内勤），人均管理 20 亿元资产。这些管理着 20 万亿元资产的机构，居然一张表就能装下，你说夸张不夸张。

表 2-41　保险资产管理市场主要参与主体

序号	名称	序号	名称	序号	名称	序号	名称
1	中意资产管理有限责任公司	11	中再资产管理股份有限公司	21	光大永明资产管理股份有限公司	31	百年保险资产管理有限责任公司

① IDA(International Dragon Award)，是世界华人金融保险业的最高荣誉殿堂。

② 截至 2019 年 1 月 1 日。

续表

序号	名称	序号	名称	序号	名称	序号	名称
2	新华资产管理股份有限公司	12	泰康资产管理有限责任公司	22	民生通惠资产管理有限公司	32	太平投资控股有限公司
3	人保资本投资管理有限公司	13	平安资产管理有限责任公司	23	太平洋资产管理有限责任公司	33	国寿财富管理有限公司
4	中国人寿资产管理有限公司	14	友邦保险有限公司中国区资产管理中心	24	合众资产管理股份有限公司	34	北京泰康投资管理有限公司
5	华安财保资产管理有限责任公司	15	国寿投资控股有限公司	25	华夏久盈资产管理有限责任公司	35	人保远望产业投资管理有限公司
6	华泰资产管理有限公司	16	平安养老保险股份有限公司	26	长城财富资产管理股份有限公司	36	国寿不动产投资管理有限公司
7	安邦资产管理有限责任公司	17	生命保险资产管理有限公司	27	英大保险资产管理有限公司	37	国寿资本投资有限公司
8	中英益利资产管理股份有限公司	18	中国人保资产管理有限公司	28	中保投资有限责任公司	38	平安创赢资本管理有限公司
9	太平资产管理有限公司	19	人保投资控股有限公司	29	平安不动产有限公司		
10	阳光资产管理股份有限公司	20	长江养老保险股份有限公司	30	建信保险资产管理有限公司		

落到人身险公司层面，这个比例也很夸张。以一家中等规模的人身险公司（1000亿元营业收入）为例，整个公司内勤人员大约几千人，总公司投资部的员工也只有10多个人。投资部的主要职能是研究大资产类别并安排好每个资产类别的资金配置比例，一般不会直接进行资金配置，而是委

托专业的资管公司或合作的投资公司进行投资，投资部的职能一般会包括：

（1）投资研究：研究宏观和大资产类别的收益风险情况；

（2）委外管理：专门负责所委托的外部资产管理公司的管理；

（3）资产管理：安排好每个大资产类别的分配比例；

（4）风险合规：有些投资部会有此职能，专职负责投资的风险合规管控。

运作模式上，公司的资金由总公司进行集中管理，统一调度、统一划拨，禁止分公司独立投资。禁止分公司直接投资是有历史原因的。新中国成立初期，保险公司并无此限制，当时甚至没有专管投资的投资部，财务部左口袋进，右口袋就出，这些“财神爷”投资过各类奇葩的东西，比如窑洞，养鸡场，煤矿，海南炒车、炒地皮，等等，乃至现在还有一些不良资产分布全国各地，等着处置。

受托方方面，截至2019年，除保险资产管理公司，保险资金还可以委托符合条件的114家券商或者基金等。目前委托保险外机构运作的资金规模已超3300亿元（占总资产20万亿元近2%）。国际巨擘如威灵顿、高盛、瑞银已成为保险资金境外投资的投资管理人。当然，有些大型保险公司也会自己设立境外投资机构，如中国人寿的富兰克林资产管理公司。

大体聊完运作模式，作为投资者，我们还是要回到自己关心的问题：

（1）各家公司的投资收益率如何？

（2）什么是一家保险公司投资上的“护城河”？

（3）行业令人担忧的利差损情况如何？

（4）未来的低利率水平对保险公司是否为致命灾难？

为了回答这些问题，我们展开“推背图”在一般会计准则下的投资。

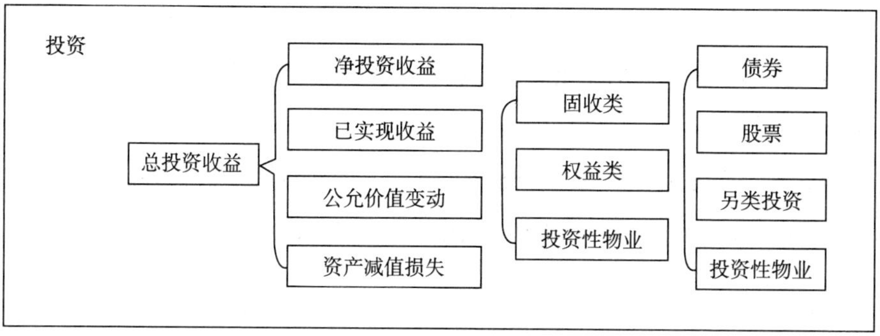

图2－13　推背图（仅显示一般会计准则下的投资）

投资收益哪家强

“余纵横江湖三十余载，杀尽仇寇，败尽英雄，天下更无抗手，无可奈何，惟隐居深谷，以雕为友。呜呼，生平求一敌手而不可得，诚寂寥难堪也。”当年轻的杨过抚着断臂来到独孤冢前，读到这些话时，彻底震撼了。

独孤冢前摆着独孤求败生平曾使用的四把剑，剑的身上是剑魔的四重剑意。木剑杨过自然是选不得的，毕竟功力还不够。杨过轮流拾起了青锋利剑和紫薇软剑，在握着紫微软剑时纠结了一番，毕竟独孤求败对此剑评价颇高——紫薇软剑，三十岁前所用，误伤义士不祥，乃弃之深谷。所幸我们的主角最终在雕兄的颠簸之下选择了玄铁重剑，在历经非人般的折磨后，杨过终于功力大进，重回江湖，终有神雕大侠的美名。

儿时每每读至此处，总觉得人生的选择比努力重要太多，虽然选了紫薇软剑的杨过弱不到哪去，但有什么比重剑配大雕的大侠人设更帅的呢——更何况据考究“紫薇”乃独孤求败离世妻子化名，若杨过无知选错，置小龙女于何地。

选择重要，还是努力重要，这是个问题。

那么这个问题落到保险公司的投资上，结局又当如何呢？

从大类资产的角度，保险公司配置的资产包括固收类资产、权益类资产、房地产投资和现金。这些大类资产也是我们每个人在做资产配置时会纠结的。那么从长期的角度看，这些资产谁的收益率更高呢？它们的收益率排序如何呢？

答案大部分读者或许是知晓的，这方面的数据也不胜枚举。此处引用雪球 CEO 方三文在一次演讲中的数据，见图 2－14。

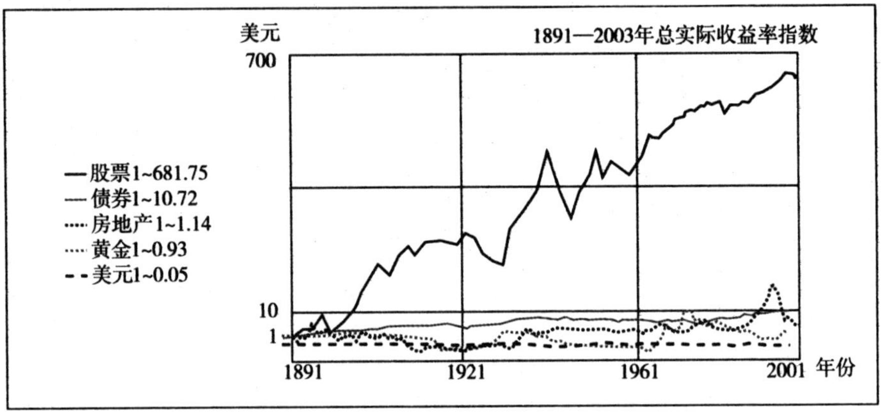

图 2－14　美国 100 年大类资产回报

资料来源：雪球 CEO 方三文在澎湃新闻·思想湃活动中的演讲。

权益类资产的代表——股票[①]能战胜黄金和债券的原因不难理解。黄金是无风险资产，本身并没有产生资产回报的能力，长期价值顶多随着通货膨胀率向上甚至不如通货膨胀。债券则是国家或企业信用的化身，但我们得想明白国家或企业发债是为了什么。大多数情况下自然是为了取得比债券更高的收益啊，这正是股票代表的股权能胜出的原因。

股票战胜房地产则与两类资产的供需关系有关。

20 世纪生物学家卡尔霍恩的“老鼠乌托邦实验”告诉我们，某类物种在有限空间内发展，经过初期的生育大爆发后必然趋向于低生育率。与之相反，房地产行业发展的惯性则让房子越来越多。故而，除了核心区域的房子外，从大盘子来看房地产的远期一定是供过于求的。股票指数的大盘子则会

① 这里指美国道琼斯指数。

随着时间的推移不断推陈出新。因此，或许房地产集合在某些时间段会战胜权益类资产集合，但从100年的维度来看，输掉比赛也是大概率的。

大致解析完4类资产的底层逻辑，我们会很自然得出一个“选择比努力更重要”的结论。权益类资产和房地产投得多的公司，投资收益率就会高；固收类资产配得多的，自然收益率就会低，事实是这样吗？

首先，我们可以在各家公司年报的“保险资金投资组合”章节[①]找到所配置的资产比例。为了公允地研究公司资产配置情况，我们仍是采用“六年占比的平均”对各类资产占比进行处理。以中国平安2019年年报为例，“保险资金投资组合”章节位于该报告的第33页。

表2-42 中国平安保险资金投资组合

	2019年12月31日		2018年12月31日	
	账面值（百万元）	占总额比例（%）	账面值（百万元）	占总额比例（%）
现金、现金等价物	95,680	3.0	116,532	4.1
定期存款	210,925	6.6	201,251	7.2
债权型金融资产				
债券投资	1,504,059	46.9	1,270,765	45.4
债券型基金	42,234	1.3	43,541	1.6
优先股	114,896	3.6	79,881	2.9
永续债	17,838	0.6	—	—
保户质押贷款	139,326	4.3	111,219	4.0
债权计划投资	132,462	4.1	156,501	5.6
理财产品投资	297,631	9.3	285,663	10.2
股权型金融资产				
股票	295,429	9.2	231,801	8.3
权益型基金	49,491	1.5	44,276	1.6
理财产品投资	38,187	1.2	32,183	1.2
非上市股权	67,462	2.1	49,757	1.8

① 因为中国平安和中国太保两家公司并未单独披露人身险资金的投资组合，所以，此处用集团公司的投资组合代替人身险公司的投资组合。而中国人寿和新华保险本身就是人身险公司。

续表

	2019年12月31日		2018年12月31日	
	账面值（百万元）	占总额比例（%）	账面值（百万元）	占总额比例（%）
长期股权投资	120,345	3.8	93,225	3.3
投资性物业	61,005	1.9	53,356	1.9
其他投资	21,866	0.6	24,669	0.9
投资资产合计	3,208,836	100.0	2,794,620	100.0

资料来源：2019年中国平安年报。

将历年的该部分数据摘出整理，我们可以得到表2－43。

表2－43　2014—2019年中国平安保险资金投资组合数据　单位：亿元

项目	2014年	2015年	2016年	2017年	2018年	2019年	平均值①
固收类②	11921.73	14096.07	15580.63	17705.90	21487.56	24593.71	77.64%
债券投资	6917.23	8292.45	9109.68	10716.88	12707.00	15040.59	46.06%
非标债权	—	—	—	3359.25	4421.64	4300.93	14.31%
权益类	1901.93	2165.59	2796.11	3925.88	4512.42	5709.16	14.89%
股票	1288.41	1242.54	1363.50	2724.74	2318.01	2954.29	8.56%
股权投资③	291.26	393.84	710.51	971.98	1429.82	1878.07	3.79%
投资性物业	203.01	253.50	434.42	477.69	533.56	610.05	1.79%
现金及等价物	714.31	801.03	1236.64	1391.69	1165.32	956.80	4.75%
投资资产合计	14740.98	17316.19	20047.80	24494.74	27946.20	32088.36	

资料来源：2014—2019年中国平安年报。

注：①此处平均值指每年该科目占投资资产合计比例的算术平均数，下文同。

②固收类＝年报里该章节披露的定期存款＋债券投资＋债券型基金＋优先股＋永续债＋保户质押贷款＋债权计划投资＋理财产品投资（固收类）。

③根据2017年定义的最新资产分类口径，股权投资包括对联营和合营企业的投资、非上市股权投资及私募股权基金等。此处对2017年前的可比数进行了追溯重列。

同理，我们也将中国太保的数据摘出并总结如表2－44所示。

表2－44　2014—2019年中国太保保险资金投资组合数据　单位：亿元

项目	2014年	2015年	2016年	2017年	2018年	2019年	平均值
固收类①	6606.99	7028.61	7985.23	9086.4	10469.86	11735.63	84.23%
债券投资	4202.81	4306.33	4710.75	5210.63	5707.90	6051.47	48.78%
非标债权	—	1030.74	1240.90	2033.55	2486.99	2972.15	17.03%

续表

项目	2014 年	2015 年	2016 年	2017 年	2018 年	2019 年	平均值
权益类②	805.82	1210.62	919.59	1348.74	1323.17	1903.39	11.85%
股票	290.46	336.45	311.85	589.59	510.00	906.10	4.51%
股权投资	106.18	157.46	191.78	334.08	553.83	725.91	2.99%
投资性物业	65.63	63.44	86.57	87.27	85.42	82.83	0.77%
现金及等价物	140.42	241.91	426.21	300.41	453.77	470.78	3.16%
投资资产合计	7618.86	8544.58	9417.60	10812.82	12332.22	14192.63	

资料来源：2014—2019 年中国太保年报。

注：①为保持统一口径，该科目在年报的固收类基础上，加了权益类中的债券型基金和优先股。

②为保持统一口径，该科目在年报的权益类基础上减去了债券型基金和优先股。

2014—2019 年，中国平安配置了 14.89% 的权益类资产和 1.79% 的投资性物业，中国太保配置了 11.85% 的权益类资产和 0.77% 的投资性物业。前者无论单项或者两项之和都要高于后者。做出了重要的选择，结果如何呢？

在各家公司年报的“业务分析”章节中，我们可以找到想要的答案。以中国平安 2019 年年报为例，在其“主要经营业务分析：寿险及健康险业务”中，能找到构成“总投资收益”的细分科目及数据。①

表 2－45　平安人寿总投资收益情况及其构成

项目	2019 年	2018 年
净投资收益（百万元）	130,702	114,169
已实现收益（百万元）	(722)	1,482
公允价值变动损益（百万元）	44,658	(36,067)
投资资产减值损失（百万元）	44	(200)
总投资收益（百万元）	174,682	79,384
净投资收益率（%）	5.2	5.2
总投资收益率（%）	7.0	3.6

资料来源：2019 年中国平安年报。

将历年的该部分数据摘出整理，我们可以得到表 2－46。

① 中国平安财报单独披露了寿险及健康险部分的投资收益情况，因此涉及投资收益的内容，本书采用“平安人寿”这一主体。

表2-46　平安人寿投资收益构成

项目	2014年	2015年	2016年	2017年	2018年	2019年	平均值
净投资收益（亿元）	583.46	735.87	945.42	1078.27	1141.69	1307.02	
已实现收益（亿元）	55.21	332.00	-117.13	52.48	14.82	-7.22	
公允价值变动损益（亿元）			26.55	6.40	-360.67	446.58	
投资资产减值损失（亿元）	-88.22	-35.42	-6.17	0.96	-2.00	-0.44	
总投资收益（亿元）	550.45	1032.45	848.67	1138.11	793.84	1746.82	
净投资收益率（%）	5.3	5.7	6.0	5.8	5.2	5.2	5.53
总投资收益率（%）	5.0	8.0	5.3	6.1	3.6	7.0	5.83

资料来源：2014—2019年中国平安年报。

同理，我们也将中国太保①的数据摘出并总结如表2-47所示。

表2-47　中国太保投资收益构成

项目	2014年	2015年	2016年	2017年	2018年	2019年	平均值
净投资收益（亿元）	367.18	397.99	466.07	534.64	541.02	612.75	
固定息投资利息（亿元）	331.85	362.74	375.23	418.15	477.97	548.57	
权益资产分红（亿元）	30.10	29.37	85.08	109.63	55.66	56.64	
投资房地产租金（亿元）	5.23	5.88	5.76	6.86	7.39	7.54	
已实现收益（亿元）	79.38	159.06	-9.30	-15.73	-7.70	61.74	
公允价值变动损益（亿元）	7.13	0.52	-7.68	14.43	-21.68	8.01	
投资资产减值损失（亿元）	-36.72	-2.82	-9.65	-65.80	97.50	-23.39	
总投资收益（亿元）	419.73	559.10	444.73	534.17	510.73	669.78	
净投资收益率（%）	5.3	5.2	5.4	5.4	4.9	4.9	5.18
总投资收益率（%）	6.1	7.3	5.2	5.4	4.6	5.4	5.67

资料来源：2014—2019年中国太保年报。

上表有些陌生的词汇，这些词汇对理解本部分内容又比较关键，老东简要介绍如下。

（1）净投资收益，按中国平安2019年财报的定义，该项为“包含存款利息收入、债权型金融资产利息收入、股权型金融资产分红收入、投资性物业租金收入以及应占联营企业和合营企业损益等”。由于不同公司对此定义稍有不同，老东将数据做了统一口径处理，使本书中的“净投资收益”都尽可能满足

① 中国太保未单独披露人身险部分的投资收益，故用中国太保整个公司的投资收益结构代替。

中国平安的定义，其他名词也做相同处理。该项等于固定息投资利息＋权益资产分红＋投资房地产租金，除中国平安外的3家公司披露了这些细分项。

（2）总投资收益，该项等于净投资收益＋已实现收益＋公允价值变动损益＋投资资产减值损失，其中已实现收益是买卖证券的价差；投资资产减值损失是指按预期某些资产不那么值钱所以要计提一定的损失；至于公允价值变动损益，是某些保险公司认为应该实时更新为市场公允价值的资产在更新时产生的损益。

（3）固定息投资利息，指债券类资产的投资收益。权益类投资资产分红主要指来自股票的分红。投资性房地产租金顾名思义，指保险公司持有房地产的租金收入。

简单点说，净投资收益衡量的是保险公司稳定的投资收益。在“内含价值评估标准”章节我们会看到，人身险公司用于内含价值的投资收益假设是5%，这与净投资收益率有异曲同工之妙。总投资收益是净投资收益加上各类因为市场波动而产生的收益，是真正的计入一般会计准则利润表的收益，也是从权责发生制角度理解的保险公司在投资角度真正赚的钱。

那么保险公司为什么要引入净投资收益呢？

有养狗（老东有一只拉布拉多，名曰辛巴）经验的读者应该能体会到，在遛狗时，狗有时会跑到我们身前，有时落在身后，但从长期来看，我们和它们的步调总是保持一致的。价值投资的鼻祖、巴菲特的老师格雷厄姆正是用“遛狗原理”来形容市场价格与公司价值的关系。引入净投资收益的目的与此类同，自然是期望投资者能在衡量保险公司价值的时候摆脱市场非理性的干扰。但又与“遛狗原理”不同，真实投资收益应是净投资收益＋权益类资产投资收益。后者短期波动大，但从长期贡献而言其值是正的，通常会在前者的基础上再为投资收益贡献零点几个百分点。如此来看，倒像是遛了一只“总爱跑到前面去的狗”。

从结果来看，平安人寿在这6年里取得了5.53%的净投资收益率和5.83%的总投资收益率，中国太保取得了5.18%的净投资收益率和5.67%

的总投资收益率。平安人寿在净投资收益率上胜出了0.35个百分点，在总投资收益率上也胜出0.16个百分点。

这在一定程度上回答了本节的问题：大类资产的配置选择非常重要。

那么是否选对了，就可以高枕无忧了呢？

别急着下结论，还有两家公司，我们一并看完。

我们将中国人寿的投资组合数据摘出，整理如表2－48所示。

表2－48　2014—2019年中国人寿保险资金投资组合数据　单位：亿元

项目	2014年	2015年	2016年	2017年	2018年	2019年	平均值
固收类	18045.84	17771.69	19201.14	20942.76	24072.22	26742.48	78.36%
债券投资	9406.05	9962.24	11193.77	11885.93	13098.17	14105.51	43.12%
非标债权	—	—	—	—	—	—	
权益类①	2350.33	4116.26	4213.96	4095.40	6263.30	8289.90	17.43%
股票	949.14	1115.00	1401.56	1734.40	1786.99	2765.95	5.82%
股权投资②	287.39	653.11	769.06	2559.87	2550.72	3121.34	5.60%
投资性物业	12.83	12.37	11.91	30.64	97.47	121.41	0.15%
现金及等价物	590.54	977.68	1108.49	863.73	624.91	595.49	3.07%
投资资产合计	21009.54	22878.00	24535.50	27547.25	31057.90	35749.28	

资料来源：2014—2019年中国人寿年报。

注：①为保持统一口径，该科目在年报的权益类的基础上加上了联营和合营企业投资科目。

②为保持统一口径，该科目用年报的“联营和合营企业投资＋其他权益类投资÷2”代替。

中国人寿与中国平安的大类资产配置比较相似。以这6年的数据来看，固收类中国平安占比77.64%，中国人寿占比78.36%；权益类，中国平安占比为14.89%，中国人寿为17.43%。

配置类同，那么结果如何呢？我们将中国人寿投资收益情况摘出并整理如表2－49所示。

表2－49　中国人寿投资收益构成

项目	2014年	2015年	2016年	2017年	2018年	2019年	平均值
净投资收益（亿元）	—	976.54	1092.07	1299.39	1330.17	1491.09	
固定息投资利息（亿元）	—	—	—	947.88	1073.91	1171.15	

续表

项目	2014 年	2015 年	2016 年	2017 年	2018 年	2019 年	平均值
权益投资资产分红（亿元）	—	—	—	350.82	255.225	319.63	
投资房地产租金（亿元）	—	—	—	0.69	1.05	0.31	
已实现收益（亿元）	大幅上升	449.77	58.29	51.13	-215.16	134.02	
公允价值变动损益（亿元）	大幅上升	-21.50	-42.29	38.69	-81.48	144.19	
投资资产减值损失（亿元）	显著下降	-3.21	-26.56	-27.57	-82.05	-78.87	
总投资收益（亿元）	—	1421.34	1140.06	1361.64	951.48	1690.43	
净投资收益率（%）	4.71	4.45	4.61	4.91	4.64	4.61	4.66
总投资收益率（%）	5.45	6.34	4.65	5.16	3.28	5.23	5.02

资料来源：2014—2019 年中国人寿年报。

6 年里，中国人寿交出了净投资收益率 4.66%，总投资收益率 5.02% 的成绩单。同期，平安人寿的净投资收益率为 5.53%，总投资收益率为 5.83%，二者相差 80 到 90 个基点。由此可见，选择固然重要，努不努力更加重要。

我们也许会猜想，2015—2019 年，股市从 2000 点变成 2800 点，上涨了 40%，而中国人寿在股票上的配置少于平安人寿 3 个百分点，因此总投资收益率少 81 个基点，实属正常。不过只要深想，这样的结论显然是站不住脚的，毕竟权益类配置更少的中国太保总投资收益率也高于中国人寿。

最后，我们也将新华保险的相关数据摘出重新整理，如表 2-50 所示。

表 2-50 2014—2019 年新华保险保险资金投资组合数据 单位：亿元

项目	2014 年	2015 年	2016 年	2017 年	2018 年	2019 年	平均值
固收类①	5267.39	4917.11	5349.76	5242.57	5472.82	6657.98	78.99%
债券投资	3455.18	3482.81	2426.47	2637.82	2752.13	3580.62	44.33%
非标债权	1214.33	1439.72	2254.32	2409.63	2260.81	2465.94	28.65%
权益类②	844.77	1300.73	1260.13	1503.50	1435.40	1618.74	19.02%
股票③	223.09	522.71	470.29	498.18	322.43	558.05	6.20%
股权投资	101.50	36.26	45.74	48.92	47.92	49.17	0.81%
投资性物业	—	—	—	—	—	—	
现金及等价物	145.03	139.04	142.30	88.12	90.05	117.65	1.76%

续表

项目	2014 年	2015 年	2016 年	2017 年	2018 年	2019 年	平均值
投资资产合计	6257.18	6356.88	6797.94	6883.15	6998.26	8394.47	

资料来源：2014—2019 年新华保险年报。

注：①为保持统一口径，该科目用年报的“定期存款 + 债券型金融资产 + 其他投资 ÷2”代替。

②为保持统一口径，该科目用年报的“股权型金融资产 + 长期股权投资”代替。

③新华保险的股票科目包含了优先股，但较难剥离。

表 2 -51　新华保险投资收益构成

项目	2014 年	2015 年	2016 年	2017 年	2018 年	2019 年	平均值
净投资收益（亿元）	290.37	301.83	321.36	335.87	343.28	354.54	
固定息投资利息（亿元）	274.02	273.53	266.54	273.25	280.93	298.52	
权益投资资产分红（亿元）	16.35	28.30	54.82	62.62	62.35	56.02	
投资房地产租金（亿元）	—	—	—	—	—	—	
已实现收益（亿元）	37.14	160.26	12.43	17.66	-9.32	-2.27	
公允价值变动损益（亿元）	3.24	0.00	-3.73	1.24	-3.79	26.47	
投资资产减值损失（亿元）	-7.52	-4.90	-7.27	-8.01	-14.31	-20.32	
总投资收益（亿元）	323.23	456.03	322.79	346.76	315.86	363.44	
净投资收益率（%）	5.2	4.9	5.1	5.1	5.0	4.8	5.02
总投资收益率（%）	5.8	7.5	5.1	5.2	4.6	4.9	5.52

资料来源：2014—2019 年新华保险年报。

新华保险的投资组合也与中国平安和中国人寿差别不大，固收类占比 78.99%，权益类占比 19.02%。新华保险与另外 3 家不同的是，居然没有任何投资性物业（或许有，但公允价值太小，没披露）。6 年的投资数据显示，新华保险的净投资收益率为 5.02%，总投资收益率为 5.52%，也算是“及格生”。

接下来，我们将各公司的数据整合在一起，见表 2 -52。

表 2 -52　各家公司人身险部分投资收益率（%）

公司	净投资收益率	总投资收益率
平安人寿	5.53	5.83
中国人寿	4.66	5.02
中国太保	5.18	5.67
新华保险	5.02	5.52

借助表2－52，我们便能回答本章的第一个问题“各家公司投资收益率如何”：

（1）总投资收益率和净投资收益率最高的是平安人寿，其次是中国太保。

（2）总投资收益率与净投资收益率差异最小的也是平安人寿。

（3）选择并没有想象的重要，债权类占比最高的中国太保表现还是很出色的。

（4）中国人寿是唯一一家6年净投资收益率的平均值为4字开头的公司。

保险公司投资上的“护城河”

“反过来想，总是反过来想。”

与我们经常正向思考企业“护城河”不同，查理·芒格穷其一生都在寻找那些做得不好或者失败的企业案例。这些案例在芒格看来是宝贵的财富，它们从另一个侧面展示了优秀企业是如何形成难以逾越的竞争壁垒的。为了回答本章的第二个问题，我们不可避免要思考一个问题：是什么让中国人寿在投资端遭遇了困难？

从中国人寿的身上，我们至少可以看到三点是与众不同的：第一，对比中国平安、中国太保，中国人寿并不是以集团公司身份上市（上市的这家公司是中国人寿集团的全资子公司，主要经营寿险业务，也持有中国人寿资管、财产险和广发银行部分股份）；第二，对比中国平安，中国人寿由中国人寿集团控股68.37%，母公司中国人寿集团由国务院100%控股，是名正言顺的央企；第三，2019年中国人寿投资资产合计3.6万亿元，占保险业20万亿元可投资产的18%，举手投足间影响颇大。

那么这三点是如何影响中国人寿资管投资的呢？

首先，不以集团公司整体上市的影响可分为两部分：**一是**上市公司是集团最优质的资产，实际经营时受未上市的集团掣肘，集团往往要“薅羊毛”。以茅台集团为例，茅台股份公司（上市公司：贵州茅台）在 2019 年就因集团要成立直销公司代销股份公司的飞天茅台而闹得沸沸扬扬。站在集团角度，经营是以一盘棋思考。优质的上市子公司带动经营一般的子公司，甚至转移一部分飞天茅台至集团的销售公司进行销售，实则无可厚非。但站在股份公司角度也有难处：作为独立的经营主体，股东们自然对这种“薅羊毛”行为难以忍受。所幸中国人寿集团是名副其实的央企，这么多年并没有出格的地方。**二是**与其他子公司的协同会因为集团未整体上市而受到影响。当上市的股份公司要与兄弟公司协同时，往往涉及关联交易的披露，因此总会有“多一事不如少一事”的心态。幸运的是，负责股份公司保险资金组合投资的国寿资管由股份公司持有 60% 的股权，这方面的影响算小。

其次，央企的背景对投资端的影响，主要在薪酬激励上。一方面，中国人寿集团的整体薪酬待遇水平属于保险业中等水平，虽然资管已是中国人寿集团中平均待遇最高的板块，却难以适应资管行业的人均高薪。按 2019 年中国人寿投资股票的 2765.95 亿元资金算，如果投资的股票每年 ROE 为 20%，基金经理计提业绩的 20%，那么每年需支出 100 亿元的业绩提成费用。资管公司又是小规模运作，即使让 100 人分摊，每人也可以分到 1 亿元。很显然，央企背景的中国人寿不能允许这样的薪酬级别存在（已超出总经理级别的薪酬）。另一方面，央企的背景也让资管公司的保险组合投资时不敢做过多的委外投资，毕竟国有资产投资是一件非常慎重的事情。

最后，虽然同为“国资背景”的中国太保和新华保险或多或少也会遇到人才激励的问题，但作为国之重器的中国人寿受制于巨大的资管规模，在投资时总会捉襟见肘。一方面，央企义务会要求中国人寿多配置各类债券；另一方面，在权益类投资中自然也需要多配置些有利于国家长期稳定的股权，发挥长期经济稳定器的作用。借北大经济学教授何帆老师的话，“如果社会是一条船，船长思考的是在苍茫大海上，找到经度与纬度，保持船的方向不偏离航向”。因而长期以来，中国人寿资管形成的更多是“不出大错”的文化，而不是“追求极致”的文化，收益自然也就高不起来了。

幸运的是，中国人寿应该是看到了这些问题。新任董事长王滨来到中国人寿集团后，薪酬体制、投资策略和激励分配的改革逐步推开，在2020年上半年投资端的改革已逐步见效，一改既往疲软的姿态。

行文至此，我们大致能回答“什么是保险公司在投资上的‘护城河’”这个问题了。表象层面，自然是这家公司的资管要足够努力，毕竟从分析中我们已经看到了，大类资产的选择并没有努力那么重要。资管不是把钱扔出去就躺赚的舒服事。但在更深的逻辑层面，这样的努力不应只局限于打磨优秀的投研能力和委外管理能力，而应从大处着眼，在特定的体制和机制约束下，把努力放在打磨优秀的机制和培养优秀的人才上。从某种程度而言，这又何尝不是一种努力方向的选择呢?

利差损风险

要研究人身险公司的利差损风险，绕不开的词是“久期”。

经济学上，通常以某类资产未来产生的现金流，按照目前的收益率折现成现值，再用每笔现值乘以现在距离该笔现金流发生时间点的时间年限，然后进行求和，以这个总和除以债券价格，得到的数值就是久期。**为了方便理解，我们可以简单把“久期”视为某类资产能产生现金流的平均期限。**

由于人身险公司负债端（保单）的久期往往长于资产端，因此投资的首要目的并不是追求投资收益率最大化，而是追求资产端与负债端的久期匹配。说白了，就是尽可能地投资久期较长的资产，以减少因为期限错配而给公司带来的风险——我们常言的利差损。

若我们令自己按公司的方式思考和经营，也会遇到这类问题。

作为投资者，我们或许天生有开源节流的本能。当巴菲特的妻子为朴素的居所购置1.5万美元的家具时，巴菲特形容这就像“杀了自己一样”；

戴维斯投资王朝的奠基人老戴维斯拒绝为自己的孙子用1美元买1个热狗；施洛斯在其一生中几乎很少与上市公司交流，除了他的投资方法论很别致外，也有想省交通费的原因。这种热衷于节俭的姿态，你我都深知并不源于什么美德，而是深知深信复利的力量：今日的100元，在若干年后可以变成天文数字，那我为什么要现在就花掉呢？

但如果每一笔钱都拿来投资，我们可能饿死在当下。多少钱拿来投资，如何分配投资与消费的金额，与我们的行为习惯、家庭构成、寿命长短等诸多因素都有关系。

欧文·费雪的《利息理论》中有一个核心思想：投资是时间维度上的平衡消费。如此看来，投资也是消费，只不过，我们追求的不是一刹那的最高幸福，而是幸福总量的最大化——保险公司追求的也是如此。

按中国保险资产管理协会数据，2019年保险投资收益率6.9%，投资收益稳步增长，尤其是股票投资收益猛增。考虑2018年几家A+H公司要根据IFRS 9修订会计准则①，加之权益类波动较大，毛估全年行业投资收益率在6%。

6%是什么概念呢？根据行业的平均预定利率和实际负债成本，3%的投资收益率水平将使保险行业出现利差损，3.1%~4%是安全边际的投资收益率水平。从行业来看，5%的投资收益率使利差仍处于2%~3%的安全水平，但不容盲目乐观。比如投资行为较为激进的保险公司（如华夏、安邦和前海人寿等），往往实际负债成本更高，5%将是这类企业可以承受的最低投资收益率，这类企业可以说是游走在利差损的边缘。

就本书研究的4家上市公司而言，净投资收益率和总投资收益率都在5%甚至以上。在老东收集的资料中，4家公司中，中国平安曾在2018年股东大会上表示公司“保本”成本是1.5%左右（个人认为是原中国平安

① 一般会计准则的新版。

首席保险官李源祥夸大，大概率是2%[①])，中国太保在2019年12月接受机构投资者调研时也提及公司“保本成本”是2.5%左右，料想中国人寿和新华保险的“保本成本”也应在2%~3%。因此，上市公司作为行业优秀公司的代表，还是比较安全的。

低利率对保险公司是否致命

那么将来如果国家突然陷入长期低利率状态，保险公司是否都还安全呢?

问题的答案涉及保险公司的资产端期限和负债端期限的缺口有多大。

我们知道，保险公司的资金基本来自于承保的收入。借鸡生蛋，总有一天要还，因而利差损问题很迫切。当资产和负债久期相对匹配，借的钱到期才能正好还上，资金链断裂的风险最小，活下去的可能性才最大。如此，才有资格追求长时间维度的收益最大化。

但与此同时，保险公司又不能过度追求资产和负债久期的绝对匹配。如果强制要求资产和负债的久期一模一样，保险公司的投资就失去了灵活性，无法施展“别人贪婪我恐惧，别人恐惧我贪婪”的绝技。没了超额收益，收益率会下跌不少。普遍认为，**保险公司的资产缺口大致2~3年，是灵活度相对高、利差损风险相对小的合适区间。即使国家突然陷入长期的低利率环境，按当前的偿付能力充足率，保险公司也能从容应对2~3年的久期缺口。**

那么保险公司目前的资产负债久期如何呢?

虽然保险公司们并未在财报中明确披露各家的久期，但在业绩交流会和股东会中我们总能听到只言片语。从行业的角度看，按中国保险资产管理业协会2018年预估，负债久期平均12.44年，资产久期平均5.77年，缺口6.67年。各家上市公司因为资产规模较大，“只言片语”间透露的数

---

① 2018年12月26日万联证券发布的《保险行业专题研究之四:我国寿险公司负债成本研究》,测算也是该结果。

据则稍微比此数值高1~2年。

虽然各家公司在财报上从不会披露此类数据，但从公开渠道我们还是捕捉到不少信息。以中国平安为例，平安的首席投资官陈德贤先生时不时就在公开场合谈论平安的久期缺口。按老东收集的数据，中国平安的久期缺口一直在缩小，从2013年末的8.6年，降至2019年末的5.5年，降幅3.1年。

表2-53 中国平安资产负债久期

单位：年

项目	2013年	2017年	2018年	2019上半年	2019年
资产端久期	—	—	8.2	8.9	—
负债端久期	—	—	14.8	14.8	—
久期缺口	8.6	6.9	6.6	5.9	5.5

资料来源：中国平安股东会等公开渠道。

持续降低的久期缺口意味着保险资金资产负债匹配风险进一步降低。幸运的是，中国平安并不是诸多保险公司的特例，上市保险公司中，中国太保的久期缺口也在持续减少。2019年三季度公开数据显示，中国太保的资产久期为6.1年，久期缺口减少为8.3年。按内部资料，稳字当头的可投资产规模老大哥——中国人寿的久期缺口也只有6.14年[①]，与中国平安相当。新华保险的久期缺口也只有6年左右。

表2-54 各保险公司负债久期

单位：年

项目	中国平安	中国人寿	中国太保	新华保险	行业
资产端久期	8.9	6+	6.1	5+	5.77
负债端久期	14.8	11.1+	14.3	11+	12.44
久期缺口	5.9	6.14	8.2	6+	6.67

资料来源：中国平安数据为2019Q3平安陈德贤披露；中国人寿数据为2018Q4开放日数据；中国太保数据引自2019Q4太保资产管理报告；新华保险数据引自2019Q4方正证券研究报告；行业数据为2019Q3保险资管协会披露。

上市的几家公司是否有机会在不远的将来将久期缺口缩短至我们期望的2~3年呢？个人认为极有可能，这有赖于“四板斧”：国债、蓝筹股、

① 内部资料显示，中国人寿2018年久期缺口为6.14年，2017年久期缺口为5.48年。

自持物业和另类投资。

随着国家强盛，我国发行的债券期限越来越长，发行量越来越大。2009年11月27日发行的2009年记账式附息（三十期）国债，是我国第一次发行50年期国债，随后发行量逐年增加。在长期限的国债中，保险公司一直是配置的主力军。以2019年为例，全年累计发行的30年期及以上的国债和地方债接近1万亿元①。1万亿元规模中，按不完全统计，保险公司仅配置了10%左右。以中国平安为例，3.2万亿元的可投资产中，若再配置600亿元，这将占中国平安可投资产2.14%，久期缺口有望下降至5年左右。

蓝筹股，这里指的是业绩优秀且长期稳定分红的股票。在久期的计算中，保险公司持有的股票是不计入久期的。以中国平安为例，若假设持有的2954.29亿元股票中有一半是打算长期持有，则久期缺口会进一步缩短。这些占可投资产8%左右的股票若按持有久期为40年计②，在上述5年左右的基础上，保险公司的久期缺口有望再次下降至4.5年。

自持物业，指保险公司持有的自有物业。该类物业或位于繁华商圈等人流密度较大的地方，如中国太保2019年斥资195亿元与瑞安房地产新建的太保瑞安新天地，中国平安位于福田中心区那高耸入云的深圳第一高楼平安金融中心，中国人寿位于北京金融街的中国人寿大厦等；又或位于静谧处，如中国人寿位于苏州阳澄湖的养老地产项目：国寿嘉园雅境。这类资产久期长且现金流充裕，正是保险公司拉长资产端久期的神器，占保险公司的可投资产比重正逐年上升③，在不远的将来久期缺口再拉低零点几甚至1并不是什么难事。

也许有朋友会好奇，既然商业地产如此匹配保险公司，为何保险公

---

① 引自WIND。

② 中国平安目前重仓的长持股票包括汇丰控股、工商银行等，但此处的意思并不是持有单只股票40年，而是有一半股票是打算长期持有的，40年是保守预计，实际上可能是永久。

③ 以中国平安为例，其自持物业在可投资产中的占比由2014年的1.4%增长至2019年的1.9%。

司不直接自己大批量地投资商业地产？实际上，这个想法保险公司们确实有过。有些保险公司诸如中国平安已成立了自己的房地产公司，通过直接和间接参股的形式，持有大量房地产公司的股票。更值得一提的是中国人寿，该公司在全国各地有大批的土地和自己建设的大楼，这类物业都没有以自持物业显示在投资组合里——算是一笔隐形的财富。

表 2－55　各保险公司投资性物业金额　　单位：亿元

年份	中国平安	中国人寿	中国太保	新华保险
2014	203.01	12.83	65.63	—
2015	253.50	12.37	63.44	—
2016	434.42	11.91	86.57	—
2017	477.69	30.64	87.27	—
2018	533.56	97.47	85.42	—
2019	610.05	121.41	82.83	—

资料来源：2014—2019 年各公司年报。

另类投资，广义上是指除债券、股票、基金和信托等以外的其他投资；狭义上指发挥保险公司的社会责任，支持基础设施建设和实体经济发展的债权、股权，不动产计划等项目的非标资产（之所以名曰非标，是相对债券、股票等标准化资产而言）。按中国保险资产管理业协会的数据，非标资产的投资正逐年上升，约占总行业的 40%，该数据中国平安为 31% 左右。另类投资的过程最考验保险公司的投资“护城河”。

综上所述，保险公司在未来至少有 4 种方式来缩小自己的久期缺口。按老东的估算，即使不算自持物业和另类投资的增加，保险公司都有办法缩小 2～3 年的久期缺口。到那时，中国部分优秀的人身险公司将无须再为久期缺口而担忧。

实际上，中国平安首席财务执行官兼总精算师姚波在 2017 年投资者开放日首次透露，平安寿险整体资产负债“有效久期缺口”① 小于 5 年。若

① 另一种公允的计算久期缺口的方式，详见 2017 年中国平安开放日材料。

该结论成立，2017 年至 2019 年上半年间，平安的久期缺口从 6.9 年缩减为 5.9 年，可以料想有效久期缺口大概率已经小于 4 年了。老东认为，市场往往对人身险公司的利差损问题过于悲观，也因此给予保险公司较为悲观的估值。当然，这也给了我们绝佳的机会。

一块钱在公司里如何流转

世界顶级评级机构晨星公司研究部负责人帕特·多尔西在其代表作《股市真规则》中，提到如何做出投资决策时，用了非常多的笔墨强调弄明白一笔钱在公司里是如何运转的重要性。在研究戴尔公司的案例中，多尔西写道："当你分析一家公司的时候，要确认你弄清楚了一美元的现金在公司里是怎样流转的。如果你不这样做，你也许根本没有弄明白这家公司，因此也不能轻率地购买它的股票。"

无独有偶，巴菲特在选择要投资的公司时也有其独特的两个"一美元"原则，其中一个是"公司每留存一美元必须创造高于一美元的价值"，另一个则与多尔西的"弄明白一美元在公司里如何流转"惊人相似。

因而，老东期望您在弄明白本章前面小节内容外，也要搞明白"一块钱"现金流究竟是怎么流转的。**感受本节所述的"现金流"与本章前面小节所述的"利润表"的差异，对于我们深刻理解人身险公司，特别对于后文理解"内含价值评估标准"有巨大裨益。**

让我们深呼吸，想象此刻老东正在接受一位资深保险代理人小赵的"洗礼"，她摆出了如下一款产品，见图 2－15。

这是一款结构简单的定期寿险。一个 30 岁的投保人一次性缴纳 45611 元，如果投保人 70 岁（含）前身故，保险公司将赔付 100 万元；70 岁后健在，则所有的钱打水漂。

这位小赵口若悬河，不断和老东强调作为家庭支柱配置寿险的意义——避免"挂彩"时会发生"孤儿寡母，惨不忍睹"的悲剧，同时避免房子被银行收走的窘境。这位代理人还和老东强调这是一款几乎击穿底价的产品。那么问题来了，老东在 30 岁这年一次性缴纳的 45611 元，在保险

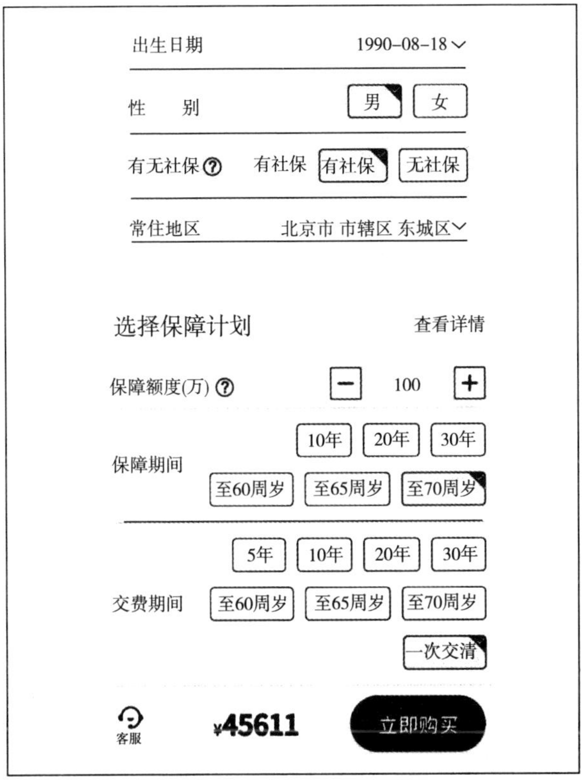

图 2－15　资深代理人小赵推销给老东的产品

公司内如何运转呢？

当代理人从老东卡里刷走保费 45611 元，“一块钱”的梦幻旅程就开始了。

首先，这 45611 元会经过收款银行清算至保险公司的清算账户，归属财务部管辖。

随后，45611 元中的 5% 会作为佣金结算给代理人（实际趸交产品佣金比例在 2% ~5%）；大致 5% 会作为薪酬发给员工（趸交产品比长期产品所需管理费低）；由于这张保单没有分红功能，老东也不退保，更没有“挂彩”，故本年度没有其他支出，保险公司结余 41000 多元用于投资，按 5% 投资收益算，公司于年底结余 43102.4 元。45611 元被瓜分的过程，大致如下，见表 2－56。

表 2－56　老东购买的 100 万元保额保单的保费流转　　单位：元

销售	保险公司		客户 30 岁
	45611.00		－45611.00
营运	保险公司	代理人	员工
	45611.00		
	－2280.55	2280.55	
	－2280.55		2280.55
	41049.90		
投资	保险公司		投资收益
	41049.90		2052.50
	43102.40		

读者或许会疑惑，不是说保险公司因为利润后置、费用前置，所以一般首年都是亏钱的吗？怎么看起来不亏啊，还赚了很多——这正是人身险公司“现金流”与“利润表”差别最大的地方。“首年亏钱”是指从利润表的角度而言，从现金流角度并不亏（两者最大差别在于准备金的计提，现金流角度并没有真的计提一堆准备金丢在保险箱里锁起来）。这也是为何近年健康险快速发展，许多新晋的财险公司看起来“盆满钵满”，管理层们花起钱来也大手大脚。只是不知道当赔付潮来临时，是否会都在“裸泳”呢？

我们继续讨论。

那么结局就是让保险公司赚走了 43000 多元吗？作为一个求知者，我们肯定不会满足于只看一年的答案，而当然是期望看到在这张保单终点，会发生什么。

为了回答这个问题，我们不免要用到保险公司精算的基石——银保监会颁布的生命表。按原保监会颁布的 2010—2013 版本生命表，30 岁的男性，在承保当年就身故的概率是 0.0797%。如果老东在 30 岁这年过了保单的投保冷静期后发生不幸，保险公司必须马上赔款 100 万元。站在保险公司角度，本来净赚 43102.4 元，结果赔了 100 万元，净亏损 956897.6 元。而老东的家人就爽了，“一人得道鸡犬升天”。

当然，也可能老东30岁活得好好的，迎来了31岁生日。根据生命表，31岁的男性死亡概率是0.0847%。不幸的是，老东就是这0.0847%的人，工作猝死了。站在保险公司角度，本来43102.4元投资变成了45257.52元，结果赔了100万元，净亏损954742.48元。

在不同的时空，老东们都买了这个保单，死亡岁数不一，但都满足生命表所述。比如有个老东60岁还在球场上扮演追风少年，结果心脏衰竭死了①。站在保险公司角度，本来43102.4元投资变成了186286.09元（翻了4倍多了，复利的力量真厉害），结果赔了100万元，净亏损813713.91元。又比如有个老东活到70岁，眼看保单就要结束了，结果晾衣服的时候发生了意外②，站在保险公司角度，本来43102.4元投资变成了303440.41元，结果赔了100万元，净亏损696559.59元。而更多的老东（大概72%）活到了71岁，保险公司乐呵呵地收下了经过41年投资变成的约31.9万元的资金。

这些“老东”发生的情况如下，见表2-57。

表2-57　“老东们”死亡时保险公司的赔付情况

	在该保单赔付范围						不赔付
死亡岁数（岁）	30	31	…	60	…	70	70岁后
死亡赔付（元）	1000000	1000000	…	1000000	…	1000000	0
保费滚存（元）	43102.40	45257.52		186286.09		303440.41	318612.43
保险公司盈亏（元）	-956897.60	-954742.48		-813713.91		-696559.59	318612.43
发生概率（%）	0.08	0.08		0.92		2.75	71.91

为了搞明白保险公司卖了非常多保单给“老东们”后，公司的现金流情况，我们必须引入一个高三数学的概念——数学期望。它的计算方式是试验中每次可能结果的概率乘以其结果的总和，其含义可以理解为当所有情况都满足某种发生概率分布时，我们可以期望的最终结果。这里的“某

① 60岁的男性死亡概率为0.92%。

② 70岁的男性死亡概率为2.75%。

种发生概率”，落到“老东们的保单”上，就是生命表里约定的发生率。

在“老东们的保单”例子中，期望是这样算的：

老东30岁死掉时保险公司的盈亏×老东30岁死掉的概率+老东31岁死掉时保险公司的盈亏×老东31岁死掉的概率+…+老东60岁死掉时保险公司的盈亏×老东60岁死掉的概率+…+老东70岁死掉时保险公司的盈亏×老东70岁死掉的概率+老东70岁后死掉时保险公司的盈亏×老东70岁后死掉的概率。说简单点，就是表2-57中最后两行分别相乘然后加起来。

经过计算，保险公司可以“期望”赚到6496.40元。虽说我们在假设有佣金时略微激进，实际上像这种趸交型又是纯寿险的产品，佣金达不到5%，但也可以从这个金额上见微知著——这个资深代理人小赵苦口婆心卖给老东一款产品，其实也就赚2000元钱，而保险公司更惨，从概率上讲，仅仅赚不到1万元钱。

这个产品，真心“白菜价”吧。

至此，我们的“一块钱”旅程结束了。虽说老东可能在30岁就死去，但许许多多的“老东”堆起来的概率游戏，使这款“白菜价”产品大概率能让保险公司略微盈利。另外值得一提的是，这款产品是某家中型保险公司的互联网获客型产品，因此价格才能低到如此“可耻”的地步。上市的4家保险公司是绝不会卖出如此低廉的产品的，股东们可以放心。

第三章

让人讨厌的各种准则

各种利率搞不懂

在研究人身险公司的过程中，我们不免听到各种利率。

如在保险产品的广告中，我们经常会听到某某产品的“预定利率”是多少，比如：

预定利率 4.025%，逾期不候。

又比如我们还会看到银保监会发文，规定人身险保单的“评估利率”范围：

银保监会发布 182 号文，评估利率由 4.025% 下调至 3.5%。

根据常识，预定利率和评估利率，既为利率，应该与投资相关。

当我们财报看得细时，还会发现与准备金提取有关的“投资收益率假设”似乎和上面的各种利率也差不多，但又有区别。比如中国平安在 2019 年年报 193 页中，如是描述：

本集团在计量长期人身保险合同的保险责任准备金过程中须对折现率/投资收益率等作出重大判断。

光看上面的各类利率，你是不是已经晕了？既有代理人销售产品时展现的“预定利率”，又有监管机构公布的“评估利率”，还有保险公司年报里的“折现率”和一个还看不懂也不知道是不是存在的“内含价值准备金利率”（我们暂且这么叫吧）。

为何有这么多利率？故事还得从一家“上市保险公司”的尴尬处境说起。

首先，作为一家公司，要卖货，因而至少要面对**消费者**。既然是卖东西，那就得知道生产成本是多少、定价多少能赚钱，这就涉及定价的问题，于是便有了“**预定利率**”或者又名“定价利率”。

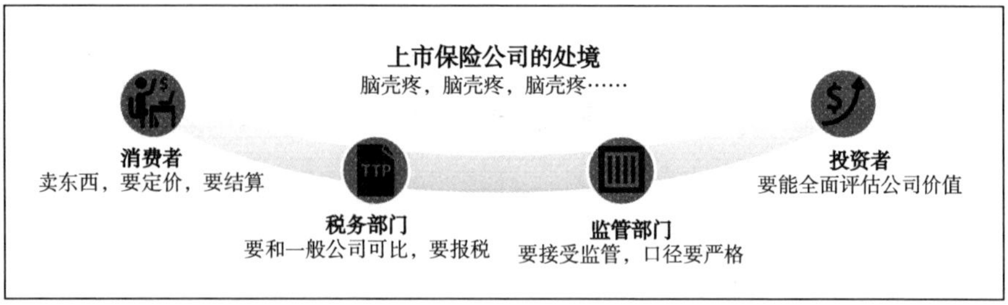

图3-1　上市保险公司需要面对的4类对象

其次，作为一家公司，要纳税，因而也要面对**税务部门**。税务部门的纳税标准是按照一般会计准则来的，这也是普通**投资者**看得懂的游戏规则。因而我们会有一般会计准则下的准备金提取规则，这个规则中最关键的就是会计上的“折现率/投资收益率”（姑且叫**会计利率**）。

再次，这家公司是一家保险公司，作为金融公司都要受监管，因而要面对**监管部门**。监管部门的监管标准要比一般会计准则高，因而又有了个产品的“**评估利率**”，说白了就是要求保险公司在报备或报批产品时好好评估评估。

最后，保险公司因为“苹果树”的商业模式，导致其在一般会计准则作用下往往失真，因而总得想办法向**保险投资者**阐述公司的内在价值。这就需要借助“内含价值评估标准”来实现。既然是一套新的评估标准，不免有它自己的各类假设，从而又会诞生“**内含价值假设投资收益率**”。

在以上保险公司面对的对象中，除了与消费者是简单的买卖关系外，税务部门、监管部门、保险投资者都对保险公司的准备金有窥视的诉求。不同的利率假设，自然就对应着3种不同的准备金——**会计准备金、法定准备金、内含价值准备金**。

准备金是负债的一部分，既然有3种准备金，自然也会对应着3套准则。在它们的诉求下，保险公司再次褪去隐私，分别为它们制定了3套衡量资产及负债情况的“特殊服务”——**资产负债、偿付能力、内含价值**。为此，保险公司需要不同的“服务规则”进行指导——**一般会计准则、偿付能力管理办法、内含价值评估标准**。

表3-1 人身险公司面对不同对象使用的利率与方法

	消费者	税务部门	监管部门	投资者
对应利率	预定利率	会计利率	评估利率	内含价值假设投资收益率
适用范围	产品定价	一般会计准则	偿付能力管理办法	内含价值评估标准

表3-1中，“内含价值假设投资收益率”我们将在第五章“内含价值评估标准”讨论。

但为了抵达“内含价值评估标准”章节，上文的另外3个利率是我们必不可少的“桥梁”。这些纵横交错的桥梁虽不属于内含价值的范围，却和内含价值评估标准有极深的关系，比如内含价值评估标准中的“内含价值准备金”须由“会计准备金”调整得来，与“会计利率”关联颇深；又比如内含价值评估标准中的“内含价值”和“新业务价值”都需要扣除“持有偿付能力额度的成本”，这又与“评估利率”及“预定利率”有关。

预定利率与产品的开发

我们容易误认为保险公司产品的开发流程就是几个精算师拿着数据算一算，接着产品就诞生了。实际上，保险产品开发需要考虑销售人员自身佣金的诉求、客户的接受程度、市场的竞争情况、IT 系统的支持程度、公司的财务状况、公司未来预期的投资能力、对现有产品的影响等多方面。这诸多因素无论哪一个都不是精算师自己能掐指一算算出来的。相反，产品开发这件事非常考验整个公司协同作战的能力，是公司核心竞争力的体现之一。

本书无意于对上述过程做过多展开。实际上，上述过程的基本工作就足以形成一本书的内容，也正是中国精算师考试中必考科目之一：精算管理。取而代之，本书期望讨论更多的是产品定价过程，特别是预定利率究竟是如何起作用的。

一款保险产品是如何开发出来的

保险产品开发，其难点在于预测未来的现金流。一张保单未来产生的现金流，需要考虑保费、费用、赔付、退保、期望红利、投资收益率等因素。但在实务上，最大的难点反而在于“搞定老板”。说白了，就是精算部门设计出相关产品，如何让老板同意该产品上市呢？

有过企业工作经验的朋友们应该知道，老板一般是不会涉及具体事务的，当然也不会去深入研究每个产品精算的细节。老板决策一般依赖于有关部门如实告知的信息，其中很大权重依赖于投入与产出的水平——落到产品精算上，就是产品的利润水平。因此，整理资料、制作 PPT、测算利润后再向老板汇报，这是免不了的过程，其中关键在于如何向老板有效地展示产品的利润，从而减小双方的沟通成本。

采用“终局思维”来看待产品的利润，是个不错的办法。

在保单生命的终点，该赔的责任都赔完了，该收的保费也收完了，没有了准备金搅局，汇报者展示起来方便，管理层决策起来也容易。在终局时回看现在，若回归保险的初衷，不考虑任何商业因素，这样的因果逻辑应该成立：

未来保险责任折现值 + 未来费用折现值 = 未来毛保费[①]折现值

在上式中，等号左侧是未来保险责任的折现值[②]（“为客户支出的钱”的折现值）和未来费用的折现值（“给员工和给代理人钱”的折现值），右侧是未来保费的折现值。收的钱等于支出的钱，正好尽到了保险的义务，多么完美的等式。

回到真实世界，人身险公司可不是什么福利机构，公司赚的钱哪去了呢?

答案在假设中。

汇报者只要调节保险责任中的死亡发生率，调节费用中的附加费用率，或是调节计算折现值所使用的预定利率，就能起到调节等式左边结果的作用。调节了左边，右边保费自然也就对应调节了。当实际费用低于定价时的费用，当实际死亡率低于定价时的死亡率，当实际投资收益率高于预定利率，保费照收，多余的钱自然就归属于公司了。这个“低于、低于、高于”三方面产生的利润，就是我们常言的“保险三差”。

由此可见，保险三差是产品定价体系的产物。如前文所说的，定价体系与一般会计准则、内含价值评估标准都是人身险公司面对不同对象时的“诉说”方式。因此，三者内容虽有“映射”关系，但很难找到“相等”关系。所以，**会计准备金里是不可能存在严格意义的“保险三差”的，顶多是某个东西看起来和保险三差很像……**

---

① 指包含了附加费用率的保费。不含附加费用率的保费被称为净保费。

② 折现值，指未来的钱换算为现在值多少钱。

为了方便本章讨论各种利率的关系，老东决定在年初找第二章的“资深代理人小赵”再买一份保险（就叫它老东保单2.0吧）。此保单结构简单，小赵哭丧着脸表示该保单没有附加费用。保单的具体信息如下，见表3－2。

表3－2　老东保单2.0（未定价）

科目	说明
购买时间	第1年初
履约责任	第20年初返还5万元
附加费用	0
缴费方式	趸交
预定利率	3%

那么，该保单保险公司会如何定价呢？

套用我们的公式：

未来毛保费折现值＝未来保险责任折现值＋未来费用折现值

趸交保费＝5万元的折现值

趸交保费＝28514.3①元

产品缴费方式是趸交，因此毛保费的折现值等于趸交保费。费用为零，因此趸交保费等于保险责任的折现值。该保单保险责任就是第20年初的5万元，因此不难得出答案。

那么该公司是如何赚钱的呢？

费用是零，因此无法再有低于费用的套利空间了。产品的履约责任与死亡发生率无关，因此也没有死亡发生率的套利空间。该产品的盈利空间在于保险公司实际投资收益率高于预定利率的假设——公司“调低”了收益率，所以赚了钱。

在本例中，假设该公司在承保该保单前没有任何资产，则收到老东缴纳的保费后，总资产变成了28514.3元。而又假设公司在未来20年能保持

① 保单在第20年初或是第19年末返还5万元，故此处等于$50000 \div (1.03^{19})$。

第二章中探讨过的人身险公司普适投资收益率5%，则在第20年初时，老东缴纳的28514.3元变成了约72054元，超出要返还老东的50000元，公司净资产留存22054元，这就是公司所赚的钱。

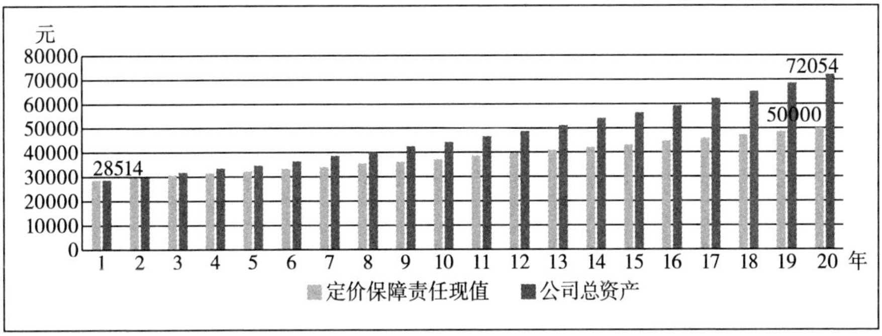

图3-2　卖出老东保单2.0后，公司总资产与需要履行的保险责任的关系

当然，此处假设保单只有利差，费差为零，死差也为零，是一张理论上的保单。在实务中，保险公司还会在定价中加入预设的费用，该费用会高于支付给小赵的佣金（此保单是零），因此会产生“费差收益”。保险公司的产品还会涉及医疗、重疾或者生存保险责任，在定价时会使用比实际情况保守的生命表，从而产生“死差收益”。

这两部分的收益添加进保单保费里的逻辑，与本保单仅将利差糅进去的逻辑并无二致。如果用鸡肉烹饪做类比，本保单做出来可能是“酱油鸡”，而再添加费差和死差后，保单则像发源于江西赣州的“三杯鸡”。后者因额外添加了“一杯猪油”和“一杯米酒”，香味更加浓郁，口感更加柔韧，显然更容易吸引客户。发挥这道菜威力的关键是“一杯米酒”（死差）。按中国平安2018年公开日的披露，在长期保障性产品中，死差收益占比八成左右，剩下的才是费差和利差。

保险产品的优势

我们还是回到为何要探讨预定利率的初衷。一是作为投资者，我们要避免自己将该概念与其他概念混淆；二是了解预定利率及所谓的“保险三差”是保单定价体系的产物，与一般会计准则及内含价值评估标准有“映射”关系，但不属于它俩；三是后文要介绍的，预定利率与监管使用的“评估利率”大有关联，而“评估利率”又影响偿付能力①，从而影响对于投资者至关重要的内含价值评估标准——这才是我们真正要关心的事情。

抛开让人抓狂的定价的数学过程，我们还有一件事得想清楚，相较于产品天生平易近人、容易理解的银行和券商业，保险业生产的产品的优势在哪？

让我们捋一捋银行业和券商业提供的最受欢迎的产品。它们可能是信贷产品，比如信用贷款、按揭贷款、汽车抵押贷款；它们也可能是各类资管产品，如帮助投资者投资境外资产的QDII、帮助投资者间接投资黄金的ETF。

从规律上讲，这类产品比拼的是某个单一维度的性价比，比如同样的信贷产品，大家拼的就是**此时此刻**谁能提供更低廉的利率；又比如同样的资管产品，比拼的是**此时此刻**谁能帮助客户更好地实现跨地域、跨品种、跨监管等的风险收益分配。

从“此时此刻”出发的空间维度而言，开发此类保险产品胜算极低。一方面，开发这类产品管理层有巨大成本压力以及监管压力，毕竟与“保险姓保”的逻辑不符；另一方面，开发出来了，未来结算利率达不到，又要挨客户的板子。这也是投连险和万能主险陨落的原因。

但从另一个角度出发，保险业的产品有着强大的错位竞争力——时间的维度。

（1）在空间维度，银行可以通过极致打磨自己的资产与负债匹配程度，提供单一维度最优性价比的信贷产品；在时间维度，未来存在不确定性，保险产品尤其是寿险、健康险和养老险，难以用单一维度衡量，很容易形成错位竞争力。

① “内含价值”和“新业务价值”都需要扣除“持有偿付能力额度的成本”，这都将在“内含价值评估标准”章节里为大家详细介绍。

（2）在空间维度，券商帮助客户实现跨地域、跨品种、跨监管等的风险收益分配。在时间维度，保险可以帮助客户在现在和未来之间进行风险收益分配。

（3）在空间维度，金融公司通常要比的是速度和效率，得流量者得天下，这也是为何互联网公司进入消费金融大杀四方的原因。但在**时间维度，比的是深度，与客户深度绑定关系，通过人文关怀和长期经营，与客户共同成长，为客户提供更加全面且差异化的保险产品的公司的“护城河”会越来越深——老东认为，这才是保险产品开发应该瞄准的大逻辑。**

写到这儿，我不禁想起了小说《长安乱》。

在小说开头时，作者韩寒便抛出一个思考：时，空，皆可以改变；而时空不可以改变。

小说中，主角捧着这句话，久思不解，原文描述是这样的：

师父写下：时，空，皆无法改变，而时空却可以改变。这很难理解。

我的早期理解是一个逗号可以改变一切，师父说：不，你仔细看。

我说，上句和下句就有一个逗号之差别。

师父说，你只看到表面，你仔细看，差别不只一个逗号。

从日落到日出，我将手上捧的俩字看到快不认识了。

师父将我叫入房中说：你看出差别了吗？

我说，我只看出一个逗号的差别。

师父说，你已离答案很近，但是离答案越近便越容易找不到答案。

我跪在地上请求师父参破。

师父说，看，其实是两个逗号。

这虽然是作者写的一个段子，却不知为何让老东读之颇有启发。

物理学上的时空是交织在一起的，自然难以改变，我们也无力改变。但若我们以“时”和“空”来看待金融产品，会发现保险公司的战略定位，什么该做，什么不该做，豁然开朗。遗憾的是，有时候有些保险公司离答案越近便越容易找不到答案……

会计利率与会计准备金

为了更加充分地讨论会计准备金，我们先看看人身险公司的会计准备金是如何分类的。以中国平安为例，在其2019年年报的“主要业务经营分析：寿险及健康险分析”中，可以找到人身险准备金被分为了4类。

表3-3　中国平安人身险保险合同准备金构成　　单位：百万元

	2019年12月31日	2018年12月31日
未到期责任准备金	10,061	7,993
未决赔款准备金	8,901	7,289
寿险责任准备金	1,509,757	1,248,208
长期健康险责任准备金	155,323	127,809
合计	1,684,042	1,391,299

广义的未到期责任准备金是准备金的大头，它包括寿险责任准备金、长期健康险责任准备金和未到期责任准备金①，其含义是：保单还没到期，所以这些钱要备着，以防被保人哪天索赔。3类细分准备金中，寿险责任准备金占比最高，达到90%。若按产品类型划分，寿险准备金涉及的产品包括年金、分红、寿险等。

表3-4　中国平安人身险广义未到期责任准备金构成　　单位：百万元

	2019年12月31日	2018年12月31日
健康险	137,926	109,595
年金	281,807	220,297
分红险	1,044,366	887,015
投资连结险	1,988	1,923
寿险及其他	217,955	172,469
合计	1,684,042	1,391,299

① 按中国平安年报显示，未到期责任准备金是人身险及健康险业务下的短期健康险准备金。

在各家保险公司年报的“附注”章节可以找到对于会计准备金构成的解释。以中国平安为例，在其2019年年报的第184页，可以找到关于“保险合同准备金”的描述：

保险合同准备金以本集团履行保险合同相关义务所需支出的合理估计金额为基础进行计量。本集团在确定保险合同准备金时，考虑边际因素，并单独计量。本集团在保险期间内，采用系统、合理的方法，将边际计入当期损益。边际包括风险边际和剩余边际。

这段描述很长，总体的意思是：**会计准备金由合理估计负债、风险边际和剩余边际三者构成**。其中，合理估计金额是预期未来净现金流的折现，后面两个则颇有投资上“安全边际”的韵味——因为保守而计提的。为了便于理解，老东整理了一张图（图3－3）。

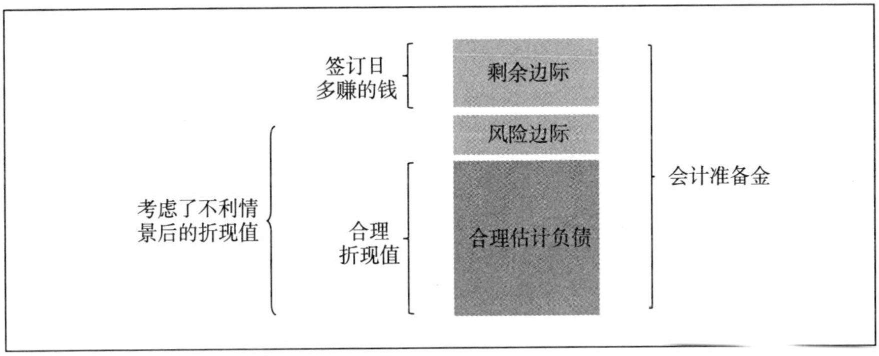

图3－3　会计准备金的构成

合理估计负债

合理估计负债是准备金的基础组成部分，是保险合同没有到期的未来责任。其计算难度在于未来责任的不确定性和长期性。既然从现在来看未来是不确定的，那不妨从保单生命的终点往回看现在，来计算合理估计负债（或者说不添加风险边际和剩余边际的准备金）。这种计算方法在上市公司被广泛使用，被称为“未来法”：

合理估计负债＝未来保险责任折现值＋未来费用折现值－未来毛保费折现值

所谓“合理估计负债”，顾名思义就是准备给被保人索赔用的。

在上一节演示的“老东保单2.0”例子中，为了定价，我们使用了一种从终局看回现在的方法。在终局时准备金已经消散，保险责任和费用的贴现等于保费的贴现。整个等式呈现一种类似“宇宙死寂”的状态。

那么在保单全生命周期来看，“保险责任折现值 + 费用折现值”与“毛保费折现值”之差，会呈现什么样的走势？换言之，合理估计负债会怎么变化呢？

为了方便讨论，我们把定价完毕的“老东保单2.0”信息罗列如下：

表3－5 老东保单2.0（已定价）

科目	说明
购买时间	第1年初
履约责任	第20年初返还5万元
附加费用	0
缴费方式	趸交
趸交保费	28514
预定利率（定价折现率）	3%

保单没有附加费用，因此公式变为：

合理估计负债＝未来保险责任折现值－未来净保费折现值

保单保费是趸交的，没有未来保费了，因此公式又变为：

合理估计负债＝未来保险责任折现值

关键问题是：折现率是多少？

由于我们这里要计提的是会计准备金里的合理估计负债，使用的折现率自然不是预定利率。上市保险公司的财报中，一般会在年报“财务报表附注”的“重要会计政策和会计估计”中说明一般准则下的会计准备金使用的折现率，即我们所谓的“会计利率”。

以中国平安为例，在其2019年年报第195页，我们可以找到这样的描述：

本集团对未来保险利益不受对应资产组合投资收益影响的长期寿险和

长期健康险保险合同，考虑保监会财会部函〔2017〕637号文等相关规定，以中央国债登记结算有限公司编制的“保险合同准备金计量基准收益率曲线”为基础，加上税收及流动性溢价确定折现率假设。2019年12月31日评估使用的即期折现率假设为3.29%～4.60%（2018年12月31日：3.28%～4.75%）。

从上述说明可以看到，计算会计准备金里的合理估计负债使用的折现率是3.29%～4.6%，平均值接近4%。合理估计负债的存在初衷是尽可能真实展示为了这张保单所需的负债水平，所以**会计利率一般会高于预定利率**。

回到“老东保单2.0”的例子，假设我们使用4%的会计利率，在首年有：

合理估计负债＝未来保险责任折现值

合理估计负债＝5万元的折现值

合理估计负债＝23732.12① 元

当时间来到第二年，仍然套用公式：

合理估计负债＝未来保险责任折现值

合理估计负债＝5万元的折现值

合理估计负债＝24681.41② 元

以此类推，我们可以看到合理估计负债的变化如下所示，见图3－4。

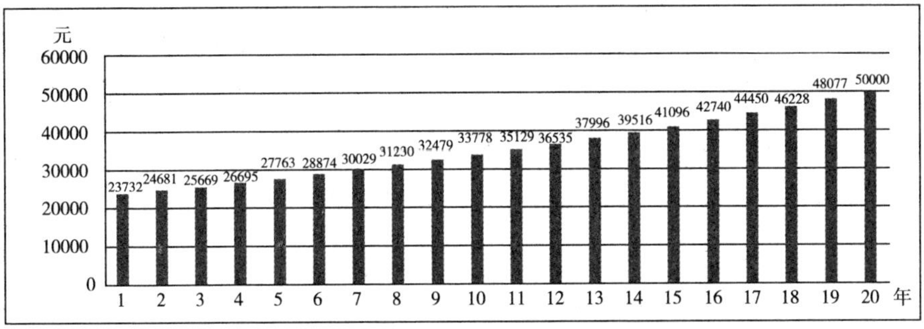

图3－4　老东保单2.0合理估计负债每年的增长

① 等于 $50000 \div (1.04^{19})$。
② 等于 $50000 \div (1.04^{18})$。

在第20年时，理论上的会计准备金等于保险责任，也就是5万元。

同理，今年准备的准备金，20年后正好赔付给老东，看起来公司又像一个福利机构。

问题出在哪儿呢？

答案仍在假设中。

通过上一节的定价，老东为该保单缴纳了28514元的趸交保费，公司总资产由零变为了28514元。但在首年，公司实际上只需要准备23732元准备金的负债，这意味着在一般会计准则下，公司已然赚到了4782元的净利润，并可以将其留存为净资产。

随着时间的推移，老东原本缴纳的28514元的趸交保费通过5%的投资收益率不断增长，与此同时，保单所需的准备金（期初为23732元）也在增长，二者增长之差就是公司不断累积留存的净利润，最后全部转换为了公司的净资产。第20年初时，老东缴纳的28514元变成了72054元，超出要返还老东的50000元，公司净资产留存22054元，这就是公司所赚的钱——结局与定价体系里我们测算的并无二致，但过程略有差别。

过程差别在哪儿呢？

首先，产品定价体系下，公司为了满足在第20年初5万元的赔付，使用的折现率相对保守，因此导致期初所需客户缴纳的保费（也可以把它想象成一种“准备金”）更多。一般会计准则下，使用会计利率按最优化估计，因此期初的准备金就较少。换言之，若认为保险公司的投资收益率一定可以达到会计利率，而使用会计利率替换产品定价体系的定价利率，保险公司完全可以向客户收更少的保费，就能满足覆盖保险责任的需求。可实际上，出于保守，保险公司是以“定价利率”为锚，收取了“更多的保费”。这是保险公司的第一重保障。

其次，无论产品定价还是一般会计准则下，公司的实际投资收益率都会超出二者所使用的利率，使得往后岁月中总资产不断赢过总负债（可以把定价体系里客户保费按3%增长的结果也想象成一种负债），最后为公司带来可观的利润。这是第二重保障。

可惜，人生不如意十之八九，这起初就可以大概率赚到的4782元，偏偏不让入账。

风险边际

第一个跳出来喊不让入账的，就是风险边际。

以中国平安为例，其2019年年报第184页中对于会计准备金中的风险边际是这样表述的：

本集团根据预期未来净现金流出的不确定性和影响程度选择适当的风险边际，计入保险合同准备金。本集团采用情景对比法确定寿险和长期健康险责任准备金的风险边际。

这段话的含义是公司会考虑不利的情景，然后在原本计提的合理负债估计基础上，增加安全边际。而合理负债估计与“会计利率”强相关，因此调节“会计利率”（折现值）就成了增加安全边际的主要手段。比如，我们可以把“会计利率”从4%调节为3.5%，于是会计准备金（这时候已经不能称为合理估计负债了，后文将用会计准备金代替）的计算仍是采用下式：

会计准备金（考虑风险边际）＝未来保险责任折现值

“老东保单2.0”例子中，假设我们使用3.5%的会计利率，在首年初时有：

会计准备金（考虑风险边际）＝未来保险责任折现值

会计准备金（考虑风险边际）＝5万元的折现值

会计准备金（考虑风险边际）＝26008[①]元

当时间来到第二年初，仍然套用公式：

会计准备金（考虑风险边际）＝未来保险责任折现值

① 等于$50000 \div (1.035^{19})$。

会计准备金（考虑风险边际）=5 万元的折现值

会计准备金（考虑风险边际）=26918① 元

以此类推，我们可以看到会计准备金（考虑风险边际）变化如图 3 -5 所示。

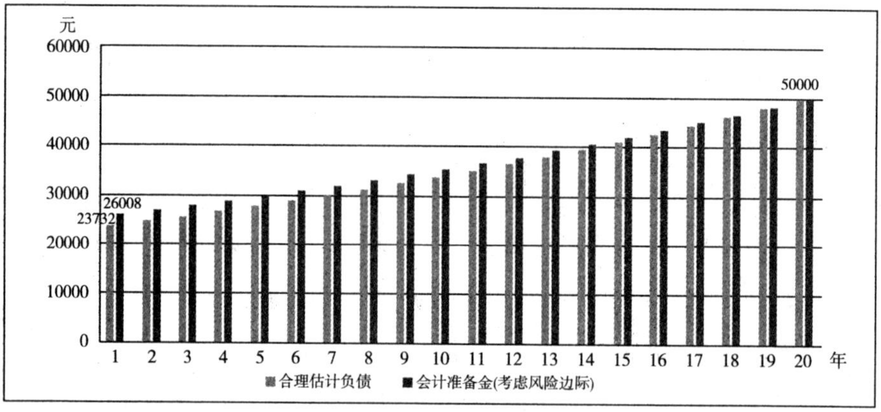

图 3 -5　老东保单 2.0 合理估计负债和考虑风险边际的会计准备金每年的增长

从图 3 -5 可以看出，增加风险边际的会计准备金，在期初时比合理估计负债多出 2276 元。这 2276 元即为风险边际。随着时间推移，保单的风险逐步降低，考虑风险边际的会计准备金与合理估计负债的差距逐渐缩小，最后大家都到了 50000 元的终点。

从收到的 28514 元的趸交保费来看，原本只需要准备 23732 元即可，4782 元按道理可以直接入账。但由于拦路虎"风险边际"的出现，这下需要准备 26008 元了，因此只剩下 2506 元……问题是，还有个"大哥"挡在前面正准备"放大招"。

剩余边际

这个"大哥"就是赫赫有名的剩余边际——我们在第二章里提到的隐藏在准备金里的宝藏。

---

① 等于 $50000 \div (1.035^{18})$。

以中国平安为例，其2019年年报中（第184页）对于会计准备金中的剩余边际是这样表述的：

在保险合同初始确认日产生首日利得的，不确认该利得，而将首日利得作为剩余边际计入保险合同准备金。剩余边际的计算剔除了保险合同获取成本，该成本主要包括保险业务佣金及手续费支出。在保险合同初始确认日发生首日损失的，对该损失予以确认并计入当期损益。剩余边际的后续计量以保单生效年的假设为基础确定，不随未来假设的调整而变化。对于非寿险合同，本集团在整个保险期间内按时间基础将剩余边际摊销计入当期损益；对于寿险合同，本集团以保额或保单数作为保险合同的摊销因子在整个保险期间摊销。

这位“大哥”的“大招”，是要求人身险公司把保费（扣除费用后，本例子无）扣除合理估计负债，再扣除风险边际后，统统算进准备金里去。首日利得不确认该利得！就是这么狠！

首年是这样计入准备金，那么次年还留下多少呢？

这就涉及人身险公司投资者非常关注的一个名词——剩余边际摊销，意在描述上文说的已经被确认的首日利得（以及它随着时间推移产生的复利）是如何逐步释放为利润的。

以中国平安为例，在财报“内含价值分析”章节可以找到关丁剩余边际摊销的描述，原话为：

摊销模式在保单发单时刻锁定，摊销稳定不受资本市场波动影响。

说白了，每张保单有其独有的摊销模式。有些保单在早期摊销得快，有些保单在整个生命周期均匀摊销。为了便于理解（实际上人身险的保障类保单是早期摊销得快），我们模拟均匀摊销的方式，2506元在第20年初摊销完毕，即每年摊销剩余边际的十九分之一①（此处为简化，假设剩余边际余额每年不增长，但在实务中每年会按5%左右增长）。首年时会计准备金下的各类科目如下，其中只有序号3会进入人身险公司的负债表，见表3－6。

---

① 保单始于第1年初，结束于第20年初，中间合计经历19期。

表 3－6　老东保单 2.0 首年初时的会计准备金

序号	科目	金额（元）	备注
1	合理估计负债	23732	会计利率＝4%
2	会计准备金（仅考虑风险边际）	26008	会计利率＝3.5%
3	会计准备金（考虑风险边际和剩余边际）	28514	趸交保费
4	剩余边际余额	2506	序号 3－序号 2
5	剩余边际摊销	0	首年不摊销

在次年，随着剩余边际摊销 132 元（2506÷19）（计算四舍五入，保留至个位，下同），会计准备金（考虑风险边际和剩余边际）等于会计准备金（考虑风险边际）加上剩余边际余额。详细构成如下，见表 3－7。

表 3－7　老东保单 2.0 次年初时的会计准备金

序号	科目	金额（元）	备注
1	合理估计负债	24681	首年序号 1×1.04
2	会计准备金（仅考虑风险边际）	26918	首年序号 2×1.035
3	会计准备金（考虑风险边际和剩余边际）	29292	序号 2＋序号 4
4	剩余边际余额	2374	首年序号 4－今年序号 5
5	剩余边际摊销	132	均匀摊销

在往后的岁月，随着剩余边际的逐步释放，在第 20 年时剩余边际将变成 0，使会计准备金等于合理估计负债，也等于会计准备金（仅考虑风险边际）。3 类负债变化如下，见图 3－6。

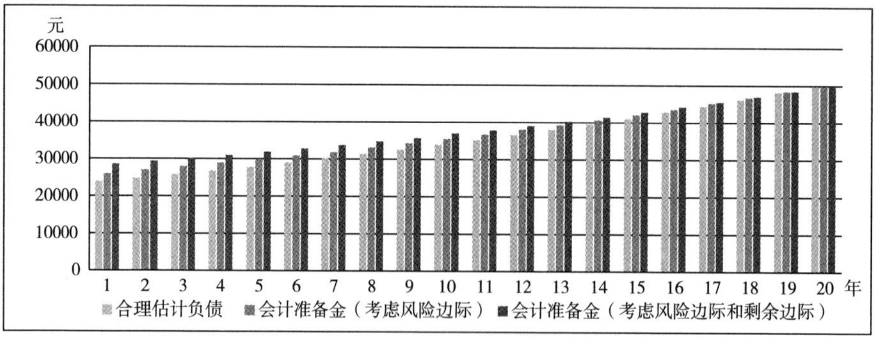

图 3－6　老东保单 2.0 中合理估计负债、考虑风险边际的会计准备金、考虑两类边际的会计准备金的变化

剩余边际余额和剩余边际摊销，每年情况如下，见图3－7。

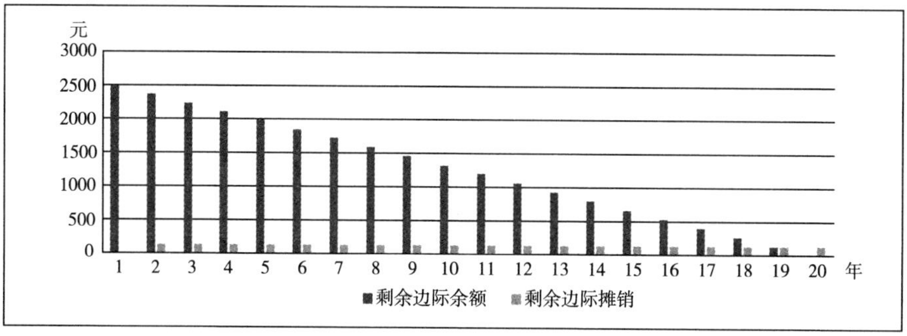

图3－7　老东保单2.0中剩余边际余额与剩余边际摊销的变化

若我们把老东保单2.0例子中的趸交保费也放进来，可以清晰地看到几者在首年的关系，见图3－8。

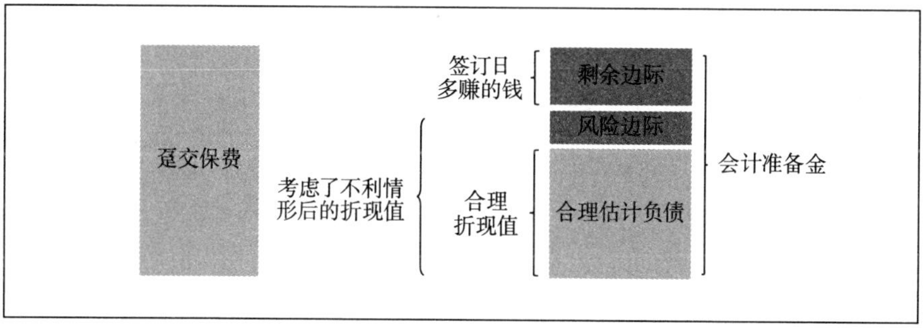

图3－8　老东保单2.0的趸交保费和会计准备金构成的关系

四点延伸

顺着会计准备金的思路向下，我们至少还可以得出4个结论：

（1）某张保单在当期利润表中计提完准备金后，准备金不是就丢在资产负债表的负债中一成不变，而是会自然生长。这也解决了很多投资者对于准备金占比的苦恼。比如这位仁兄写给新华保险IR的问题，也就迎刃而解了（见图3－9）。

（2）某张保单承保后，公司的资产负债表会有个不断扩表的过程，在赔付的那天，资产负债表会突然缩表。扩表的原因是资产端投资增长，负同花顺（300033）金融研究中心4月23日讯，有投资者向新华保险（601336）提问，公司2019年报201页显示的寿险责任准备金本年增加1124亿，大幅超过当年寿险净保费（约824亿），即使考虑当年会计假设调增的1.6亿寿险准备金，寿险责任准备金计提依然超过净保费高达298亿。照理当年寿险责任准备金的计提应该不高于当年的净保费。请问该准备金超额计提的1）原因和来源；2）与前几年相比2019年为何如此巨大；3）在2020年及往后将如何变化及原因？谢谢！

公司回答表示，公司准备金的增长除部分来源于保费增长，同时部分来源于部分保单准备金的自然增长，感谢您对公司的关注。

图3－9　新华保险IR答复投资者关于准备金增长的问题

债端准备金自然增长；突然缩表是因为资产端拿出来做了相关赔付，负债端也就因赔付消失了。

（3）在前文引用的中国平安关于会计利率的阐述中，有个“保险合同准备金计量基准收益率曲线”，这是会计利率制定的基石，需要我们充分理解。中国平安2019年年报关于会计利率的制定方式如下所述（财报第195页）。

计量保险责任准备金（包括非寿险、寿险和长期健康险）所需要的主要计量假设如下：

本集团对未来保险利益不受对应资产组合投资收益影响的长期寿险和长期健康险保险合同，考虑保监会财会部函〔2017〕637号文等相关规定，以中央国债登记结算有限公司编制的“保险合同准备金计量基准收益率曲线”为基础，加上税收及流动性溢价确定折现率假设。2019年12月31日评估使用的即期折现率假设为3.29%～4.60%（2018年12月31日：3.28%～4.75%）。

“保险合同准备金计量基准收益率曲线”，还有一个别名是“750个工作日十年期国债收益率曲线的移动平均”，说白了就是看750个工作日内十年期国债的脸色，国债利率增加，折现率就增加，人身险公司就计提更少的准备金；反之则增加计提的准备金。

这个“750日国债曲线”有两方面需要我们注意：

首先是为何要看国债的脸色。在第二章的“鲜为人知的资管”中我们已提及，保险公司70%以上的资产投向了债券，债券中又有相当大的比重是国债。为了拉长资产端久期，缩小久期缺口，未来保险公司也极有可能增加国债的配置，可见国债对资产的重要性。国债利率增加，这些准备着若干年后使用的准备金的预期增值就增加，自然就不需要计提那么多准备金了。值得一提的是，很多卖方机构喜欢基于此玩“业绩猜猜猜”的游戏，因为不需要计提那么多准备金，准备金就会变成利润释放。

其次，还需要注意后文有句“加上税收及流动性溢价”，特别是“流动性溢价”。有些时候，虽然750日国债曲线向上走，但公司经内部研究，觉得未来国债收益率前景不乐观，因此有可能用流动性溢价（为负）来压低750日国债曲线带来的折现率正增长程度，甚至硬生生把折现率变更为负增长，故而出现750日国债曲线虽然向上，折现率却是向下，从而导致需要增加准备金计提的情形。比如2019年年报中，中国平安就出现过此类情况。至于是公司认为未来无风险收益不乐观，所以动用了“流动性溢价”这个武器，还是公司有意隐藏利润（计提准备金增加，支出增加，利润减少），各种原因不足为外人道也。

除了上面所述的内容外，有关会计利率，在中国平安2019年年报第195页中还有“对未来保险利益不受对应资产组合投资收益影响的长期非寿险保险合同”及“对未来保险利益随对应资产组合投资收益变化的长期寿险和长期健康险保险合同”的详尽描述，有兴趣的读者也可参阅。为了避免混淆，此处就不再延伸。

（4）定价体系的“保险三差”不等于一般会计准则的“剩余边际＋风险边际”，尽管二者都是表达“保险公司预估自己会多赚多少钱”。究其原因，是定价体系与一般会计准则所使用的“三率”（利率、死亡发生率、费用率）是不同的。但此二者并非没有关联，连接它们的桥梁是产品保费。比如以图3－8为例，我们可以画出图3－10。

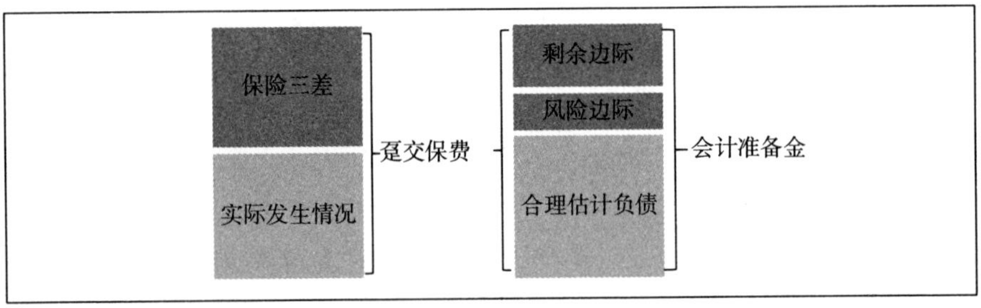

图 3-10　产品定价体系的“保险三差”与一般会计准则的“剩余边际”和“风险边际”的关系

利润表和资产负债表变化

为了更好地理解上述过程，假设资深代理人小赵的公司只卖了老东一张保单，我们来看看它的利润表和资产负债表的变化情况。

首年初时，保单定价趸交保费 28514 元，同时因为提取准备金，营业支出为 28514 元，公司利润表录得利润 0 元（准备金 28514 元中包含剩余边际 2506 元）；资产负债表方面，公司获得了 28514 元的资产，同时获得了 28514 元的负债，净资产为 0 元。

表 3-8　卖给老东保单的公司首年利润表和资产负债表变化　　单位：元

<table>
<tr><th colspan="2">利润表（首年初）</th><th colspan="2">资产负债表（首年初）</th></tr>
<tr><td>营业收入</td><td>28514</td><td>资产</td><td>负债</td></tr>
<tr><td>营业支出</td><td>28514</td><td rowspan="7">28514</td><td rowspan="4">28514</td></tr>
<tr><td>赔款及保户利益</td><td>28514</td></tr>
<tr><td>提取准备金</td><td>28514</td></tr>
<tr><td>佣金支出</td><td>0</td></tr>
<tr><td>管理费支出</td><td>0</td><td>净资产</td></tr>
<tr><td>投资收益</td><td>0</td><td rowspan="2">0</td></tr>
<tr><td>净利润</td><td>0</td></tr>
</table>

注：部分数据计算差异因四舍五入，下同。

次年，营业收入为 0 元，同时因为准备金自然生长，增加提取准备金 778 元①

① 表 3-7 中序号 3 减去表 3-6 中序号 3。

（第二年准备金和第一年准备金之差，俗称准备金提转差），营业支出为778元，此外公司以上一年的留存资产（注意，不是净资产，是总资产）28514元进行投资，获得了1426元，因此录得净利润648元。资产负债表方面，资产因为再投资增加了5%，录得29940元，负债因为准备金增长录得29292元（其中剩余边际2374元，释放了132元），净资产为648元。

表3－9　卖给老东保单的公司次年初利润表和资产负债表变化　单位：元

<table>
<tr><th colspan="2">利润表（次年初）</th><th colspan="2">资产负债表（次年初）</th></tr>
<tr><td>营业收入</td><td>0</td><td>资产</td><td>负债</td></tr>
<tr><td>营业支出</td><td>778</td><td rowspan="7">29940</td><td rowspan="4">29292</td></tr>
<tr><td>赔款及保户利益</td><td>778</td></tr>
<tr><td>提取准备金</td><td>778</td></tr>
<tr><td>佣金支出</td><td>0</td></tr>
<tr><td>管理费支出</td><td>0</td><td>净资产</td></tr>
<tr><td>投资收益</td><td>1426</td><td rowspan="2">648</td></tr>
<tr><td>净利润</td><td>648</td></tr>
</table>

在第19年初时，公司照样提取准备金1502元，投资收益获得3268元，这时的负债（准备金）已经膨胀到了48440元，同时资产已经达到了68623元，对比首年时，资产负债表扩表2倍多。同时，股东权益暨净资产已经达到了20183元，这是实打实赚到的银子。

表3－10　卖给老东保单的公司第19年初时利润表和资产负债表变化

单位：元

<table>
<tr><th colspan="2">利润表（第19年初）</th><th colspan="2">资产负债表（第19年初）</th></tr>
<tr><td>营业收入</td><td>0</td><td>资产</td><td>负债</td></tr>
<tr><td>营业支出</td><td>1502</td><td rowspan="7">68623</td><td rowspan="4">48440</td></tr>
<tr><td>赔款及保户利益</td><td>1502</td></tr>
<tr><td>提取准备金</td><td>1502</td></tr>
<tr><td>佣金支出</td><td>0</td></tr>
<tr><td>管理费支出</td><td>0</td><td>净资产</td></tr>
<tr><td>投资收益</td><td>3268</td><td rowspan="2">20183</td></tr>
<tr><td>净利润</td><td>1766</td></tr>
</table>

在第20年初时，为了方便研究赔付前后的变化，我们可以先观察赔付前的利润表和资产负债表，它们变化的方式与此前19年并无二致。

表3-11 卖给老东保单的公司第20年初（赔付前）利润表和资产负债表变化

单位：元

<table>
<tr><th colspan="2">利润表（第20年初）</th><th colspan="2">资产负债表（第20年初）</th></tr>
<tr><td>营业收入</td><td>0</td><td>资产</td><td>负债</td></tr>
<tr><td>营业支出</td><td>1560</td><td rowspan="7">72054</td><td rowspan="4">50000</td></tr>
<tr><td>赔款及保户利益</td><td>1560</td></tr>
<tr><td>提取准备金</td><td>1560</td></tr>
<tr><td>佣金支出</td><td>0</td></tr>
<tr><td>管理费支出</td><td>0</td><td>净资产</td></tr>
<tr><td>投资收益</td><td>3431</td><td rowspan="2">22054</td></tr>
<tr><td>净利润</td><td>1871</td></tr>
</table>

在第20年赔付时，利润表有一大笔赔付支出，同时资产负债表迅速完成缩表。当然，赔付前后，我们关心的股东权益是不会变化的。

表3-12 卖给老东保单的公司第20年初（赔付后）利润表和资产负债表变化

单位：元

<table>
<tr><th colspan="2">利润表（第20年）</th><th colspan="2">资产负债表（第20年）</th></tr>
<tr><td>营业收入</td><td>0</td><td>资产</td><td>负债</td></tr>
<tr><td>营业支出</td><td>50000</td><td rowspan="7">22054</td><td rowspan="4">0</td></tr>
<tr><td>赔款及保户利益</td><td>50000</td></tr>
<tr><td>赔付支出</td><td>50000</td></tr>
<tr><td>佣金支出</td><td>0</td></tr>
<tr><td>管理费支出</td><td>0</td><td>净资产</td></tr>
<tr><td>投资收益</td><td>3431</td><td rowspan="2">22054</td></tr>
<tr><td>净利润</td><td>-46569</td></tr>
</table>

从上面的过程我们知道，定价利率是产品成本的底线，会计利率是一般会计准则下的估计成本，在估计时已经设定了一定的“边际”，二者之差大概率是股东们实打实可以赚到的钱。再来是实际投资收益率与会计利率之差，这就有赖于人身险公司投资端的表现了。

怎么样，终于弄明白这3个利率的关系了吧？

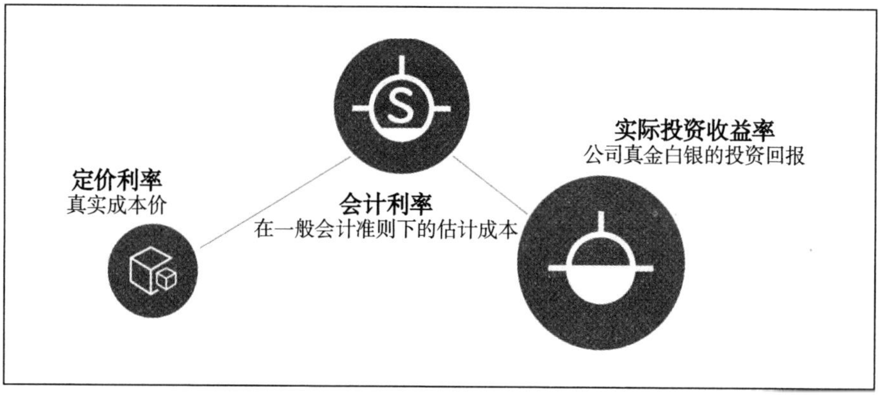

图3－11　预定利率、会计利率与实际投资收益率的关系

评估利率与监管

我们已经了解到，无论是产品定价还是会计准备金提取，困难之处都在于利率（折现率）水平的确定。定价利率或会计利率如何定、定多少，都会成倍地在资产负债和利润表上放大开来。进一步入魔，退一步向佛，实乃监管不可不察之地。

锁死定价利率

在科幻作品《三体》中，为锁死人类科技发展，三体人在舰队未抵达地球前，送出玲珑小巧的“智子”先行飞往地球，钻进人类的物理学对撞机中，锁死人类一切科学的源头——自然科学，从而得以抑制人类科技在舰队抵达前的进步。

与此类似，从上节我们知道，“定价利率—会计利率—实际投资收益率”是人身险公司从成本到盈利的三段逻辑，锁死逻辑的起点也能抑制人身险公司的“原罪”。为此，监管部门也派出了“智子”，它也有自己的名字，名曰“评估利率”。

那么评估利率是怎么“锁死”人身险公司的呢？

评估利率由银保监会根据市场实际情况研究得出，根据监管要求，有：

保险公司开发的产品，预定利率不高于评估利率上限的，备案即可；

保险公司开发的产品，若预定利率高于评估利率，必须经过银保监会审批。

所谓的“需经过审批”，如果不是有天大的理由，基本是“挂彩”的份儿。因此，上述官方语言转换为土话便是：**评估利率是定价利率的上**

限。管住评估利率，相当于扼住了保险公司定价利率的咽喉，自然也就能控制住市场的利差损风险。

值得一提的是，评估利率并非一成不变，相反，每次它的变化都折腾得人身险江湖腥风血雨。中国保险业复业以来，评估利率主要经历过 3 次较大变化：

（1）1999—2013 年：评估利率上限 2.5%。

自 1999 年 6 月 10 日，原保监会发布《关于调整寿险保单预定利率的紧急通知》之后长达 14 年的时间，人身险产品的预定利率上限就被牢牢卡在年复利 2.5% 上，并不得附加利差返还条款。这在帮助险企有效防范利差损风险的同时，也将人身险产品推向了高度同质化的泥潭，直至 2013 年，人身险费率市场化改革启幕，这一局面才有所缓解。

（2）2013—2019 年：评估利率上限 4.025%。

2013 年 8 月监管部门发布《关于普通型人身保险费率政策改革有关事项的通知》，此后签发的普通型人身保险保单法定评估利率为 3.5%。2013 年 8 月 5 日及以后签发的普通型养老年金或保险期间为 10 年及以上的其他普通型年金保单，保险公司采用的法定责任准备金评估利率可适当上浮，上限为 4.025% 和预定利率二者中的小者。

2.5% 的预定利率上限就此被打破，从此以后，普通型人身险产品迎来快速增长，其中，为抢占市场，很多公司顺势推出了预定利率达到 4.025% 的产品。2018 年，人身险公司保费收入增速持续低迷，竞争进一步加剧，为在 2019 年开门红期间有所作为，很多公司的开门红新产品预定利率都达到了 3.5% 乃至 4.025%，一些公司更是再度推出预定利率高达 4.025% 的保险产品——中国人寿、新华保险以及太平人寿等都推出了类似产品。

（3）2019 年至今：评估利率上限 3.5%。

2019 年 8 月 30 日，中国银保监会发布《关于完善人身保险业责任准备金评估利率形成机制及调整责任准备金评估利率有关事项的通知》，此后签发的普通型养老年金或10年以上的普通型长期年金，将责任准备金评估利率上限由年复利4.025%和预定利率的小者调整为年复利3.5%和预定利率二者中的小者，其他险种的评估利率要求维持不变。

从2.5%到4.025%再到3.5%，中国保险业走过了20个年头。这期间，随着市场利率的变化，评估利率始终作为一柄达摩克利斯之剑悬挂在保险业的上空，一方面防范利差损风险，另一方面也遏制了保险业快速市场化的步伐。由此我们可见微知著，千万不要陷入人身险行业已经完全市场化的“幻觉”，“一管就死，一放就乱”仍是我国保险业最大的特点。

锁死盲目扩张

利用评估利率来“锁死”定价利率，仅仅是运用这项工具的初级阶段。另一个高端的应用，是利用评估利率“锁死”人身险公司的盲目扩张。要弄明白这个问题，我们得先了解准备金家族的另一位成员——法定准备金。

在老东保单2.0的例子中，在首年初时，会计准备金（不考虑风险边际和剩余边际）的提取方式如下：

会计准备金=未来保险责任折现值

会计准备金=5万元的折现值

会计准备金=23732.12①元

同理，对于老东保单2.0，法定会计准备金的提取方式也是如此。只不过式子中的折现率采用的不是会计利率，而是评估利率。由于评估利率是定价利率的上限，我们假设该产品的定价利率就等于评估利率，因此评估利率为3%。我们有：

法定准备金=未来保险责任折现值

法定准备金=5万元的折现值

① 等于$50000 \div (1.04^{19})$。

法定准备金 = 28514.30① 元

在往后的岁月，法定准备金的计算方式也与会计准备金公式一致，不同的仅是折现率。在相同的年份，法定准备金都会高于会计准备金。

我们知道，准备金是人身险公司负债的重要组成部分，一般会占比90%以上。如果用法定准备金代替会计准备金，必然导致负债增加，若总资产不增加，则会导致净资产减少，或者换言之，让人身险公司的净资产在计量时更加保守。

而保守，往往是监管部门需要的。

顺着这个思路，监管部门引入了认可资产和认可负债的概念。认可资产和认可负债并不是一般会计准则下的资产负债，而是在法定会计准则下，调整资产负债表的资产和负债得出的。其中认可负债的主要调整，是将会计准备金转换为法定准备金。

有了认可负债，再得到认可资产，就能计算出公司的偿付能力充足率。当公司大量开展低价值业务时，偿付能力充足率就会抬头，限制公司盲目扩张。

至于认可负债是如何影响偿付能力的，我们一起到第四章去会会巴菲特和他的老师格雷厄姆先生吧！

① 等于 $50000 \div (1.03^{19})$。

第四章

持续进化的偿付能力体系

在“苹果树”的大逻辑下，人身险公司天然有扩张资产负债表的冲动。以上一章“会计利率与会计准备金”一节中“老东保单2.0”为例，一个没有资产负债表限制的人身险公司，大可芝麻绿豆一把抓，不断地通过销售保单扩张。

问题在于，“老东保单2.0”毕竟是没有考虑“给代理人的钱”和“给员工的钱”的理论保单。大多数保单在承保首年都会为公司带来巨大的利润表压力，从而侵蚀净资产。照此逻辑，人身险公司做的保单多到一定程度，净资产有可能变为零甚至负数，这就是我们常说的资不抵债，这时公司就可以申请破产了。但是，人身险公司破产是件天大的事情啊，这会涉及多少人的保障！监管部门会这么任其胡闹吗？

接触过金融行业的朋友都会知道，答案自然是否定的。

金融行业监管部门通常会要求金融公司留存一部分自有资金作为保障，这就是“监管资本”。在银行业，根据资本充足率的要求，银行会被要求留存一部分准备金以防止其无限制地通过“印钞”来放大杠杆——保险业也是如此。

要避免保险公司乱来，自然也需要一套评估体系：偿付能力体系就此登场。

格雷厄姆式的偿一代

谈及体系，作为投资人的我们第一反应自然是投资体系。在星光璀璨的众多投资大师的投资体系中，让老东受益最大的莫过于伯克希尔－哈撒韦的董事长巴菲特的投资体系。在早期，巴菲特受恩师格雷厄姆的影响最大，因此投资体系上是格雷厄姆式的。

格雷厄姆的投资体系

格雷厄姆是价值投资的开山鼻祖，在那个被认为股票就是投机的莽荒年代，破天荒般提出“股票是公司的一部分”“股市短期是投票机，而长期是称重机”等让人振聋发聩的观念，并著有《证券分析》《聪明的投资者》等一系列代表作，对后世影响深远。投资方法上，格老崇尚量化主义，在其遗留后世的多种投资体系中，最受推崇的莫过于“net－net 投资”。

这种投资体系建议投资者通过将资产负债表上的非流动资产和负债相互抵销，并用流动资产减去流动负债，从而得到极易变现的净流动资产，以此作为重要的买入决策依据。当公司市值低于流动资产时买入，高于一定幅度时卖出。格雷厄姆与其后来的学生施洛斯一样，比较崇尚“有罪推断”，因此不喜与上市公司交流，期望能通过数据运筹帷幄、解决战斗。

格雷厄姆的投资体系是大萧条的直接产物。在投资时格雷厄姆首先想的是不亏钱，是对向下风险的保护，所以他的出价无比吝啬。当格雷厄姆看到一块精致的宝玑腕表，他能想到的价值其实就是一堆零件能值多少钱，并通过加加减减求出腕表的价格。

偿一代的核心

偿付能力体系的核心内容，是评估保险公司在风险来临时，其对保单继续履约的能力，这点无论是偿付能力体系第一代，还是第二代，都从未改变。与巴菲特早期效仿的格雷厄姆投资体系类似，我国保险业第一代偿付体系很自然联想到了通过效仿银行业计算资本充足率的算法，借助量化主义的思想，采用统一的量化标准评估各保险公司的抗风险能力。

偿一代体系下，为防止过度扩表，监管机构狠盯的指标叫“偿付能力充足率”。

偿付能力充足率 = 偿付能力额度 ÷ 最低偿付能力额度

公式中“最低偿付能力额度”（即分母），又可以被理解为偿付能力充足率为100%时，保险公司需要准备的偿付能力额度。为了避免混淆它和偿付能力额度，我们可以称呼它为“最低资本”，而分子——偿付能力额度称为“实际资本”。因此公式又可以写作：

偿付能力充足率 = 实际资本 ÷ 最低资本

公式中的实际资本指公司“认可资产”和“认可负债”的差额。

如上一节介绍的，认可资产和认可负债并不是一般会计准则下的资产负债，而是在法定会计准则下，通过调整资产负债表的资产和负债得出的。调整的原则是得出“立即可以变现的资产”和“转换为法定准备金的负债”。具体调整细则可以阅读监管部门发布的《保险公司偿付能力报告编报规则》。

如其中就规定，保险公司应当以股票和证券投资基金账面价值的95%确认为认可资产，而非100%，以降低许多资产特别是固定资产在发生超常赔款时，无法立即兑换成现金的风险。在负债上，偿付能力报告中的“合同负债”不等于一般会计准则下的会计准备金负债，而是法定准备金负债，这点需要我们重点关注。总体而言，认可资产会比资产低，认可负债会比负债高，因此导致实际资产会小于一般会计准则下的净资产（股东权益），进一步约束保险公司过度扩表的行为。

最低资本与法定准备金有莫大关系，法定准备金又与评估利率有莫大关系。最低资本非常重要，是因为它无论是在偿一代还是偿二代，都需要在下章计算内含价值和新业务价值时被考虑到。这种考虑，并不意味着在计算时将其直接扣除，而是需要考虑持有它的成本。那将是一段最低资本“穿越时空旅程后折返”的代价，这里暂不做展开。

公式中的最低资本在偿一代中可以根据公司的保费、保单和负债（准备金）等要素计算得出。在2015年前那段偿一代的岁月，它的计算规则大致如下，见表4－1。

表4－1　偿一代法定准备金的计算示例

法定会计准则下的科目	计算标准（%）
保险合同负债	4.00
投资连结保险保单分拆后其他风险部分的负债	1.00
其他混合保险合同分拆后其他风险部分的负债	4.00
未通过重大保险风险测试的保单负债	4.00
3年内的定期死亡保险合同风险保额	0.10
3～5年定期死亡保险合同风险保额	0.15
5年以上定期死亡保险合同风险保额	0.30
未区分保险期的死亡保险合同风险保额	0.30
其他保险合同的风险保额	0.30

注：会计科目数据乘以“计算标准”一列对应的数字。

偿一代的缺陷

就像前文我们介绍的那样，偿一代用的是统一的量化标准。任何保险公司只要套用这个表格，就能通过加权计算出其所需要的最低资本。随后，公司再借助资产和负债的调节规则，算出实际资本，两者一除就可以算出偿付能力充足率，报送监管部门了。

遗憾的是，偿一代存在两个致命的缺点：一是分子实际资本的调整中，会计准备金转换为法定准备金的过程呆板僵滞，导致公司的实际资本过度低估，特别是对于以保障型业务为主的公司，蕴含在准备金里的巨大“宝藏”未得到认可；二是采用统一的量化标准，没有全方位考虑各保险公司的差异，导致只要规模大的公司看起来抗风险能力就强。

这就好比两个体重一样的人，前者拖着个啤酒肚摇摇晃晃，后者满身肌肉体脂率超低，但在偿一代的评估标准下，二者居然是同一个健康水平，这显然是不合理的。与我国很多行业的发展阶段一样，一种从规模导向转为质量导向的评估体系，自然要取而代之。

图 4－1　偿一代体系下偿付能力充足率相同的两家公司实际上质量可能差别很大

巴菲特式的偿二代

随着时间的推移，巴菲特遇到了他人生中的另外两位良师益友——菲利普·费雪和查理·芒格，后者成了他的终身投资搭档。这两位大佬的投资体系包含了更多无法被量化的元素，如管理层的能力、公司的商业模式、竞争格局等。在巴菲特后来被问起自己的投资体系时，他的回答是50%的格雷厄姆，50%的菲利普·费雪。在该投资体系中，巴菲特摆脱了量化为王的束缚，转而采用全面考量公司的方式，其中定性分析占了非常大的比重。

与此类似，对偿一代中暴露的两个问题，偿二代祭出了两大杀招：一是完善偿付能力体系，包括了定量分析、定性分析和市场监督三大支柱，其与偿一代类似的定量内容仅仅包含在三大支柱的定量分析里。二是修正保险公司实际资本与最低资本的计算，考虑各类业务的特点。偿二代的实施，标志着全面风险管控时代的来临。

杀招一：建立三大支柱

在偿一代时，银保监会重点关注的只有偿付能力充足率指标。在偿二代里，偿付能力充足率指标只是定量分析支柱里的一分子，此外还有定性分析、市场监督两大支柱。三大支柱环环相扣，从大逻辑来说是从定量到定性再到市场监督，但细节上则互相纠缠、互相引用（如图4－2中箭头所示），定性中也有定量的内容。

一个比较典型的例子便是定性分析中的SARMRA评估（图4－2里的风险管理要求与评估）。

该项工作由监管机构每年定期进行，按原保监会的执行标准分为“保

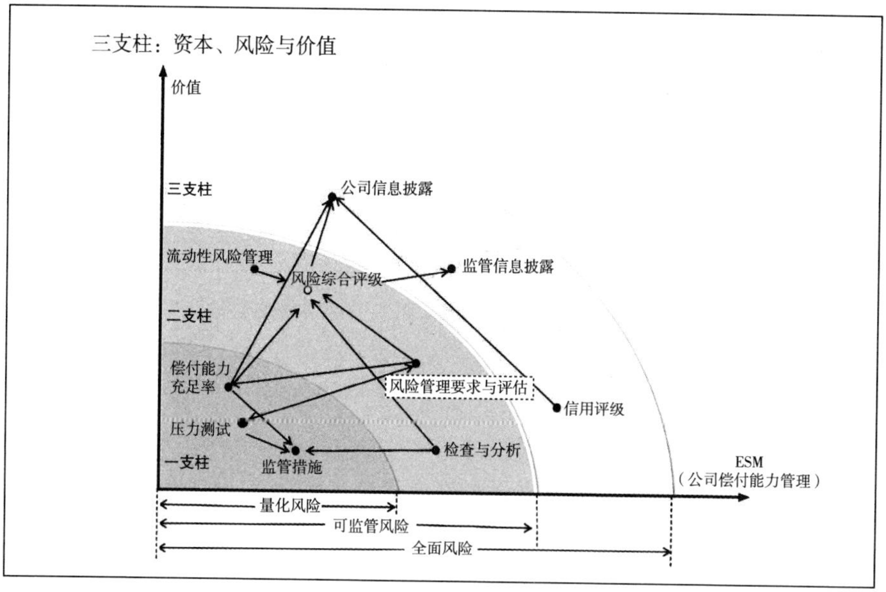

图 4－2　偿二代的三大支柱：资本、风险与价值

监会集中评估”和“保监局现场评估”两个阶段。在集中评估阶段，原保监会将邀请各保险公司代表前往北京原保监会办公地点进行集中答辩评估。随后，各地保监局将安排人员进入各保险公司总公司进行现场评估。二者的评估结果共同组成 SARMRA 评分并作为定性分析的重要组成部分。此外，该评分还会参与偿付能力充足率的算法，评分低者会被要求更高的充足率。

三大支柱中除了定性、定量外，还引入了市场监督机制。这意味着，人身险公司（或保险集团）除了需要向监管部门披露相关信息外，每年也必须在投资者关系处定期披露自己的偿付能力报告摘要。摘要虽然没有覆盖三大支柱的全部内容，但也基本包含了重要的内容，如主要指标、风险管理状况、流动性风险管理等。投资者可通过公司网站找到相关信息，见图 4－3。

当然，作为保险公司的投资者，在保险仍处于“长长的坡和厚厚的雪”的现今，我们无须过度关心偿付体系的其他内容①。但对于该体系包

① 按中国银保监会数据，2019 年保险公司平均综合偿付能力充足率 244.6%。

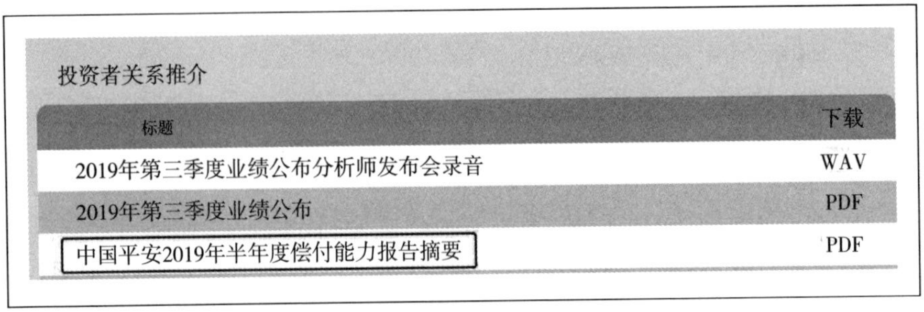

图4－3　中国平安网站上投资者关系推介中披露的偿付能力报告

含的偿付能力充足率指标的数值，由于其需要参与内含价值的计算过程，我们就必须分外关注了。

截至2019年年报，各家公司偿付能力充足率都处于较健康的水平，如表4－2所示。

表4－2　2019年年报中各家保险公司偿付能力充足率情况（%）

科目	中国平安	中国人寿	中国太保	新华保险
综合偿付能力充足率（>100%）	259.20	277.00	295.00	283.64

杀招二：负债中准备金的评估方式

偿二代抛弃了呆板僵滞的法定准备金，期望企业采用“最优估计”评估负债端的情况。这使偿二代认可负债中的准备金和一般会计准则下的准备金非常接近，后者也是在一般会计准则下采用“最优估计”进行评估的。其中，改变最大的一点是蕴含在准备金中的巨大宝藏“剩余边际”不再被认为是认可负债的一部分，反而可以被认为是实际资本，由此，大幅拉抬了分子，减小了分母，使偿付能力充足率比此前大了许多。

此举让压抑多年的以销售保障型（高价值）险种为主的保险公司终于“翻身做主人”。与约束银行的资本充足率类似，偿付能力充足率的提高让这类公司可以以更少的资本签发更多的产品。按原保监会对外公布的数据，传统险占比高的寿险公司在偿二代下的偿付能力充足率预计会由245%提升至311%，提升了约27%。

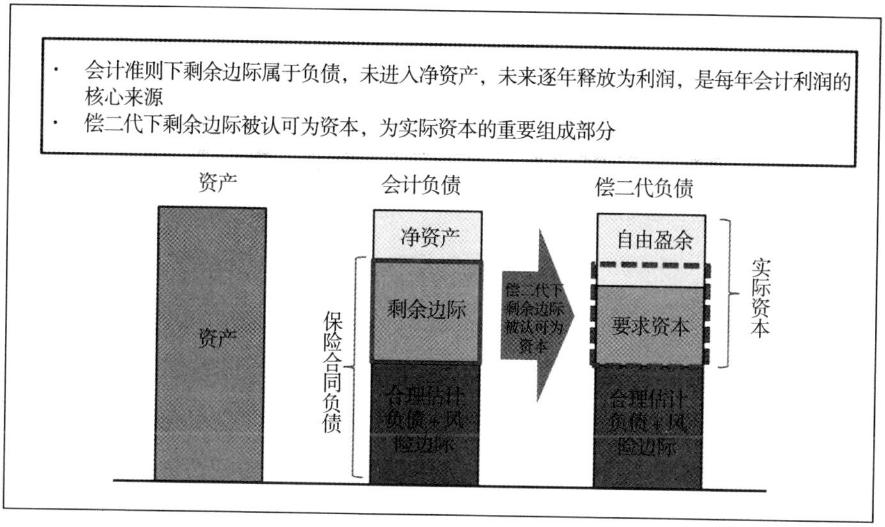

图4－4　偿二代体系下的实际资本

注：①会计准则和偿付能力评估下的资产略有差异，简单起见，示例中忽略。

②除保险合同负债，寿险公司仍有部分其他负债，简单起见，示例中忽略其他负债。

在计算方面，偿二代的偿付能力额度抛弃了偿一代的简单加权方式，更多地考虑保险公司不同业务形态实际代表的价值。具体而言，即使同样的保费规模，以长期保障型为主的保险公司的实际资本也会远高于销售短期险的公司。由于算法复杂，作为“不需要教运动员挥球棒，而只需要找到好运动员”的投资者，我们无须深究其中计算细节，但可以尝试用这一公式①近似地来理解偿二代的实际资本计算：

实际资本＝认可资产－认可负债＋1.4×过去12个月代理人渠道产生的期交保费

除了实际资本的变化外，作为分母的最低资本也有了比较大的变化。一方面是计算方式更加复杂，比如前文我们提及的还要纳入SARMRA评分；另一方面是考虑了不同业务类型的质量，而不仅仅是考虑业务规模。若不考虑来自定性分析的参数，最低偿付能力额度的计算过程包括市场风

① 引自《中国偿二代C－ROSS体系探讨》，作者王晴。

险、信用风险和保险风险，可以展开如下，见图4－5。

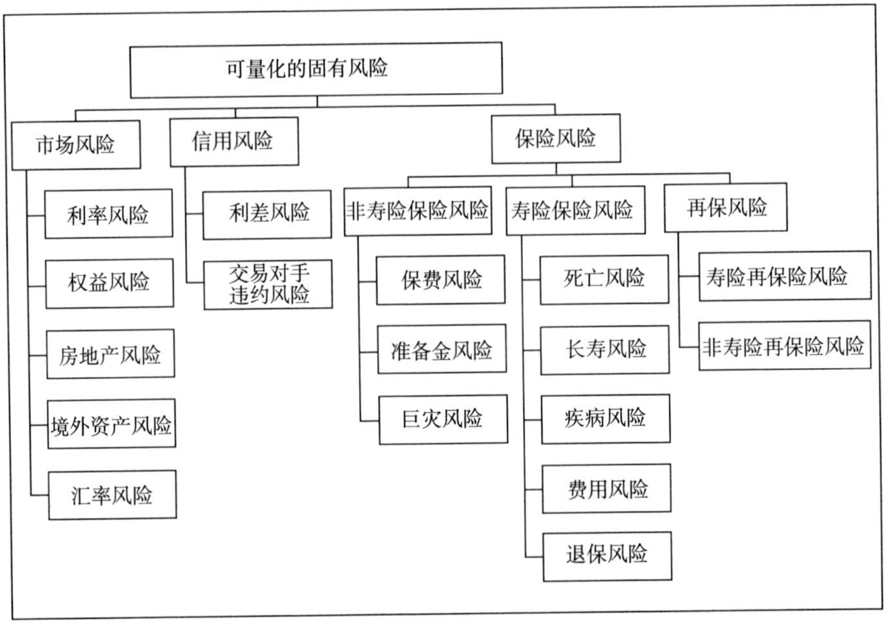

图4－5　偿二代体系下计算最低资本需要考虑的风险

虽然算法复杂，但偿付能力充足率想表达的始终还是评估保险公司在风险来临时，其对保单继续履约的能力。因此，制定上述算法用于计算最低资本自然是为了更全面地评估公司所面临的潜在风险。幸运的是，我们不需要知道它们是如何计算（你不会想知道的，还涉及高等数学里的偏导数）出来的。

最低资本计算的结果，也与分子类同。以长期保障型为主的保险公司虽然也会较偿一代上升，但上升慢于分子的增长，导致偿付能力充足率大幅上升。反观那些不计代价增长保费的短期险公司，则遭遇了滑铁卢。

需要强调的是，在偿一代体系下，实际资本（分子）可由调节资产和负债得到，与净资产的差距虽然会有，但不至于很大（一般小于净资产10%）；最低资本（分母）也可由公司的负债要素加权得到。在偿二代体系下，虽然我们在前文提供了近似的计算方法，但实际资本（分子）与净

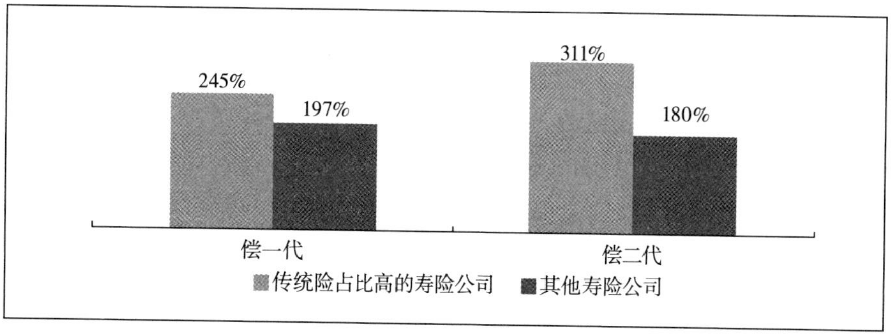

图 4 -6 偿一代与偿二代体系下偿付能力充足率的变化

资产的关系已非直接关系，而仅仅是映射关系，这种映射关系表现为每 1 元钱的净资产对应远不止 1 元钱的实际资本（注意，仅仅是数值上的映射关系）。最低资本（分母）的情况则使计算更加复杂。

在这里之所以我们需要近似地理解偿付能力额度与净资产的关系，是在后面内含价值章节中，我们必须从净资产中分离出最低资本映射过来所占据的那部分，如此我们才有办法理解内含价值每年的增加额是如何构成的。

净资产（百万元）	852,370	683,643
最近一期的风险综合评级	不适用	不适用
三、实际资本		
指标名称（单位：百万元）	2019年12月31日	2018年12月31日
实际资本	1,607,650	1,290,268
其中：核心一级资本	1,471,156	1,200,988
核心二级资本	102,994	57,780
附属一级资本	33,500	31,500
附属二级资本	–	–
四、最低资本		
指标名称（单位：百万元）	2019年12月31日	2018年12月31日
最低资本	699,522	596,238
其中：量化风险最低资本	699,522	596,238
其中：母公司最低资本	–	–
保险类成员公司的最低资本	458,301	391,910

图 4 -7 中国平安披露的 2019 年偿付能力报告中实际资本、净资产和最低资本

从中国平安披露的数据我们可以看出，平安集团8524亿元的净资产，对应接近2倍的实际资本，即1.6万亿元。集团所需的最低资本是7000亿元，约占44%，因而我们有理由推测这7000亿元最低资本对应到净资产中，也占净资产的44%，折合3080亿元。

目的达到，就不多废话了，我们赶紧去看看神秘的内含价值吧。

第五章

内含价值评估标准

提及保险公司的投资，我们绕不开的是这家公司值多少钱的问题。

著名的保险公司投资者，也是三代戴维斯投资王朝的创立者——老戴维斯的早期工作是为保险上市公司的股份做承销，其工作内容之一便是研究公司的价值。这项工作夯实了他对保险公司值多少钱的理解，才有了最后他在世界各地买入数十家保险公司的事迹。按《戴维斯王朝》一书描述，老戴斯在对日产保险公司估值时，发现市场对它的报价居然低廉到了只需要2年就可以回本的地步，这又如何让人不垂涎三尺呢？

但在开始本章前，老东还是想就内含价值，或者说公司的估值，说说自己的看法。

在投资体系上，老东推崇的是自上而下的选择方式。首先在行业层面，各行各业在投资角度看来是有天差地别的（仅仅是投资角度，老东无意看轻任何行业）。有一些行业天然能产生大批量的具有宽广“护城河”的公司，这些行业的公司通常表现出很多优秀的品质，如品牌效应明显、客户转换成本高、网络效应强大、得天独厚的资源优势，等等。而某个行业的公司在某个国家和地区形成“护城河”，并不代表该行业内的公司放之四海皆容易形成“护城河”，投资者需要思考行业容易形成“护城河”背后的机理，这可能需要我们穷其一生进行思考和学习。比如《穷查理宝典》中，芒格就曾提到至今都不能理解为何可口可乐在某些国家或地区日子就过得很舒服，在某些发展阶段相同的国家或地区却会面临行业其他公司可怕的竞争。

其次是公司层面，老东认为选出来的公司必须具有稳定经营的历史、优秀的企业文化、支撑客户—股东—员工三角利益一致的股权结构、对股东回报的重视、简单易懂的商业模式等。

至于估值，那是细枝末节的问题。

当然，每位投资者就行业和公司的选择标准是不同的，选出来的结果自然不同。但无论何种选择方式，估值都是到了最后一步才完成的，因而其大概率是“重要却也最不重要的”。如果这么说不好理解，我们可以想想买房的过程。

当我们手握现金打算买房时，选择的方式是否也与上述类同？首先选择城市，自然大多数人是会选择自己身处的城市，而不会因为一个自己根本没住过的城市（哪怕是听过）的房价便宜就直接买进。随后，选择的是自己心仪的片区，我们大概率不会去选择那些自己不了解或认为没有发展的片区，哪怕那里的房子便宜得可怕。最后一步我们才是在几个目标片区寻找价格合适的房子，与卖家一番断杀后购置到手。

那么估值重要吗？当然重要，它涉及我们这项投资最后赚多少钱的根本。估值不重要吗？也不重要，因为公司的价值不仅仅包括其资产，还包括在资产负债表外的驱动公司人才不断创造超额利润的体制、机制、企业文化等，也包括给公司带来竞争壁垒的品牌价值等，这些都是算不出来的——能算出来的仅是其清算价值。

遗憾的是，作为小股东，我们当然不可能买入一家公司后把它清算了。公司的价值，与其清算价值间有一道鸿沟。公司的价值，最合适的答案永远是：

公司未来所有可以赚的自由现金流的折现值。

因而，为了让我们的投资决策确定性更高，老东建议在行业和公司的思考上投入的时间的比重应该要大于估值，而不是颠倒过来。

那么在开始前，让我们再打开“推背图”，缓缓揭开内含价值的面纱。

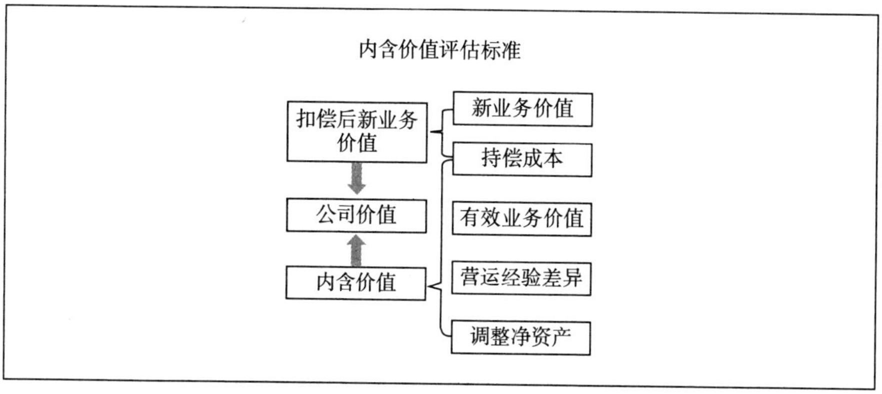

图5－1　推背图（仅显示内含价值评估标准）

评估标准的逻辑

没有什么问题是读一遍保险公司年报解决不了的，如果有，那就多读几遍——内含价值的理解也逃脱不了这个宿命。几家上市的保险公司中，中国平安在内含价值板块的披露可谓最详尽。在2019年年报的第52页，我们可以找到中国平安专设的“内含价值与营运利润分析”板块。开篇立论，年报第52页中便有阐述内含价值是基于什么标准进行评估的：

2016年11月，中国精算师协会发布了《精算实践标准：人身保险内含价值评估标准》（下称“内含价值评估标准”）的通知，正式实施偿二代内含价值评估。本公司基于上述评估标准完成2019年内含价值评估计算予以披露。

上文提到的“偿二代内含价值评估标准”正是此前章节我们提及的内容。在偿二代的背景下，销售长期保障型产品的公司偿付能力充足率更高，更可以开足马力向前。

内含价值的构成

在上述年报第52页，我们同时可以看到内含价值的构成，包括“集团内含价值”和“扣除持有偿付能力额度的成本后的一年新业务价值”（下称“扣偿后新业务价值”），见表5-1。

表5-1　中国平安内含价值主要构成　　单位：百万元

	2019年12月31日	2018年12月31日
调整后资产净值	710,597	602,155
其中：寿险及健康险业务调整后资产净值	267,553	212,922
1999年6月前承保的有效业务价值	18,644	17,051
1999年6月后承保的有效业务价值	510,230	418,534

续表

	2019年12月31日	2018年12月31日
持有偿付能力额度的成本	(38,938)	(35,284)
集团内含价值	1,200,533	1,002,456
其中:寿险及健康险业务内含价值	757,490	613,223
	2019年	2018年
一年新业务价值	90,191	88,889
持有偿付能力额度的成本	(14,246)	(16,596)
扣除持有偿付能力额度的成本后的一年新业务价值	75,945	72,294

注：因四舍五入，直接计算未必相等。

其中：

集团内含价值＝集团的调整净资产（表5－1中第2行“调整后资产净值”）＋有效业务价值（表5－1中“1999年6月前承保的有效业务价值”＋“1999年6月后承保的有效业务价值”）＋归属于有效业务价值的持有偿付能力额度的成本（表5－1中第6行“持有偿付能力额度的成本”）

人身险部分的内含价值＝人身险部分的调整净资产（表5－1中第3行“寿险及健康险业务调整后资产净值”）＋有效业务价值＋归属于有效业务价值的持有偿付能力额度的成本

扣偿后新业务价值＝新业务价值（表5－1中倒数第3行“一年新业务价值”）＋归属于新业务的持有偿付能力额度的成本（表5－1中倒数第2行“持有偿付能力额度的成本”）

上述三个等式中，**“人身险部分的内含价值”和“扣偿后新业务价值”将是本章讨论的重点。至于“集团内含价值”，我们将在本章最后一小节分析。**

前两个等式中涉及的“调整净资产”（无论是集团还是人身险部分），都是由对应的资产负债表中的净资产调整而来，主要调整是对负债中的会计准备金采用更加保守的估计，和“认可负债”的调整逻辑类似。

前两个等式中的“有效业务价值”（无论是1999年前还是后），都指公司已搞定（一年以前的）的人身险保单未来能产生的净利润折现之和，至于为何要分1999年前后，我们暂且不表。第三个等式中的“新业务价值”指近一年搞定的保单未来能产生的净利润折现之和。

三个等式中的“持有偿付能力额度的成本”（无论是归属于有效业务价值还是归属于新业务价值的），都是指公司为了持有“最低资本”而付出的代价，这里的“最低资本”正是上一章讨论的偿二代下的“最低资本”。至于此项怎么算，我们也先搁置不谈。

上文定义中，无论是有效业务价值还是新业务价值，所述的净利润都有3点值得我们注意：一是这里的净利润扣除了所有成本，而不仅仅是扣除销售成本（还记得我们在第二章时提到的“久居深宅的营运”吗）；二是这里的净利润都考虑了税收因素，即是税后净利润；三是无论是内含价值里的有效业务价值，还是新业务价值，都要付出的“持有最低资本而付出的代价”，此处名为“扣除持有偿付能力额度的成本”（下称“持偿成本”）。注意，持偿成本与最低资本是两个概念，前者是持有后者的代价，而不等于后者。这就像爱一个人的代价，不一定等于这个人的价值。

这里出现的定义很多，而且个个重要，老东建议您先消化一下再继续。

贴现

那么公司在计算有效业务价值和新业务价值时，是如何把所有成本都考虑进去的呢？或者换言之，它们都做了哪些假设呢？以中国平安为例，我们可以在中国平安2019年年报“内含价值分析”中找到答案。

主要假设

2019年内含价值按照“持续经营”假设基础计算，并假设中国现行的经济及法制环境将一直持续。计算是参考内含价值评估标准和偿二代资本要求进行。若干业务假设的制定是根据本公司近期的经验，并考虑更普遍的中国市场状况及其他人寿保险市场的经验。计算时所采用主要基准及假设陈述如下：

1. 风险贴现率

计算寿险及健康险有效业务价值和新业务价值的贴现率假定为11.0%。

2. 投资回报

假设非投资连结型寿险资金的未来年度每年投资回报率为自4.75%起，第2年增加至5.0%，此后保持不变。投资连结型资金的未来投资回报在上述假设的基础上适当上调。这些假设是基于目前资本市场状况、本公司当前和预期的资产分配及主要资产类型的投资回报而厘定。

3. 税项

假设平均所得税税率为每年25%，同时假设未来年度投资收益中每年可以豁免所得税的比例为自12%起，以后每年增加2%，至16%并保持不变。

4. 死亡率

经验死亡率以《中国人寿保险业经验生命表（2010—2013）》为基准，结合本公司最近的死亡率经验分析，视不同产品而定。对于使用年金表的产品，考虑长期改善趋势。

5. 其他发生率

发病率和意外发生率参考行业表或公司本身的定价表为基准，其中发病率考虑长期恶化趋势。短期意外及主要健康险业务的赔付率假设在15%到100%之间。

6. 保单失效率

保单失效率根据本公司最近的经验研究计算。保单失效率视定价利率水平及产品类别而定。

7. 费用

费用假设根据本公司最近的费用分析而定。费用假设主要分为取得费用和维持费用假设，其中单位维持费用假设每年增加2%。

8. 保单红利

个人分红业务的保单红利根据利息及死亡盈余的75%计算。团体分红业务的保单红利根据利息盈余的80%计算。

这些主要假设按第二章中的逻辑，可以分为3类：

（1）为客户支出的钱：和产品要素有关的假设，如死亡率、保单红利、保单失效率。

（2）给销售和给员工的钱：费用假设。

（3）投资赚的钱：投资回报率假设。

此外，还有税收假设和风险贴现率假设。

这里值得重点提及的是“风险贴现率”。

还记得前面我们提及的“老东保单2.0”的例子吗？我们重写如下：

表5－2　老东保单2.0（已定价）

科目	说明
购买时间	第1年初
履约责任	第20年初返还5万元
缴费方式	趸交
趸交保费	28514元
预定利率	3%
内含价值投资收益率假设	5%

资深代理人小赵所在的公司承接了这样一份趸交保单，一次性收取了东先生28514元保费。保险公司将这笔钱用于投资，在5%的投资收益率假设（注意，这里不再是使用会计利率了，因为我们已经在内含价值的世界了，与一般会计准则无关）推动下，第20年初这笔钱大概成了72053元。保险公司付给老东5万元后，还净赚22053元。全过程如下，见图5－2。

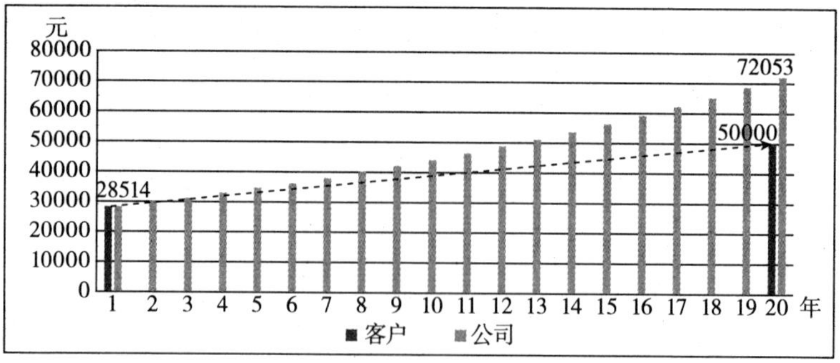

图5－2　老东保单2.0中公司与客户收到的钱的情况

这多赚的22053元，保险公司在承保那一刻就大概率确定拿到手了，颇有点一般会计准则中利润表使用的权责发生制的意味。但毕竟这笔钱是若干年后的22053元，仍有一定的不确定性，谨慎起见，保险公司引入了风险贴现率进行贴现。

贴现的概念始于银行业，意指某些机构知道自己将来会到账一笔钱，但机构此时又急用钱，于是将未来那笔钱的承兑凭证（如银行承兑汇票）给银行，希望能提前搞一些钱出来。银行根据该承兑凭证及企业的实际情况，会按照一定的贴现率将将来的钱换算为现在值多少钱，然后给该机构。说白了，**贴现率反映的更多是将来的钱的不确定性程度。**

具体算法上，能贴现出来的钱 = 将来的钱 ÷ $(1+\text{贴现率})^{\text{年限}}$。贴现率与折现率在计算未来的钱在现在等价多少钱时，算法是一致的，但两者内涵是有差别的。贴现反映的是机构求助贴现方评估将来那笔钱的不确定性程度，是求助于外部的姿态；折现反映的是机构对自己未来预期的评估，是机构自己内部的评价，并不求助于外人。如果不好理解，可以记住“贴现”中“贴”的精髓，有点“热脸贴冷屁股”的意味。

既然是“热脸贴冷屁股”，贴现率自然会比折现率要求更高。比如上例中，保险公司预期净赚22053元，假设保险公司因此获得了一张22053元的承兑汇票，为了能让这笔钱现在就入账，必须马上找个机构进行贴现。那么谁会愿意为这远在19年后的22053元进行贴现呢？毕竟真实世界可没有这张22053元的承兑汇票。

银保监会无奈苦笑，说道好吧，既然这样有利于更加客观真实地反映你的经济价值，那么拿去，让内含价值评估标准“帮着”贴现吧。于是乎，保险公司预期净赚的这22053元按照11%（中国平安2019年年报）贴现回现在，得出3036元①，即为该保单此时此刻在内含价值评估标准下的“净利润”——也就是我们常说的新业务价值（没有扣除持偿成本）。

① $22053 \div 1.11^{19} = 3036$。

内含价值评估标准与一般会计准则

理解了这个，前文说的内含价值就相对容易理解了。新业务价值第二年不再“新”了，于是我们就拿着一个叫“有效业务价值”的东西把它装起来，外加经过保守调整后的净资产价值，就是内含价值了。

从上面的过程我们可以看出，内含价值评估标准与一般会计准则看待“保险公司赚多少钱”这件事的视角，有云泥之别。

一般会计准则的出发点是“从时间的起点去还原现在”，无论是资产负债表、现金流量表还是利润表，一般会计准则的目的都期望借助过去发生的事情来还原公司呈报时的真实情况。因而，在计算“保险公司赚多少钱”这件事上，一般会计准则的利润表会采用保单承保时公司收到的保费，减去各项费用和准备金，得到净利润。问题是，“苹果树”虽然种下去时花费的成本是巨大的，可将来结出的“果实”是源源不断的，只从过去出发来还原现在，如何有效且公平地评估利润呢？这是摆在一般会计准则面前的难题。

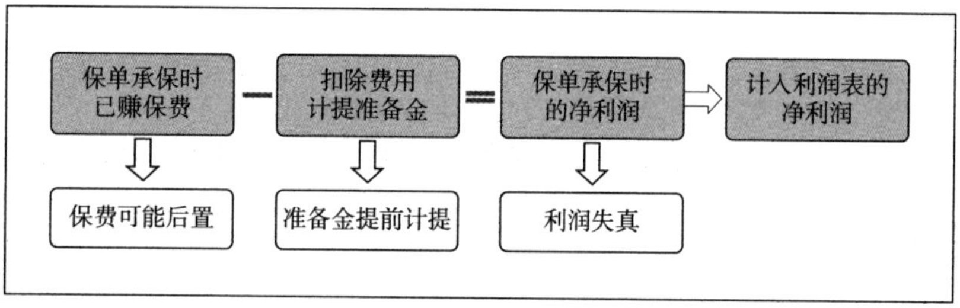

图5－3　一般会计准则看待保险公司赚钱过程的角度

再看内含价值评估标准，颇有“从时间的终点来还原现在”的味道。内含价值评估标准在计算保险公司赚多少钱时，考虑的是保单结束时公司赚的钱、花出去的费用，从而得到结束时的“净利润”，再通过一定的贴现率将这笔赚的钱“模拟”贴现回现在。

但这并不意味着内含价值评估标准就毫无问题，其最大的问题恰恰是来自“时间的终点”。过去发生的是完全确定的，但将来的事情说不准的可能性极高，因而内含价值评估标准在呱呱坠地之时就必然带着各类假设，如死亡率、赔付率、贴现率等。这些假设的保守与否，将影响“从时间的终点来还原现在”这一预言的准确性。但抛开假设问题，至少这样评估保险公司的价值较一般会计准则而言，要公平得多了。

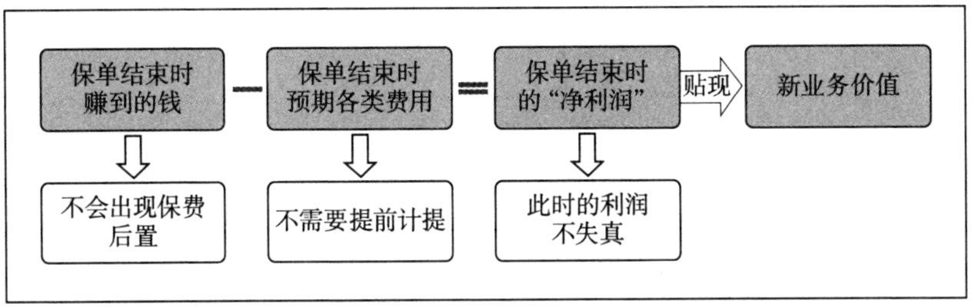

图5－4　内含价值评估标准看待保险公司赚钱过程的角度

一般会计准则和内含价值评估标准是两种财会手段，但透射的是两种世界观。

白驹过隙，光阴荏苒，诚然看起来时间在不断流逝。

如果将出生的那一刻定义为拥有全部时间的话，时光确实从我们手中流逝了。

可如果将死去的那一刻定义为拥有了全部时间的话，我们却一直都未曾失去过时间，而是一直在获取时间。

评估公司的价值如此，我们评估自己的人生，又何尝不是如此呢？

新业务价值

前文我们已经稍微撕开了内含价值评估体系的一道小口，明白了内含价值评估体系采用的是“从未来看现在”的评估模式。在该模式中，我们看待“苹果树”的价值是站在苹果树生命的终点，计算它总共能为我们赚取的钱，然后逐年向现在贴现。在种下某棵苹果树的头一年，通过这种标准评估出来的苹果树价值，我们称为“新业务价值”。

内含价值评估标准本质上是一种自由现金流折现法。在现金流的折现过程中，新业务价值扮演的是二传手的角色。某张保单通过各种假设测算出当年净现金流（实际上是净利润，但可以近似认为是现金流），这些现金流扣除一定的成本后①，得出可以分配的自由净现金流，然后通过贴现的把戏，从未来穿越到现在，得到新业务价值。新业务价值在第二年变为有效业务价值，进入内含价值科目中，成为公司价值重要的部分，见图5－5。

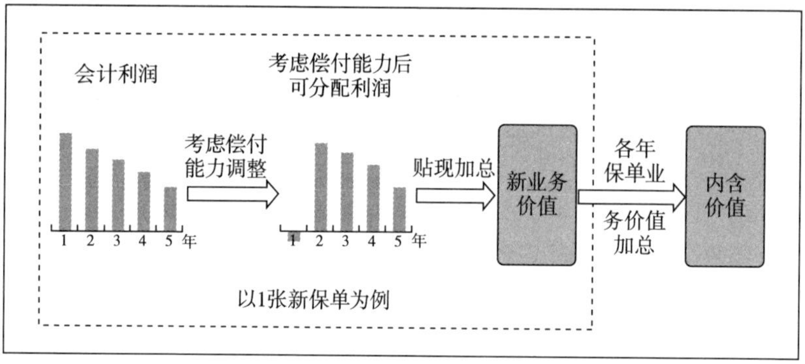

图5－5　新业务价值在内含价值评估标准中发挥的桥梁作用

资料来源：中国平安2017年开放日材料。

① 后文将介绍，这个成本为持有偿付能力额度的成本，简称持偿成本。

由此可见，新业务价值，即新种下的果树究竟预期能赚多少钱，是公司价值源源不断增长的“发动机”。在每家公司每年年报的“内含价值分析”章节可以找到扣偿后新业务价值（至于扣偿怎么扣，后文分析），老东将它们摘出后整理如下，见表5－3。

表5－3　2014—2019年各公司扣偿后新业务价值及增长率　单位：亿元

公司	2014年	2015年	2016年	2017年	2018年	2019年	6年增速
平安人寿	219.66	384.20	508.05	673.57	722.94	759.45	245.74%
中国人寿	232.53	315.28	493.11	601.17	495.11	586.98	152.43%
太保人寿	87.24	120.22	190.41	267.23	271.20	245.97	181.95%
新华人寿	49.12	76.63	104.49	120.63	122.10	97.79	99.08%

资料来源：2014—2019年中国平安、中国人寿、中国太保、新华保险年报。

从上表可以看出，平安人寿在2014—2019年扣偿后新业务价值平均增速最快，6年增长了245.74%。新华人寿增速最慢，6年增长99.08%。为了见微知著，我们还得更进一步，思考两个影响扣偿新业务价值增长的问题：

（1）从代理人的角度，同样的人，谁每年产生的人均扣偿新业务价值多？

（2）从产品角度，同样的首年保费，谁每年产生的扣偿新业务价值多？

第一个问题我们已在第二章的“被魔鬼化的销售”中分析过，参见表2－4。从中可知，平安人寿的代理人产能明显高出一筹，而产能的卓越也使公司在基本法和激励等方面都能给代理人更好的待遇，使其待遇较之其他公司高出一倍，这个正反馈犹如转动的飞轮，背后正是保险公司强者恒强的缩影之一。

若我们把新业务价值比作保险公司的净利润，新单保费[①]比作保险公司的营业收入，则新业务价值/新单保费就有些利润率的味道了（注意，仅仅是有味道，实际上有另外一个指标更适合等效于净利润率）。实际上

① 规模保费口径。

这也是分析师们喜欢用的指标，名为“新业务价值率”。

表5－4　2014—2019年各公司新业务价值率（%）

年份	平安人寿	中国人寿	太保人寿	新华人寿
2014	29.24	16.27	27.05	11.13
2015	42.87	18.29	24.98	14.63
2016	35.76	23.82	32.09	21.90
2017	37.28	26.85	37.68	37.85
2018	40.50	28.93	40.83	46.19
2019	43.09	32.38	43.20	30.17

新业务价值率回答了我们上述的第二个问题。

从表5－4中我们可以看出，这6年中，由于各家公司都努力朝代理人渠道转型，因此新业务价值率都是上升的。其中转型做得最坚决，也是起步最早的两家公司——平安人寿和太保人寿新业务价值率最高。新单保费上升，叠加价值率的上升，为各家公司带来了新业务价值可观的增长，为股东们创造了丰厚的利润。

在新业务价值的定义中，保险公司收取了客户的保费用于投资，并在未来赔付，扣除每年固定的费用后，贴现回现在即为新业务价值。在整个过程中，除了每家公司依靠经验固定的费率和基于生命表的死亡率的假设外，有两个参数只需要微微调整，就会让新业务价值的面貌产生极大变化，分别是投资收益率假设和贴现率。

同理，在各家公司财报的“内含价值分析”中可以找到贴现率，见表5－5。

表5－5　2019年各公司所使用的贴现率（%）

	平安人寿	中国人寿	太保人寿	新华人寿
贴现率	11.0	10.0	11.0	11.5

资料来源：2019年中国平安、中国人寿、中国太保、新华保险年报。

贴现率方面，新华人寿在上市公司中假设最为保守，采用的是11.5%的贴现率。平安人寿和太保人寿采用的是11%。中国人寿在2016年年报中，将原本也为11%的贴现率变更为10%。贴现的本质是将未来赚的钱转换为现值，只要保险公司的投资能力能达到贴现率的水平，问题就不大。因而中国人寿10%贴现率较之5%不到的总投资收益率，也是保守的。比如国际保险巨擘友邦保险，在中国区采用的贴现率也只有9.75%，低于中国人寿。

那么相差一个百分点的贴现率意味着什么呢？在中国平安2019年年报第56页我们可以找到答案。若平安人寿将贴现率由11%调低为10.5%，则平安人寿的新业务价值将由原来的759.45亿元提升为795.16亿元，提升幅度约为4.7%。

表5－6　中国平安新业务价值投资收益率和风险贴现率敏感性

单位：百万元

	贴现率		
	10.5%	11.0%	11.5%
投资收益率每年增加50个基点	87,749	83,762	80,036
基准投资收益率	79,516	75,945	72,601
投资收益率每年减少50个基点	71,271	68,115	65,154

在财报同样的章节也能找到投资收益率假设。4家公司虽然在传统非分红型保险和分红险的头1～3年假设不同，但都不约而同采用了5%的永续假设。对于非主流险种，如万能险和投连险占比较低，各家假设各有不同，这里不再单列。

表5－7　2019年各公司所使用的
内含价值投资回报率假设及2014—2019年6年投资收益率（%）

项目	平安人寿	中国人寿	太保人寿	新华人寿
投资回报率假设（永续）	5	5	5	5
6年间总投资收益率	5.83	5.02	5.67	5.52
6年间净投资收益率	5.53	4.66	5.18	5.02

资料来源：2014—2019年中国平安、中国人寿、中国太保、新华保险年报。

可以看到，2014—2019年经历了牛熊转换，4家公司的平均总投资收益率还是能达成投资回报率的假设的。按2019年年报数据，若平安人寿、太保人寿和新华人寿采用5.5%的投资回报率假设，预计能提升新业务价值5%左右。

在本节的最后，还有一个重要的观念需要澄清：**新业务价值率并不是内含价值评估标准下的保险公司的利润率，真正合适的值应该是新业务保费现值利润率（新业务价值/保费折现值）**。这也是为何我们在前文提到有另外一个指标更适合等效于净利润率。

新业务价值率的分母是保险公司的净利润贴现值，分子是首年保费。细想之下，会发现这是一个非常奇怪的指标，因为分母和分子在时间维度上是不一致的。分母的时间维度是保单全生命周期，而分子的时间维度却是首年。若我们要合理评估保险公司的利润率，应该是：新业务价值/保费贴现值①，即我们前面提及的新业务保费现值利润率。

遗憾的是，内地的4家保险公司并未披露该指标。在国际上一些成熟的公司的年报中，我们可以找到该指标。比如在友邦保险（AIA）2018年年报的第277页我们可以看到，友邦的新业务价值率（表5-8中的新业务价值利润率）为60%，而反映保险公司利润率指标的新业务保费现值利润率为10%，较2017年的9%，上升了1个百分点。

表5-8　友邦新业务保费现值利润率　　单位：百万美元

	扣除所需资本成本后的新业务价值	年化新保费	新业务价值利润率	新业务保费现值利润率
2018年价值（截至2018年12月31日12个月）	3,955	6,510	60%	10%
2017年价值（截至2017年12月31日12个月）	3,206	5,624	56%	9%

值得一提的是，友邦保险的利润率已经是国际上知名保险公司中的佼佼者，一些美国及欧洲的保险公司，该指标只有可怜的个位数，毛估内地公司如平安人寿也应该是个位数。一些舆论质疑保险公司的商业模式是靠忽悠，是暴利组织。从该指标我们可以看出，保险公司收了100元钱，赚不到10元钱，被说暴利真是天大的冤枉啊……

① 保费贴现值是保单全生命周期保费的贴现，贴现率采用与新业务价值一样的贴现率，友邦中国区为9.75%。

内含价值

在人身险公司的“苹果树”模式中，新业务价值是从苹果树枯萎的那天向前看，一直看到种下树的那一年，这悠久的岁月中（以平安为例，大概是14.8年①），每年苹果树预期生产的果实减去预期的费用后，向第一年的贴现。

那么当时间来到第二年时，我们从未来苹果树枯萎的那天向前看，一直看到第二年（今年），每年苹果树预期生产的果实减去预期的费用后，向第二年（今年）的贴现，就被称为该批保单在第二年的有效业务价值。换言之，新业务价值在第二年即被称为有效业务价值。

有效业务价值+调整净资产-持有偿付能力额度的成本，即为内含价值。

内含价值的构成中，除了持有偿付能力额度的成本外，有效业务价值由存续的保单构成，与营运有莫大关联；调整净资产由一般会计准则下的净资产调整而来，其增长与保险公司的投资分不开。因此从映射关系上，可参看“推背图”中内含价值评估标准的下半部分。

调整净资产

让我们先了解一下内含价值构成的新成员：调整净资产。

净资产由资产减去负债构成。所谓“调整”，是基于内含价值评估标准与一般会计准则之间的差距，通过调整一般会计准则下的资产和负债，从而调整对应净值的过程。

在开始前，我们先看一段来自中国平安2019年年报（第52页）的很

① 前文提及的中国平安负债久期。

有意思的备注：

寿险及健康险业务调整后资产净值是根据本公司相关寿险及健康险业务按内含价值评估标准计量的未经审计股东净资产值计算，该股东净资产值是由按中国会计准则计量的经审计股东净资产值调整准备金等相关差异后得到。本公司其他业务调整后资产净值是根据相关业务按中国会计准则计量的经审计股东净资产值计算。相关寿险及健康险业务包括平安寿险、平安养老险和平安健康险经营的相关业务。若干资产的价值已调整至市场价值。

这段话有3个关键的信息：一是内含价值评估标准评估出来的内含价值是未经审计的；二是调整净资产中，负债的调整主要是调整准备金的差异得出；三是调整净资产中，资产的调整主要是将资产的价值调整为市场价值。

第一点是不是有点可怕？

实际上，背后的如烟往事，与第二、第三点，特别是第二点关系挺大，值得一提。

2016年以前，内含价值的计算一直是掌握在原保监会手里，并以2005年原保监会编制的《人身保险内含价值报告编制指引》（偿一代体系）作为依据。2016年，随着中国精算师协会的成熟，原保监会将人身险的内含价值评估标准移交中国精算师协会，从此不再涉足此领域。换言之，2016年以后内含价值的计算就和监管部门关系不大了，转由精算师自己负责。接过监管大棒后的精算师协会，在同年颁布了更加能体现公司价值的内含价值评估标准，即《精算实践标准：人身保险内含价值评估标准》，也就是我们说的偿二代。

时至今日的内含价值评估标准及其执行都掌握在精算师协会的精算师手中，审阅内含价值报告的也只能是协会授权的独立精算师。因而，保险公司的财务审计和内含价值评估标准审阅是分开的，有可能是一家机构的两拨人，也有可能是两家不同机构。对于内含价值报告，只有被“审阅”

的概念，而无财务上被“审计”的概念。

理解了这一点后，我们就能理解为何内含价值评估标准会单独搞出一套准备金来。实际上，在2016年以前，内含价值评估标准中，调整净资产里对负债中准备金的调整，就是将一般会计准则负债下的会计准备金调整为法定准备金。遗憾的是，法定准备金保守而刻板，很难满足内含价值充分反映公司价值的要求。

基于这样的背景，第二点就好理解了。按偿二代的要求，调整净资产中负债的调整，主要是将会计准备金调整为内含价值准备金。为了让内含价值充分反映公司的价值，内含价值准备金使用的折现率将“采用最优估计”而非刻意保守的评估利率。折现率高了，调整后的负债也就低了，调整净资产自然也高出不少。

因此有结论：偿二代调整净资产高于偿一代。

因为倡导公司实现价值转型的偿二代标准是在2016年开始实施的，这种现象我们可以从保险公司2016年和2015年的财报中找到端倪。比如中国平安2016年的财报显示，在偿一代向偿二代的切换过程中，调整净资产暴增41%，见表5－9。

表5－9 中国平安关于偿二代切换过程中调整净资产的变化

单位：百万元

	2016年12月31日		2015年12月31日	
	偿二代	偿一代	偿二代	偿一代
调整后资产净值	407,340	369,561	348,194	327,926
其中：寿险业务调整后资产净值	129,949	92,170	122,154	101,887

那么内含价值准备金折现率究竟比一般会计准则下的折现率高还是低呢？

在前文我们说过，一般会计准则计算会计准备金采用折现率的原则也是类似最优估计的原则，其与偿二代内含价值评估标准下采用的折现率原则一致，因此据精算师说，差距不大。

但偿二代更加注重价值，会计准备金中的剩余边际[1]可以不用计入内含价值准备金，因此若公司主要销售的是保障型产品（此类产品往往剩余边际高），内含价值准备金甚至可能低于会计准备金，导致调整净资产高于会计净资产的情况出现。

我们可以在2015—2016年间主导价值转型战略的新华保险身上找到数据佐证[2]。在偿二代实施的2016年，新华保险对公司2015年的数据进行了重述，3类净资产如下，见表5－10。

表5－10　新华保险2015年采用3种准则计算的净资产　　单位：亿元

会计净资产	偿二代调整净资产	偿一代调整净资产
578.41	768.17	499.90

偿二代的实施在中国保险业有划时代的意义。

它让原本被束缚在准备金里的、实际上非常大概率是保险公司赚的钱的剩余边际，成功释放了，使专注于保障型业务的保险公司实现了“轻资产”的商业模式。

唠叨了一大圈，其实需要我们谨记的是：**调整净资产对于负债的调整在于将会计准备金调整为内含价值准备金，调整后的负债会出现低于会计负债的可能。**

资产端的调整则是将资产由账面价值调整为市场价值的过程。关于账面价值和市场价值的差异，我们可以这样简单理解：账面价值是资产进入资产负债表时的价值（扣除折旧）。比如老东10年前买了一套房价值100万元，那么此时资产负债表中关于这套房的账面价值将是100万元。在往后的岁月，若没有资产重估的过程，这套房在资产负债表中一般会采用固定资产的原价（100万元）减去计提的累计折旧来记录账面价值；市场价值则是这套房此时此刻在市场可以变卖的公允价值，并不属于一般会计准

① 在前面我们曾提过，准备金中除了真的预期要支出的钱外，还包括风险边际和剩余边际两个“宝藏”。

② 中国平安财报未单独披露人身险部分的净资产，故无法比较。

则的范畴。由此可知，当一项资产的记账方式被从账面价值调整为市场价值时，往往会提高资产价值。

按内含价值评估标准期望体现公司价值的原则，**资产端的调整主要是将一些原本以账面价值计入资产负债表的资产调整为实际的市场价值**。在中国平安的年报中，原话为“若干资产的价值调整为市场价值”；在中国人寿年报中，我们也可以找到类似的原话，“对于资产的市场价值和账面价值之间税后差异所做的相关调整”。

综上，可以把调整净资产的过程描述为：

资产：将资产的账面价值调整为市场价值；

负债：将会计准备金调整为内含价值准备金；

调整净资产：为调整后的资产减去调整后的负债。

持有偿付能力额度的成本

在第四章中，我们提到了保险公司每销售出去一批保单，都要保证有一定的最低资本。这些“最低资本”必须在净资产中留着备用，因此不属于股东的自由盈余，自然也不能分红给股东。那么这些被“小黑箱”暂时锁起来的“最低资本”什么时候可以还给股东呢？自然是保单结束的时候。

有些读者不免心中苦恼，这么占用资本金的保险，还是好的商业模式吗？所幸，这些被“锁起来”的额度虽然不能还给股东，但还是可以用于投资的。这让隔壁同样需要依赖资本推动的银行业分外眼馋，也给保险行业的股东吃了颗定心丸。

“最低资本”可以用于投资，不可用于分红，并且随着保单生命周期完结才彻底释放完毕。那么只要不分红，岂不是和普通的净资产没什么区别了？

监管部门自然不会让保险公司的股东那么容易就过关。只要我们细想一下，就会发现签出保单所需的“最低资本”是有代价的，这个代价便是

“持有偿付能力额度的成本”——那个需要在新业务价值和内含价值中扣除的“坏东西”。

为了方便理解，我们再搬出“老东保单2.0”的例子。

表5－11　老东保单2.0（含最低资本）

科目	说明
履约责任	第20年初返还5万元
缴费方式	趸交
趸交保费	28514元
预定利率（定价折现率）	3%
内含价值投资收益率假设	5%
最低资本	10000元

（1）假设按监管要求，保单的最低资本是1万元。

（2）这1万元是可以用于投资的，预计可以产生5%的收益率。

（3）因为这1万元不可用于分红，且随着保单生命周期完结才释放，所以它投资赚的钱与保单通过承保赚的钱并无二致，计入保单的净利润，也需要用贴现率11%来贴现。

（4）一个尴尬的局面形成了：1万元先被用5%的投资收益率假设推到保单生命的尽头，其产生的投资收益又被以11%的贴现率从尽头贴现回现在，来了一趟时间的旅程。

（5）既然是旅程，当然是有成本的。因为11%的贴现率要大于5%的收益率假设，所以一来一回，1万元会变成小于1万元的金额。这个成本，便是持有偿付能力额度的成本。

（6）以老东保单2.0为例，其所需的最低资本是1万元，则该最低资本通过19年5%的复利投资可以达到25270元；25270元通过11%的贴现率贴回现在，为3479元。1万元与3479元的差值6521元，即为持有偿付能力额度的成本，需要在新业务价值或内含价值的有效业务价值中扣除。

持偿成本大概占新业务价值和有效业务价值多少比例呢？

在各家公司的“内含价值分析”章节可以找到答案。

以中国平安 2019 年年报为例，见表 5 – 1，平安人寿有效业务价值 5288.74 亿元，持有偿付能力额度的成本 389.38 亿元，约占 7.36%；新业务价值 901.91 亿元，持有偿付能力额度的成本 142.46 亿元，占比 15.80%。足见新产生的业务持有偿付能力额度成本占比会更高。这也好理解，时间旅行一来一回都是以折现的指数形式进行，而指数函数的特点就是随着时间推移，增减的速度越来越快。

至此，我们已经掌握了构成内含价值评估标准的 4 项基本要素：新业务价值、有效业务价值、调整净资产和持有偿付能力额度的成本。为此，我们兜兜转转，终于摸到了内含价值评估标准的裙角。欲握玫瑰，必承其痛，用来形容这一过程再不为过。

内含价值的增长秘诀

让我们再来回顾一下内含价值评估标准下的公司价值构成：公司价值由扣偿新业务价值及内含价值构成。扣偿新业务价值包括新业务价值与持有偿付能力额度的成本（简称持偿成本），内含价值包括调整净资产、有效业务价值及持有偿付能力额度的成本，如图 5 -6 所示。

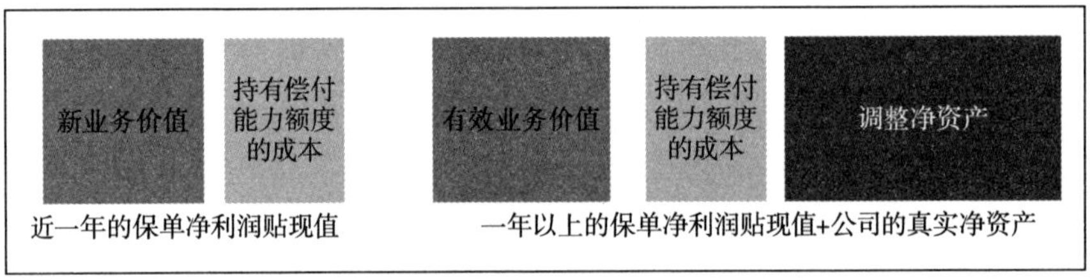

图 5 -6 新业务价值与内含价值的构成

如前文所述，在调整净资产中包含了部分只能用于投资、暂时不能还给股东的最低资本。最低资本只能在保单生命周期结束时才能归还股东。因而，我们又可以把调整净资产分为**自由盈余**和**最低资本**。

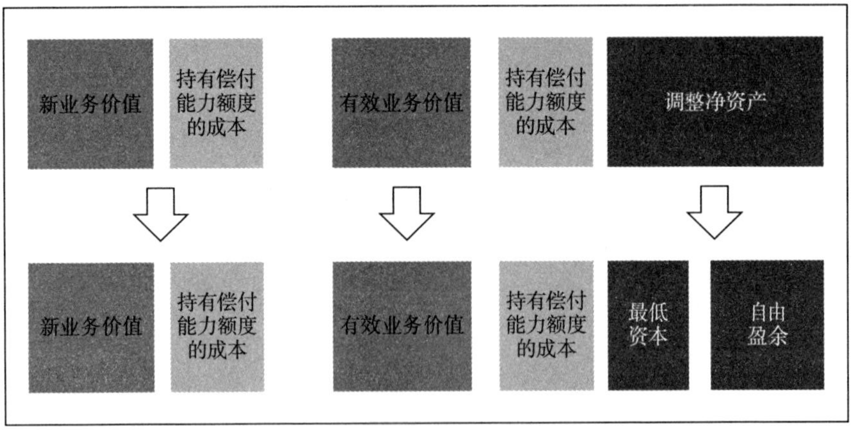

图 5 -7 调整净资产中的两部分构成及其在内含价值评估标准中所处的位置

特别需要说明的是，图 5 -7 中从调整净资产中分割出来的“最低资本”不仅包含了保障有效业务价值部分，也包含当年新签保单对应的新业务价值部分。

评估标准中，一是扣偿后新业务价值是公司价值源源不断增长的源泉，每年新增的新业务价值会带动公司经济价值的增长。二是有效业务价值是被按 11% 贴现率贴回现在的保单净利润。它们就像是一根被压缩了的弹簧，每年都会反弹 11%，释放一部分保单利润。三是调整净资产中的自由盈余部分，每年是按照 5% 投资收益增长的。让人头疼的是：最低资本和持偿成本（天啊，这家伙还是个负数）的增长，每年是多少呢?

当脑子不够用的时候，可以用手来补。让我们来举个简单例子模拟一下：某保单需要 100 元的最低资本，假设投资收益率是 5%，10 年后最低资本约为 163 元。163 元按照 11% 折现回现在就是 57 元。此例子中：

（1）最低资本：100 元；

（2）持偿成本：－（100－57）＝－43 元；

（3）最低资本＋持偿成本＝57 元；

（4）57 元按 11% 增长 10 年，约为 162 元，与 100 元按 5% 增长的结果 163 元近似相等。

由此可见，“最低资本＋持偿成本”（最低资本扣减其成本）每年增长 11%，最低资本每年增长 5%。最低资本扣减其成本增长至保单生命终点时，将保持与最低资本的最终结果一致，过程如图 5 -8 所示。至于持偿成本是个负数，我们就不谈它的增长率了，免得脑子彻底烧坏了。

在此基础上，我们还有一个更加烧脑的问题要弄清楚：虽然二者最终殊途同归，但在过程中，最低资本扣减其成本每年的增加额，会与最低资本的增加额一致吗？虽然最低资本扣减其成本的增速快些（11% ＞5%），但它的初始底子薄（初始值 57 元＜100 元），一低一高的乘积难言结果。为了弄明白这个问题，我们可以对图 5 -8 进行二次加工，看看二者的每年增加额是如何变化的。

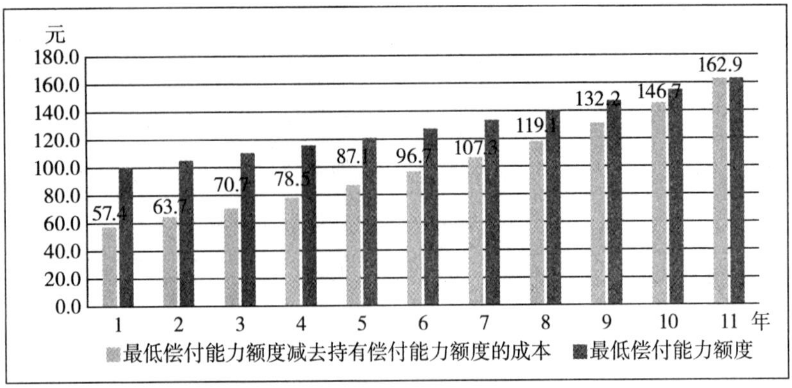

图5－8　最低资本扣减其成本与最低资本的变化

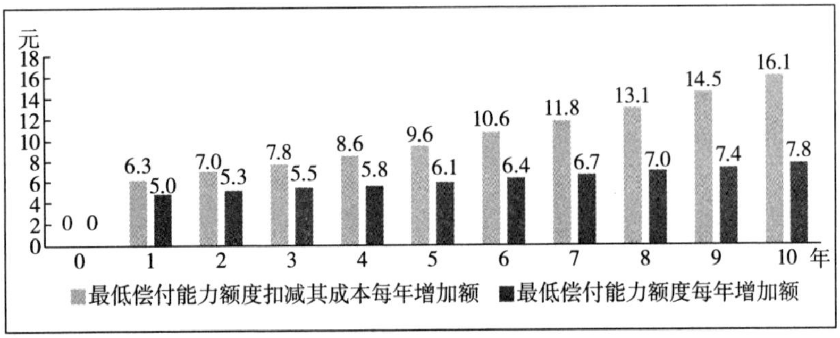

图5－9　最低资本扣减其成本与最低资本二者每年增加额的比较

从图5－9我们可以看到，最低资本扣减其成本在11%的增长率推动下，不仅增速更快，每年的增加额也更多（如第1年，增加6.3元>5.0元）。因此我们有推论：最低资本按5%增长的每年增加额 < 最低资本扣减其成本按11%增长的每年增加额。

内含价值＝自有盈余＋最低资本＋持偿成本＋有效业务价值，因而我们可以得出内含价值的增加额也应该是四者增加额之和。等式右侧第一项的每年增速是5%，最后一项的每年增速是11%，中间两项合体后的“最低资本扣减其成本”增速也为11%。综上所述，我们可以得到一个理论上的结论：**每年期初至期末内含价值的增量，由新业务价值创造，加有效业务价值11%的增长，加调整净资产中自由盈余5%增长，再加调整净资产中最低资本扣减其成本11%的增长**。它们构成了公司整体经济价值的增长。

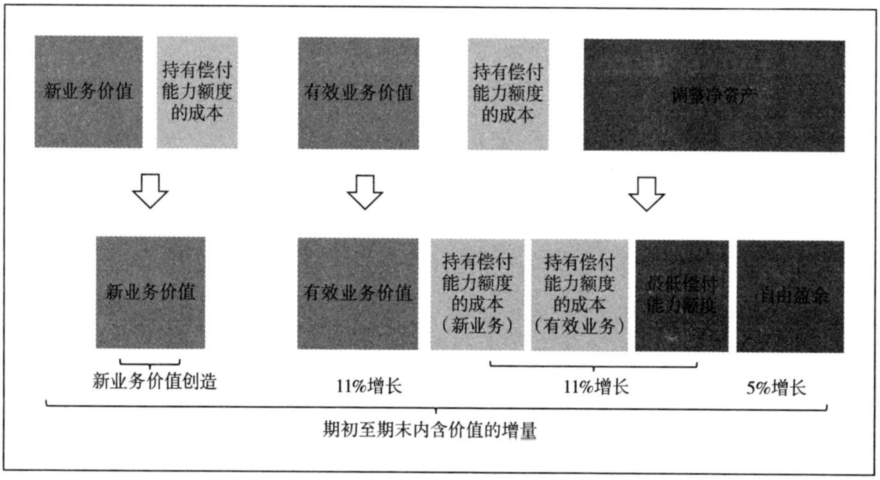

图 5-10　内含价值增长构成

从图 5-10 可以看出，不考虑新业务价值的情况下，内含价值增长由有效业务价值和调整净资产增长两部分构成，前者增长率是 11%，后者增长率约是 5% ~6%①，总体的增长是二者的加权。因此，保险公司内含价值增长的表现往往会先低后高再低。在“幼年”时，保险公司的业务还没发展起来，自由盈余占比较高，增长速度更靠近 6%；在“壮年”时，保险公司发展迅猛，有效业务价值占比较高，增长速度更靠近 11%；在“老年”时，保险公司大量的利润留存在公司，自由盈余臃肿，内含价值增速又向 6% 放缓。

要逃脱这个宿命，关键在保险公司的壮年期。大量留存的利润要么分红给股东，要么用于拓展新的业务扩张版图，以此降低自由盈余，提高资本的利用率。这是我们选择保险公司（集团）的关键逻辑，这种逻辑在数据上反映为公司的高分红，或者对有壁垒新业务版图的高投入，前者更加实在，后者依赖于投资者的判断。

值得我们注意的是，保险公司的内含价值变动表中，归属于有效业务价值贡献的金额往往会高于期初有效业务价值的 11%。其原因是保险公司

① 指持偿成本 + 最低资本的增长与自由盈余的增长的加权。

全年的业务推动会采用“开门红”的模式——开门红（第一季度）签单保费金额一般会达到全年1/3甚至一半的比例，因此这些在全年头几个月签下的保单也会在后续几个月释放部分有效业务价值。

此外，还有一点需要澄清的是，从**理论上讲**，内含价值的增长≠调整净资产每年增长5%+有效业务价值增长11%（这个错误非常容易犯，当然内含价值的增长，更不等于永续11%）。

为什么说上面的等式不成立呢？

我们知道：内含价值的增长=自由盈余增长（增长率：5%）+最低偿付能力额度扣减其成本增长（增长率：11%）+有效业务价值增长（增长率：11%），而调整净资产=最低偿付能力额度+自由盈余。若要内含价值增长也等于调整净资产每年增长（增长率：5%）加上有效业务价值增长（增长率：11%），需要有个预设条件，即：每年内，最低偿付能力额度扣减其成本×11%=最低偿付能力额度×5%。

这个预设条件是否成立呢？在前文我们已经模拟过了。其结论是：最低资本按5%增长的每年增加额 < 最低资本扣减其成本按11%增长的每年增加额。因此，这个结论是不成立的，即内含价值的增长≠调整净资产每年增长（增长率：5%）+有效业务价值增长（增长率：11%）。

内含价值的实际应用

理论归理论，作为投资者的我们在实际估算时，**建议还是采用“调整净资产每年增长+有效业务价值增长”进行近似计算**，虽然这样有失理论的严谨性，但有很强的实用性。反观理论公式中“有效业务价值11%的增长，加调整净资产中自由盈余5%增长，再加调整净资产中最低资本扣减其成本11%的增长”，虽然从逻辑上自洽度很高，却漏掉了很多实务需要考虑的问题，导致实用性很差。这些问题包括：

（1）调整净资产中永续投资收益率虽为5%，但保单头几年则是4.75%的假设①；

（2）调整净资产中自由盈余和最低资本的投资收益率需要考虑税收；

（3）调整净资产中还有一部分免税资产，也有一部分不可用于投资的资产；

（4）最低资本映射的数值未被披露，导致整个公式计算难度非常高。

如果觉得上面所说的原因太复杂，完全可以阅后即忘。我们仅需要记住的一点是：因为某些不可思议的精算原因，即使用复杂公式去计算，得到的也只是模糊正确的值，反而伤神费脑，那不如索性采用“调整净资产每年增长+有效业务价值增长”来计算，把宝贵的时间花在行业和公司的研究上。正如巴菲特所说的，模糊的正确，胜过精确的错误。

为了郑重其事，我们还是将这个“封神”的公式重写如下：

内含价值增长=调整净资产每年增长+有效业务价值增长

（不考虑扣偿新业务价值）

该公式在实际应用中还有两点需要我们注意。

---

① 以中国平安内含价值评估标准中的投资回报率假设为例。

一是由于调整净资产中有一部分不可投资产，加上需要考虑税收的原因，所以虽然内含价值投资收益率假设永续是5%，可落到实际计算上，综合下来只能取得3.5%左右的投资回报率；二是要分清“期初有效业务价值×11%”与“当期有效业务价值释放的利润”之间的差别，尽管在实际应用上可以认为它们近似相等，但含义上不等。

以保障型保单为例，保单在头两年因为巨额的费用往往现金流出很多，在均衡保费①的假设下，净现金流入很少甚至为负。保单在中期费用压力减少，而赔付概率又没那么高，因而净现金流入会较多。保单在后期随着赔付的概率增加，净现金流入又会减少。因此，在保障型保单整个生命周期，净现金流入会呈现“先低后高再低”的节奏。

新业务价值或者有效业务价值的本质，便是保单每期预期利润（换言之就是预期的净现金流入）按11%利率贴现到现在。因此其每期释放的预期现金流是不同的，每张保单从有效业务价值中“溜走的”实打实的现金流自然也是不同的。为了方便理解，我们可以假设某张保单的每期净现金流入如下，见表5－12。

表5－12　某张保单现金流情况　单位：元

项目	第1年	第2年	第3年	第4年	第5年
现金净流入	185.00	205.00	225.00	225.00	180.00
第0年末时的折现值	166.67	166.38	164.52	148.21	106.82
第0年末时的折现值合计	752.60				
第0年末时的新业务价值	752.60				
第1年末时的折现值	185.00	184.68	182.62	164.52	118.57
第1年末时的折现值合计	835.39				
第1年末时的有效业务价值	650.39				

从上表我们可以看到，在第0年末时的新业务价值等于第0年末时保单每年预期现金净流入的折现值，即166.67＋166.38＋164.52＋148.21＋106.82，为752.60元。

① 指每一期的保费相同。

在第1年末时，保单每年预期现金净流入的折现值为185.00+184.68+182.62+164.52+118.57，即835.39元，与752.60元的差额82.79元，恰好是752.60元的约11%。这就是为何我们说有效业务价值每年对内含价值的贡献是11%。

但这与每年有效业务价值中有多少变为现金，最后滚存到调整净资产没有直接关系。比如在上例中，保单第1年净赚的现金流是185元，与两期现金流折现差额82.79元相去甚远。

通过“自由现金流折现”法计算出来的有效业务价值，是对保单整体经济价值的判断，这个经济价值在第二年会变为前一年的111%，但其中多少是真金白银，多少仍被蕴含在有效业务价值里没有转换为现金，与保单类型关系较大。在内含价值评估标准中，对现金净流入的评估涉及当期保费收入、当期赔付的预期支出、费用的预期支出，这些都是决定当期现金流入多少的因素。

不过，虽然单张保单的“现金流出”（185元）与“有效业务价值×11%”（82.79元）的差距较大，但对于整个公司的全部保单而言，二者差距很小。究其原因，一是保险公司为了让内含价值的增长相对连续，会对不同阶段的存量保单使用不同假设，进行平滑；二是新增保单数量有限，对存量保单的冲击有限。因此虽然“期初有效业务价值×11%”与“有效业务价值在当期释放的现金流”在含义上不同，但在实务上二者差距并不大，大概只有百分之几的误差。

综上，我们可以得到内含价值的增长秘诀：

内含价值增长=期初调整净资产每年贡献（增长率：3%~4%）+期初有效业务价值每年贡献（增长率：11%）（不考虑扣偿新业务价值）

在上述计算中，期初有效业务价值是指上一年末的有效业务价值（调整净资产同理）。

最后我们还遗留了一个问题：为什么有效业务价值要分1999年6月前后？

1999 年前正值我国保险业快速发展期，各寿险公司（以中国人寿、中国平安为代表）为发展业务，预定利率一度定得很高，如 1993 年平均 9%，1996 年 5 月甚至达到 10%。直到 1997 年 11 月，在央行的利率不断下调的情况下，中国人民银行第一次发布《关于调整保险公司保费预定利率的紧急通知》，要求“将人寿保险业务的保费预定利率上下限调整为年复利 4% ~6.5%”。再后来，1999 年 6 月 10 日银行利率再降至 2.25%，在同一天原保监会发布《关于调整寿险保单预定利率的紧急通知》（保监发〔1999〕93 号），将评估利率下调至 2.5%，并规定各公司不得再签发预定利率超过上述利率的寿险保单。

基于此背景，当时的主流保险公司在接下来的日子都在为这些年埋下的利差损祸根埋单，以至于一度有公司要求业务员劝投保人把已承保的保单退保，退保成功有奖。由于大部分当年遗留的保单都是终身寿险，这些保单对保险公司隐含的亏损远未结束，这部分保单的有效业务价值正是年报中的“1999 年 6 月前承保的有效业务价值”。

为了弄明白内含价值评估标准，我们从一般会计准则开始，到了监管会计准则，又到了偿付能力体系，才兜兜转转完成目标。

相较之下，公司管理层面对的是充满各种可能性的未来，稍有不慎就会陷入类似利差损的永久性毁灭之中。每一页看似结构严谨的年报背后，都蕴含着历史碾过的痕迹。这些年报里保留了他们的许多过去，也预示着我们和他们的许多未来。因而在本节最后，老东期望大家可以默默感恩这些着实不易的保险公司管理层，感谢他们为我们奉献的逻辑盛宴。

一块钱在内含价值的世界

有关“一块钱”在保险公司如何流转的故事，我们已经在第二章介绍过了。在那个章节，我们介绍的“一块钱”，洁白无瑕，纯净如水，不含任何准则和假设。在历经各类准则和假设洗礼后，洗尽铅华的我们，还是需要回到这个基本原理来——这是理解一家公司的根本。让我们看看一块钱在内含价值的世界是怎么样继续书写传奇的吧。

我们将包含新业务价值的内含价值增长公式重写如下：

内含价值增长 = 调整净资产每年贡献（增长率：3% ~4%） + 有效业务价值每年贡献（增长率：11%） + 扣偿新业务价值贡献

为了更贴近实务地了解内含价值的增长，本期一块钱的故事将以公司模式上演。

2016 年平安人寿增长回溯

2015 年末，平安人身险部分的有效业务价值为 2313 亿元，调整净资产为 1222 亿元，持有偿付能力额度的成本（有效业务价值部分）280 亿元。

2015 年末，平安人身险部分的内含价值（已扣偿）为 3255 亿元。

2016 年内，平安人寿扣偿新业务价值 508 亿元。

在中国平安 2016 年年报的 48 页，我们可以找到 2016 年内含价值增长的全过程，见表 5 - 13。

表 5 - 13　2016 年平安人寿内含价值增长过程　　单位：百万元

	2016 年	说明
寿险业务 2015 年 12 月 31 日的内含价值	325,474	
年初内含价值的预计回报	27,346	2016 年出现的内含价值预期增长
新业务价值创造	68,720	

续表

	2016年	说明
其中：一年新业务价值	50,805	2016年销售的新业务的价值，资本要求计算基于保单层面
新业务内部的风险分散效应	7,311	新业务内部保单之间存在风险分散效应，降低资本要求和资本成本
新业务与有效业务的风险分散效应	10,604	新业务和有效业务之间存在风险分散效应，降低资本要求和资本成本
假设及模型变动	(42,115)	主要由于投资收益率等假设变动导致内含价值下降
市场价值调整影响	(1,020)	期初到期末市场价值调整的变化
投资回报差异	(547)	2016年综合收益口径的实际投资回报略低于假设回报
营运经验差异及其他	(259)	
资本变动前寿险业务内含价值	377,601	资本变动前寿险业务的内含价值增加16.0%
股东股息	(17,289)	平安寿险向股东支付股息对公司的影响
寿险业务2016年12月31日的内含价值	360,312	

2015年末有效业务价值2313亿元，按11%预计回报为254亿元。

2015年末调整净资产为1222亿元，按3.5%预计回报是43亿元。

二者合计，即“年初内含价值的预计回报”的理论值，为297亿元。而财报中的“年初内含价值的预计回报”实际值为273.46亿元，相对误差①为8.6%。差别原因我们已在前文提及。

新业务价值创造687亿元，其中508亿元是扣偿新业务价值（新增的），剩下的是新业务内部及与有效业务的风险分散效应导致。风险分散效应在内含价值中的贡献，是偿二代体系下计算最低偿付能力额度时使用的相关系数，业务的风险相关性越低，该值越高。

多提一嘴这个风险分散效应。我们在考虑持仓分散程度时，总会苦恼

① 相对误差 = |二者之差| ÷ 实际值，其中实际值为财报中的数值，后文相同。

究竟应该分散多少只股票到多少个行业。我们有“鸡蛋不要放到一个篮子”的古话，也有巴菲特老爷子的“集中投资”建议。那么究竟该如何解决这个苦恼呢？

我们可以效仿偿二代引入风险分散效应。比如当100万元投资于白酒，另外100万元投资于银行时，我们可以认为二者相关性非常低。这两个100万元产生正的风险分散效应，可以在原本保守的预期回报率（根据公司资本回报率打折计得）上乘以一个系数，预期这两笔投资的回报或许不会如预设的那般保守；当两个100万元都投资于相同或相近的行业时，则少产生或者不产生风险分散效应，预期收益率仍采用保守的姿态。

值得一提的是医药（特别是仿制药）、医院（特别是收入中医保占比大的）、殡葬业等与人们基本需求相关的行业，往往在机遇上表现为逐步开放的市场化空间，在风险上表现为受政策影响非常大，老东认为这类行业属于相关性极高的行业。用偿二代的话来说就是“难以贡献正的风险分散效应”。我们投资时要深度思考，切莫因为它们看起来商业模式差别较大，就认为这是分散了风险。话题延伸到此，我们收住，继续看内含价值增长。

在年初内含价值预计回报（有效业务价值和调整净资产回报）273亿元和新业务价值贡献687亿元后，突然跳出来在我们面前的是“假设与模型变动”，贡献了－421亿元。这负的421亿元并不是常规项，而是本期年报里独有的，其原因是平安调整了投资收益率。在中国平安2015—2016年年报的“内含价值”章节（分别为2015年年报第50页和2016年年报第46页），我们可以找到投资回报假设：

2015年年报，投资回报：

假设非投资连结型寿险资金的未来年度每年投资回报率为自4.75%起，以后每年增加0.25%，至5.5%并保持不变。投资连结型资金的未来投资回报在上述假设的基础上适当上调。这些假设是基于目前资本市场状况、本公司当前和预期的资产分配及主要资产类型的投资回报而厘定。

2016 年年报，投资回报：

假设非投资连结型寿险资金的未来年度每年投资回报率为自 4.75% 起，第 2 年增加至 5.0%，此后保持不变。投资连结型资金的未来投资回报在上述假设的基础上适当上调。这些假设是基于目前资本市场状况、本公司当前和预期的资产分配及主要资产类型的投资回报而厘定。

按 2015 年与 2016 年的内含价值评估标准部分的假设，2016 年的永续投资收益率改为了 5%（此前是 5.5%）。我们知道，新业务价值或有效业务价值是“时空穿梭”的产物。一笔钱按投资收益率假设（2016 年：5%）推进到了保单生命的终点，然后再将其按 11% 生生“拽”回到现在（贴现）。投资收益率调低了，而贴现率 11% 不变，自然就产生负收益了。

那么 5%，抑或 5.5%，究竟哪个假设合理呢？

在第二章“鲜为人知的资管”中我们已经有了答案。2014—2019 年这 6 年，平安人寿保险投资组合的总投资收益率平均值是 5.83%，都超过了 5.5%。而从更长的历史来看，超过 5.5% 的投资收益率也是大概率事件。见表 5 - 14。

表 5 - 14　2006—2015 年中国平安投资收益（%）

年度	财务净投资收益率	财务总投资收益率	公允投资收益率
2006	4.6	8.3	13.2
2007	4.5	14.1	23.1
2008	4.1	-1.7	-8.5
2009	3.9	6.4	8.3
2010	4.2	4.9	4.0
2011	4.5	4.0	1.5
2012	4.7	2.9	5.2
2013	5.1	5.1	4.5
2014	5.3	5.1	8.9
2015	5.8	7.8	7.8
过去 10 年平均	**4.7**	**5.6**	**6.5**

资料来源：中国平安 2016 年开放日材料。

由此可见，即使采用5.5%的投资收益率，对于中国平安来说也是合理的①。

在此后的3项是“市场价值调整影响”“投资回报差异”和“营运经验差异及其他”，加起来是-18亿多元，第一项预计是调整了一些在净资产调整过程中没完成的公允价值调整；第二项是因为当年公司的实际投资回报率略低于假设而导致；最后一项是由于实际营运稍微低于内含价值评估标准中的费率假设而导致。

最后留给我们的是“股东股息”。此项是平安人寿向集团支付的股息173亿元。对于中国平安的投资者而言，我们持有的是整个平安集团的股权。集团拿了平安人寿的利息，都是再分配给其他正在高速发展的板块，如科技板块。这种股息分配无非左口袋放右口袋的把戏，虽然在这里减少了，但在计算整个集团内含价值时会加回来，无须过度关注。

至此，2016年全年平安人寿的内含价值变化便落下了帷幕。全程如下：

（1）有效业务价值和调整净资产贡献：273亿元；

（2）新业务价值贡献：687亿元；

（3）调低收益率导致一次性贡献：-421亿元；

（4）给集团分红：-173亿元；

（5）市场价值调整、投资差异和营运经验差异：-18亿元；

（6）全年净增：348亿元。

2017年平安人寿增长回溯

2016年末，平安人身险部分的有效业务价值为2659亿元，调整净资产为1299亿元，持有偿付能力额度的成本（有效业务价值部分）355亿元。

2016年末，平安人身险部分的内含价值（已扣偿）为3603亿元。

① 仅是从过去来看，若未来利率走低，此结论未必成立。

2017年内，平安人寿通过开展业务新增的扣偿新业务价值674亿元。

表5－15　2017年平安人寿内含价值增长过程　　单位：百万元

	2017年	说明
寿险及健康险业务期初的内含价值	360,312	
年初内含价值的预计回报	31,745	内含价值预期增长
新业务价值创造	88,117	
其中：一年新业务价值	67,357	当期销售的新业务的价值，资本要求计算基于保单层面
新业务内部的分散效应	9,345	新业务内部保单之间存在风险分散效应，降低资本要求和资本成本
新业务与有效业务的风险分散效应	11,416	新业务和有效业务之间存在风险分散效应，降低资本要求和资本成本
营运假设及模型变动	(758)	
营运经验差异及其他	8,886	营运经验优于假设
寿险及健康险业务内含价值营运利润	127,989	
经济假设变动	—	
市场价值调整影响	(5,415)	期初到期末市场价值调整的变化
投资回报差异	30,212	综合收益口径的实际投资回报高于假设回报
寿险及健康险业务内含价值利润	152,787	
股东注资	638	公司向平安健康险注资
股东股息	(17,356)	平安寿险向公司分红
寿险及健康险业务期末的内含价值	496,381	

2017年内，有效业务价值和调整净资产的预计回报为317亿元，按理论增速（二者分别对应11%和3.5%的增速）算，应该是2659×0.11＋1299×0.035≈338（亿元），实际回报是317亿元，相对误差约为6.6%。再结合其他过程，整个2017年内含价值增长过程大致如下：

（1）有效业务价值和调整净资产贡献：317亿元；

（2）新业务价值贡献：881亿元；

（3）营运假设及模型变动：－8亿元；

（4）市场价值调整、投资差异和营运经验差异：337亿元；

（5）给集团净分红：-167 亿元；

（6）全年净增：1360 亿元。

2017 年的内含价值增长过程，有几点值得我们注意。

一是本期仍有模型变动导致 7 亿多元的变化，由于变动较整个内含价值而言较小，所以估计大概率是发病率、保单失效率等假设微调所致①。

二是本期仍出现了投资回报差异项，是正的 302 亿元，此收益来源于实际投资收益好于预期假设。如前文所说的（表 5-14），平安过去 10 年的财务总投资收益率平均为 5.6%。虽然在 2016 年将内含价值的投资收益率假设从 5.5% 调低为 5%（未来甚至可能再调低），但只要公司仍能保持优秀的实际投资回报，每年的投资回报超过假设的部分仍会在这里被装进来。都是“锅里的肉”，一块也跑不了。这也恰恰说明了，作为公司的股东，我们更应该关注的是公司能否保持长期优秀的投资能力，而对假设调节与否不必耗费太多精力。

三是本期出现了股东注资。在第一章时我们曾提及人身险分为寿险、健康险和养老险，其中寿险是当之无愧的“老大哥”，经历多年成长后，集团往往会把快速发展中的健康险业务分离，独立成立公司。相较国外，我国健康险在 2017 年时无论是结构还是占比，都还处于初级阶段，却是个在人口老龄化的将来，会成为“扛把子”的角色。因此集团收了钱后，向健康险公司再行注资，也属于可以理解的行为（集团向非人身险公司也会注资，但不反映在此处）。

2018 年平安人寿增长回溯

2017 年末，平安人身险部分的有效业务价值为 3524 亿元，调整净资产为 1839 亿元，持有偿付能力额度的成本（有效业务价值部分）399 亿元。

① 2015 年年报中披露了类似信息，但 2017 年年报中未见。

2017年末，平安人身险部分的内含价值为4964亿元（已扣偿）。

2018年内，平安人寿通过开展业务新增的扣偿新业务价值为723亿元。

表5－16　2018年平安人寿内含价值增长过程　　单位：百万元

	2018年	说明
寿险及健康险业务期初的内含价值	496,381	
期初内含价值的预计回报	45,326	内含价值预期增长
其中：有效业务价值的预计回报	38,522	期初有效业务价值和当年新业务价值的预计回报使用保守风险贴现率11%计算
调整净资产的预计回报	6,805	
新业务价值创造	93,237	
其中：一年新业务价值	72,294	当期销售的新业务的价值，资本要求计算基于保单层面
新业务内部的分散效应	9,582	新业务内部保单之间存在风险分散效应，降低资本要求和资本成本
新业务与有效业务的风险分散效应	11,361	新业务和有效业务之间存在风险分散效应，降低资本要求和资本成本
营运假设及模型变动	608	
营运经验差异及其他	13,938	营运经验优于假设
寿险及健康险业务内含价值营运利润	153,109	
经济假设变动	—	
市场价值调整影响	7,191	期初到期末自由盈余市场价值调整的变化
投资回报差异	(12,233)	
寿险及健康险业务内含价值利润	148,066	
股东注资	225	公司向平安健康险注资
股东股息	(31,449)	平安寿险向公司分红
寿险及健康险业务期末的内含价值	613,223	

2018年年报较之前的年报，终于增加了构成“期初内含价值的预计回报”的“有效业务价值的预计回报”和“调整净资产的预计回报”两个科目。2018年内，有效业务价值预计回报385亿元，按11%理论增速计算

结果为388亿元，相对误差约为0.8%；调整净资产预计回报68亿元，按3.5%理论增速计算结果为64亿元，相对误差约为6%。如前文我们分析的，造成内含价值预计回报与理论偏差的主要原因在于调整净资产的回报率远不到5%，实际我们按3.5%预估也达不到。

整个2018年内含价值增长过程大致如下：

（1）有效业务价值贡献：385亿元；

（2）调整净资产贡献：68亿元；

（3）新业务价值贡献：932亿元；

（4）营运假设及模型变动：6亿元；

（5）市场价值调整、投资差异和营运经验差异：89亿元；

（6）给集团净分红：－312亿元；

（7）全年净增：1168亿元。

由于2018年年报单独披露了“有效业务价值的预计回报”一项，我们可以在此基础上更进一步，通过计算，一窥前文提及的“期初有效业务价值×11%”与“有效业务价值在当期释放的现金流”之间的差别。为了方便理解，我们仍以表5－12的例子来说明。

在该例子中：

第1年末有效业务价值(650.39)＝期初有效业务价值×111%(752.60×111%＝835.39)＋新业务价值贡献(0)＋假设及模型变动(0)－有效业务价值当期释放的现金流(185.00)

第1年末的有效业务价值(650.39)≠期初有效业务价值×111%(835.39)＋新业务价值贡献(0)＋假设及模型变动(0)－期初有效业务价值×11%(82.79)＝期初有效业务价值(752.60)

具体过程见图5－11。

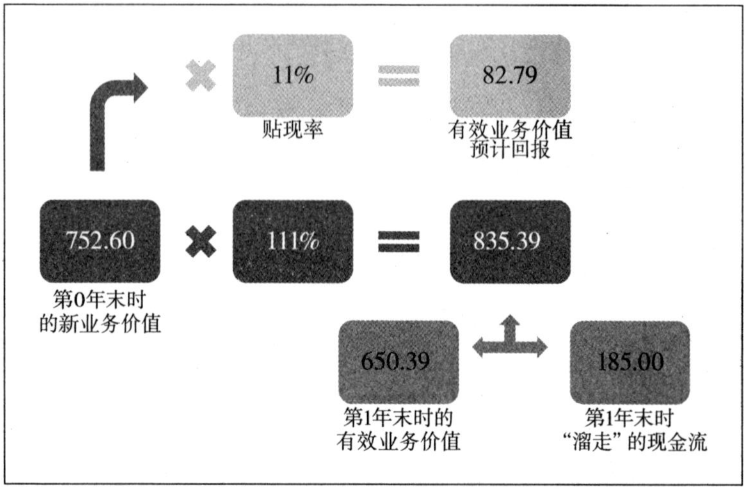

图5－11　某张保单第1年的有效业务价值增长分析（未考虑第0年的新业务价值）（元）

此过程中，期初有效业务价值×11%为82.79元，有效业务价值在当期释放的现金流为185元，二者是不相等的。

当然，上述过程是没有考虑新业务价值的。如果考虑新业务价值，需要在图5－11中间一行的等式上再加上第0年时的新业务价值，见图5－12。

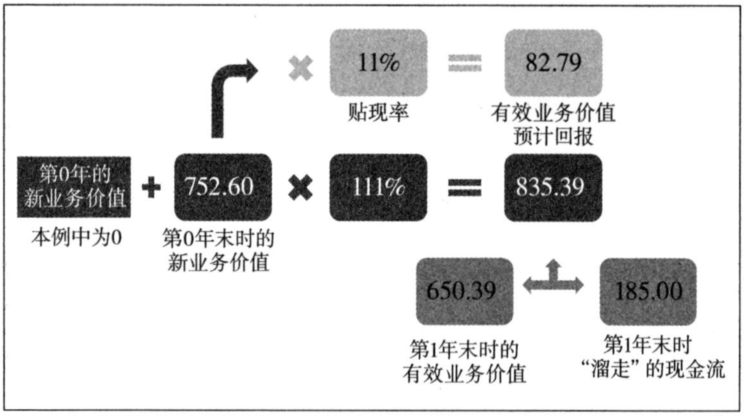

图5－12　某张保单第1年的有效业务价值与现金流分析（考虑第0年新业务价值）（元）

我们再回到2018年中国平安的年报：

首先是“期初有效业务价值×11%”。

按其披露，有效业务价值贡献385.22亿元，此值为“期初有效业务价值×11%”。

公司2017年末有效业务价值为3523.68亿元，乘以11%是387.60亿元，与385.22亿元对得上。

接下来就是“有效业务价值在当期释放的现金流”。

公司2017年有效业务价值为3523.68亿元，乘以111%是3911.28亿元。公司2017年考虑风险分散效应的新业务价值①为881.17亿元，二者相加为4792.45亿元。

公司2018年末有效业务价值为4355.58亿元。

公司“有效业务价值在当期释放的现金流”为4792.45－4355.58＝436.87（亿元）。

计算数据所需的“2017年有效业务价值”“2018年有效业务价值”“2017年考虑风险分散效应的新业务价值”都可在公司2017年和2018年年报“内含价值分析”章节中找到。

上述过程的变化见图5－13。

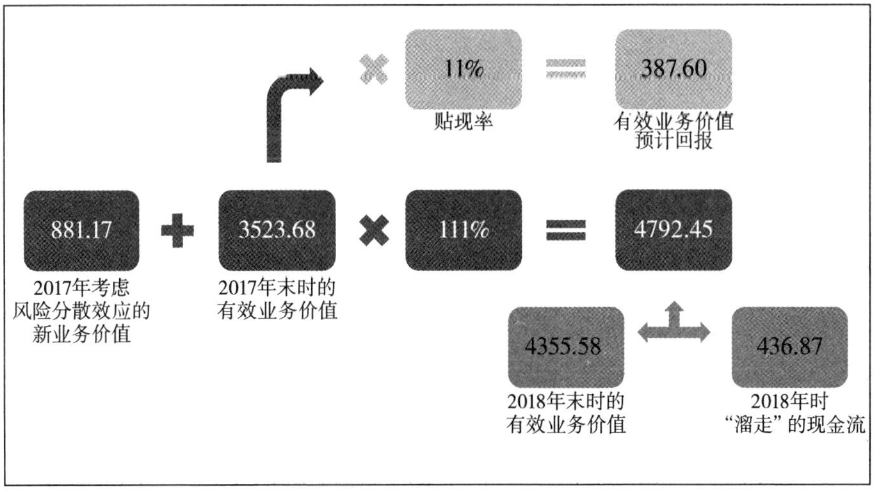

图5－13　2018年平安人寿有效业务价值增长分析（亿元）

① 此处假设2017年新业务价值在2017年没有摊销，即没有释放现金流。

在含义上，有效业务价值×11%与有效业务价值在当期释放的利润完全是两回事；在数值上，有效业务价值的保单当期释放并不等于甚至可能小于有效业务价值的11%。这个认知非常重要，它能让我们有效地解释为什么有些公司有效业务价值看起来很多，可利润释放起来却慢得要命，这类有效业务价值就是保险投资者们常说的“注水的有效业务价值”。

2019年平安人寿增长回溯

2018年末，平安人身险部分的有效业务价值为4356亿元，调整净资产为2129亿元，持有偿付能力额度的成本（有效业务价值部分）为353亿元。

2018年末，平安人身险部分的内含价值为6132亿元（已扣偿）。

2019年内，平安人寿通过开展业务新增的扣偿新业务价值为759亿元。

表5－17 中国平安2019年年报中披露的平安人寿内含价值增长过程

单位：百万元

	2019年	说明
寿险及健康险业务期初的内含价值	613,223	
期初内含价值的预计回报	57,757	
其中：有效业务价值的预计回报	49,868	期初有效业务价值和当年新业务价值的预计回报使用保守风险贴现率11%计算
调整净资产的预计回报	7,889	
新业务价值创造	90,048	
其中：一年新业务价值	75,945	当期销售的新业务的价值，资本要求计算基于保单层面
新业务内部的风险分散效应	7,080	新业务内部保单之间存在风险分散效应，降低资本要求和资本成本
新业务与有效业务的风险分散效应	7,023	新业务和有效业务之间存在风险分散效应，降低资本要求和资本成本
营运假设及模型变动	1,898	
营运经验差异及其他	3,672	营运经验优于假设

续表

	2019 年	说明
寿险及健康险业务内含价值营运利润	153,375	
经济假设变动	—	
市场价值调整影响	271	期初到期末自由盈余市场价值调整的变化
投资回报差异	32,142	投资收益优于假设
不属于日常营运收支的一次性项目	8,540	寿险及健康险业务 2018 年度所得税汇算清缴减少金额对集团归母净利润的影响
寿险及健康险业务内含价值利润	194,328	
股东股息	(48,536)	平安寿险向公司分红
股东持股计划	(1,525)	寿险及健康险业务长期服务计划及核心人员持股计划购股及当期摊销回冲
寿险及健康险业务期末的内含价值	757,490	

2019 年内，有效业务价值预计回报 499 亿元，按 11% 理论增速，计算结果为 479 亿元，相对误差约为 4%；调整净资产预计回报 79 亿元，按 3.5% 理论增速，计算结果为 75 亿元，相对误差约为 5%。这是我们自 2016 年看过来首次调整净资产的预计回报超过增速 3.5% 的假设。

整个 2019 年内含价值增长过程大致如下：

（1）有效业务价值贡献：499 亿元；

（2）调整净资产贡献：79 亿元；

（3）新业务价值贡献：900 亿元；

（4）营运假设及模型变动：19 亿元；

（5）市场价值调整、投资差异和营运经验差异：361 亿元；

（6）给集团净分红：-500 亿元；

（7）非常规项，所得税汇算清缴减少导致：85 亿元；

（8）全年净增：1443 亿元。

上述第 7 项是公司 2019 年清缴 2018 年税款时遇到税改，省下了 85 亿元[①]。由于是清缴过去的税，所以算本期内的一次性非常规项。

留给我们的启示

由于 2015 年之前采用的是偿一代，而偿一代向偿二代转换时，内含价值各方面数值对比起来参考意义不大，所以老东不打算回溯 2014 年和 2015 年内含价值的变化了。

通过 4 年的内含价值回溯，我们已经大概知道内含价值增长是怎么回事了。在这如白驹过隙的 4 年，虽然伴随着变幻莫测的逻辑演变，但对于案例中的平安人寿而言，无非投资赚了点调整净资产的预计回报，承保赚了点新业务价值，其他都是“回锅肉”——有效业务价值在代表保险公司经济价值的内含价值评估标准里来回倒腾罢了。

经过岁月的洗礼，老东觉得内含价值的增长过程，至少有 6 点值得我们注意。认清了这些，我们就能将内含价值评估标准从理论知识转变为深刻理解保险公司增长的工具。

一是内含价值的增长过程不是千篇一律的风景，时常会有“捣蛋鬼”出现。比如 2016 年就因为投资回报的假设变更，贡献了 –421 亿元；2017 年因为当年投资回报高于假设贡献了 302 亿元；2018 年虽无科目上的大变动，但顺应二级市场信息披露的透明化趋势，增加了“有效业务价值预计回报”和“调整净资产预计回报”两项；2019 年因为税改清缴省下了 85 亿元。要知道，内含价值的全年净增额无非 1000 亿元左右，这些“捣蛋鬼”数额高达百亿甚至几百亿级别，对内含价值的影响最高可达 40%，着实让人讨厌。

二是别总惦记着调整净资产和业务价值，营运经验差异的贡献不容忽

---

① 详情可查阅财政部、税务总局于 2019 年 5 月 28 日发布的 2019 年第 72 号《关于保险企业手续费及佣金支出税前扣除政策的公告》：保险企业所得税税前扣除比例，提高至当年全部保费收入扣除退保金等后余额的 18%（含本数），并允许超过部分结转以后年度扣除。

视。营运经验的差异主要来自内含价值评估标准中费用的假设。中国平安2019年年报内含价值评估标准中关于费用的假设如下：

费用假设根据本公司最近的费用分析而定。费用假设主要分为取得费用和维持费用假设，其中单位维持费用假设每年增加2%。

这个假设可以被认为是保守的。从2016年至2019年的增长过程中，营运经验及其他的贡献度也很高，数值分别为：-2.59亿元、88.86亿元、139.38亿元、36.72亿元。以1000亿元为基数，其平均值约占6.6%。

三是别小看了分散效应的贡献。前文所述，分散效应反映了“鸡蛋没放在一个篮子里”的程度，对公司的新业务价值产生正贡献。那么这个贡献比例大概是多少呢？以2019年年报为例，扣偿后新业务价值为759亿元，算上风险分散效应后的新业务价值为900亿元，对扣偿新业务价值有16%的提升作用。若放到全年内含价值净增额看，其占比也高达13%。此外，并非所有公司都会在内含价值增长中考虑新业务价值的分散效应。比如新华保险在2018年回答投资者此类问题时就表示：“公司在计算内含价值时采取了最保守的以保单作为计量要求资本单元的方法，未考虑保单之间、险种之间要求资本可以正负相抵的情况，因此分散效应为零。”

四是实务上计算调整净资产和有效业务价值的预计回报率，用3%～4%和11%是可行的。我们已从回溯的过程中体验到，用该公式虽然与实际增值还是有偏差，但差距不大。以平安为例，2016年至2019年的相对误差分别为：8.6%，-6.6%，0.8%，4.0%，误差均值为1.7%。

五是有效业务价值的预计回报在含义上不等于有效业务价值释放的现金流。依据前文的测算，2018年有效业务价值贡献385.22亿元，而有效业务价值在当期释放的现金流为436.87亿元，二者数值上是有差别的。而在含义上二者差别更大。

六是投资回报是“锅里的肉”，不用担心投资收益率假设。按前文演示的过程，虽然平安人寿在2016年因投资收益率假设导致内含价值一次性损失421亿元，但2016—2019年，内含价值增长的过程中，投资回报差异分别导致内含价值变化：－5 亿元、＋302 亿元、－122 亿元、＋321 亿元，合计带来 496 亿元的正收益，已然追回当初一次性计提的损失。因此我们真正应该关心的是公司是否可以保持优秀的投资回报水平，投资收益率假设调整与否并不是核心问题。

保险集团内含价值的增长

在中国A股市场上市的保险公司中，中国平安是综合金融保险集团，旗下除了人身险公司[①]外，还有财产险、银行、证券、信托、融资租赁及其他科技类公司；中国太保是保险集团，包含了人身险公司和财产险公司；中国人寿全称为中国人寿保险股份有限公司，只经营人身险业务（但持有国寿财产险、广发银行股份，二者为中国人寿的联营企业，截至本书成书时未并表）；新华保险是纯粹的人身险公司。作为保险集团，中国平安和中国太保的内含价值增长过程不仅包含人身险公司部分，还包含了其他部分的业务。而中国人寿和新华保险则会简单许多。

那么保险集团的内含价值增长计算的过程，又是怎么样的呢？

以中国平安为例，除人身险外其他业务的内含价值计算过程为：

（1）计算其他业务的营运利润；

（2）计算其他业务的净分红；

（3）二者相加得到其他业务留存在调整净资产的当期营运利润；

（4）得出其他业务期末调整净资产，作为其他业务的内含价值入账；

（5）其他业务内含价值加上寿险及健康险业务的内含价值，即为集团的内含价值。

中国平安集团内含价值增长的相关情况见表5-18，以2019年为例。

表5-18　中国平安2019年年报中关于集团内含价值增长的描述

单位：百万元

	2019年	说明
寿险及健康险业务期末的内含价值	757,490	

① 指寿险公司、健康险公司和养老险公司。

续表

	2019 年	说明
其他业务期初的调整净资产	389,233	
其他业务当年营运利润	44,901	
其他业务当年非营运利润	1,847	平安产险 2018 年度所得税汇算清缴减少金额对集团归母净利润的影响
市场价值调整影响及其他	(27)	
资本变动前其他业务期末的调整净资产	435,954	
子公司向公司分红	48,536	平安寿险向公司分红
股东分红	(33,775)	公司支付给股东的股息
员工持股计划	(2,670)	长期服务计划及核心人员持股计划购股及当期摊销回冲
股票回购	(5,001)	回购平安集团股票
其他业务期末的调整净资产	443,043	
公司期末的内含价值	1,200,533	
期末每股内含价值（人民币元）	65.67	

注：因四舍五入，直接计算未必相等。

从中国太保的整个内含价值增长过程，我们也可以找到类似的逻辑，以 2018 年为例，见表 5－19。

表 5－19　中国太保 2018 年年报中关于集团内含价值增长的描述

单位：百万元

1	**寿险业务 2017 年 12 月 31 日内含价值**	214,037	
2	内含价值预期回报	20,792	2017 年内含价值在 2018 年的预期回报和 2018 年新业务价值在 2018 年的预期回报
3	一年新业务价值	27,120	2018 年销售的寿险新业务价值
4	投资收益差异	231	2018 年实际投资收益与投资收益评估假设差异
5	营运经验差异	(172)	2018 年实际营运经验与评估假设的差异
6	评估方法、假设和模型的改变	(1,085)	经验假设、方法变动和模型完善
7	分散效应	2,827	新业务及业务变化对整体要求资本成本的影响

续表

8	市场价值调整变化	3,001	资产市场价值调整的变化
9	股东股息	(8,420)	太保寿险支付给股东的股息
10	其他	97	
11	**寿险业务 2018 年 12 月 31 日内含价值**	258,428	
12	**集团其他业务 2017 年 12 月 31 日经调整的净资产价值**	78,336	
13	利润分配前净资产价值变化	13,581	
14	利润分配	(7,474)	集团对股东的利润分配
15	市场价值调整变化	985	资产市场价值调整的变化
16	**集团其他业务 2018 年 12 月 31 日经调整的净资产价值**	85,427	
17	少数股东权益调整	(7,714)	少数股东权益对 2018 年内含价值的影响
18	**截至 2018 年 12 月 31 日集团内含价值**	336,141	

上述过程中，唯一让我们有点困惑的就是“营运利润”了。在这里我们可以简单地把它理解为剔除了一次性影响或者非常规项的净利润。它继承了与内含价值一致的思路，寻求的是一种对公司价值持续性的表达。在下一章中，老东会详细解读“营运利润”。

第六章

两面讨好的营运利润

通过前文的分析我们了解到，内含价值是一种从将来看现在的“世界观”。从将来看现在，因此免不了涉及各种假设，包括死亡发生率、投资收益率、费用率等。这些假设仿佛虚拟世界的架构师，构建了调整净资产和有效业务价值，最终形成了内含价值。

由于涉及的假设和算法繁多，一方面涉及机密，公司无法穷尽披露；另一方面，即使全披露了，显现在投资者眼前的也将是一座高耸入云的“精算山峰”，难以攀登。因此，内含价值虽然是最符合“自由现金流折现法”的计量标准，是公司经济价值最根本的表现形式，却让大多数投资者难以接受——以至于得出“保险股太难了”的结论。

心理学的研究表明①，当我们的学习过程中具有 15.87% 的意外率时，学习的效率是最高的，接受新知识也是最快的。意外率太低，则学之乏味；意外率太高，则难度太大。内含价值评估标准对于普通投资者而言，显然是后者。于是，营运利润体系应运而生。而无独有偶，老东发现它较之一般会计准则，意外率也在 15.87% 左右。

① 引自美国亚利桑那大学和布朗大学研究者的《最优学习的 85% 规则》论文。

讨好一般会计准则

营运利润带着在可接受度和真实度间寻找平衡的使命“呱呱坠地”，要在内含价值评估标准和一般会计准则间极力斡旋，其安身立命的核心便是两边讨好的能力。既然名为“营运利润”，那么必然与“净利润”脱不了干系。自从诞生之初，营运利润第一个讨好的就是一般会计准则。以中国平安为例，在其2019年年报第16页如此写道：

由于寿险及健康险业务的大部分业务为长期业务，为更好地评估经营业绩表现，本公司使用营运利润指标予以衡量。该指标以财务报表净利润为基础，剔除短期波动性较大的损益表项目和管理层认为不属于日常营运收支的一次性重大项目。

营运利润尽可能地采用了与内含价值相同的假设，因此剔除的内容主要包括：

短期投资波动：将投资收益率定为内含价值投资假设（5%），高了低了的统统剔除。

折现率变动：剔除当期因调整折现率提升或降低的那部分提取准备金支出。

其他管理层认为是一次性支出的：比如2019年因税改清缴2018年税收带来的利润提升。

在A股上市的4家保险公司中，目前仅有中国平安和中国太保披露了营运利润的内容。中国平安首次披露营运利润是2017年半年报，中国太保则是2019年半年报。由于中国平安披露营运利润的历史最久，体系也相对完整，本书将以其为案例进行分析。

在中国平安2019年年报的“主要业务经营分析：业绩综述”章节（第17

表 6－1　中国平安营运利润增长

单位：百万元

	寿险及健康险业务	财产保险业务	银行业务	信托业务	证券业务	其他资产管理业务	科技业务	其他业务及合并抵消	集团合并
归属于母公司股东的净利润	102,659	22,697	16,342	2,595	2,319	4,680	3,487	(5,372)	149,407
少数股东损益	1,078	111	11,853	3	57	761	1,174	(79)	14,958
净利润(A)	103,737	22,808	28,195	2,598	2,376	5,441	4,661	(5,451)	164,365
剔除项目：									
短期投资波动(B)	**19,354**	—	—	—	—	—	—	—	19,354
折现率变动影响(C)	**(13,164)**	—	—	—	—	—	—	—	(13,164)
管理层认为不属于日常营运收支而剔除的一次性重大项目(D)	**8,597**	1,856	—	—	—	—	—	—	10,453
营运利润(E＝A－B－C－D)	88,950	20,952	28,195	2,598	2,376	5,441	4,661	(5,451)	147,722
归属于母公司股东的营运利润	88,054	20,850	16,342	2,595	2,319	4,680	3,487	(5,372)	132,955
少数股东营运利润	896	102	11,853	3	57	761	1,174	(79)	14,767

页)，我们可以找到一般会计准则下净利润向营运利润的调整过程，如表6－1所示。

调整短期投资波动：净利润扣减194亿元

人身险业务的净利润向营运利润调整的过程中，剔除了短期波动194亿元。年报往下翻几页，在“主要业务经营分析：寿险及健康险业务”章节（第26页)，我们可以看到人身险部分全年投资收益为1747亿元，总投资收益率是7%，见表6－2。

表6－2　平安人寿投资收益　　单位：百万元

	2019年	2018年
净投资收益[1]	130,702	114,169
已实现收益[2]	(722)	1,482
公允价值变动损益	44,658	(36,067)
投资资产减值损失	44	(200)
总投资收益	174,682	79,384
净投资收益率[3](%)	5.2	5.2
总投资收益率[3](%)	7.0	3.6

注：(1) 包含存款利息收入、债权型金融资产利息收入、股权型金融资产分红收入、投资性物业租金收入以及应占联营企业和合营企业损益等。

(2) 包含证券投资差价收入。

(3) 上述投资收益率计算未考虑以外币计价的投资资产产生的净汇兑损益。作为分母的平均投资资产，参照Modified Dietz方法的原则计算。

营运利润的投资收益率假设①是5%，与总投资收益率②的7%相差2个百分点，对应的是499亿元③。那么为何净利润向营运利润的调节只剔

① 同时也是内含价值的投资收益率假设。

② 此处应该拿营运利润(或内含价值评估标准中)的投资收益率与营运利润投资收益率假设进行对比更为合理,而不是拿一般会计准则下的总投资收益率与营运利润投资收益率假设进行对比。营运利润体系下的投资收益率名为“综合投资收益率”,其值等于(总投资收益＋税收和影子会计调整之前的其他收益)/平均可投资产。但由于“税收和影子会计调整之前的其他收益”一般非常小,且并不是每家公司的每期年报都有披露,因此营运利润体系下的“综合投资收益率”往往与一般会计准则下的“总投资收益率”差异不大。简单起见,此处用总投资收益率代替综合投资收益率。

③ 1746.82×2%÷7%≈499(亿元)。

除了194亿元呢?

这还得回到第一章的内容。按《关于强化人身保险精算监管有关事项的通知》要求,分红险红利分配比例为70%,这意味着保险公司需要在遵守某些要求的情况下,自行定义不小心多赚的钱,然后把它的70%分给客户。虽然平安人寿2019年总投资收益多赚了499亿元,但其中还有一部分需要分给客户[①],分完后剩下的给净利润带来了194亿元的贡献——这就是我们要寻找的答案。结构大概是这样的,见图6-1。

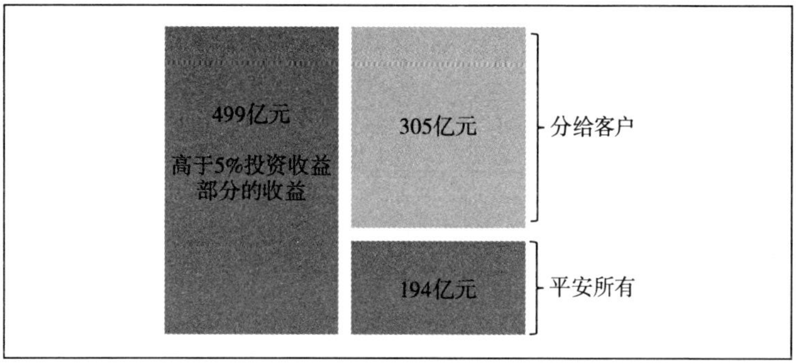

图6-1 按精算规定初步推测的2019年平安人寿投资高于5%部分的分配

我们还可以从利润表的角度来求证此事。

同样在年报“主要业务经营分析:寿险及健康险业务”章节,我们可以找到在平安人身险部分的利润表(年报第24页),其中保费收入转换为利润的过程,见表6-3。

表6-3 平安人寿2019年利润表 单位:百万元

	2019年	2018年
规模保费	611,637	570,523
减:未通过重大保险风险测试的规模保费	(3,543)	(5,654)
减:万能、投连产品分拆至保费存款的部分	(84,422)	(93,169)
原保险保费收入	523,672	471,700

① 此处分给客户的金额是305亿元,并不是349亿元(即499×70%)。分给客户的金额依赖于“自行定义的不小心多赚的钱”×70%,而非会计上多赚的钱(499亿元)×70%。

续表

	2019 年	2018 年
分保费收入	3,139	659
保险业务收入	526,811	472,359
已赚保费	517,140	465,583
赔款及保户利益	(**445,775**)	(**323,494**)
保险业务佣金支出	(80,034)	(84,142)
业务及管理费支出	(54,787)	(50,202)
总投资收益	174,682	79,384
其他收支净额	(2,428)	(5,870)
税前利润	108,798	81,259
所得税	(5,061)	(22,502)
净利润	103,737	58,757

利润表中，分给客户的红利一般蜷缩在“赔款及保户利益”（还记得吗，除了客户红利外，这里面装的更多是“提取准备金”）科目下，2019年该项支出为193亿元（见表6-4）。这意味着投资收益多赚的499亿元中，有193亿元需要分给客户，剩下306亿元。

表6-4 平安人寿赔款及保户利益 单位：百万元

	2019 年	2018 年
退保金	26,661	21,539
退保率(%)	1.4	1.3
保险合同赔付支出	86,086	84,713
赔款支出	20,381	15,836
年金给付	9,557	22,725
满期及生存给付	25,983	22,186
死伤医疗给付	30,165	23,966
摊回保险合同赔付支出	(4,623)	(2,653)
保单红利支出	**19,329**	16,445
保险责任准备金的净增加额	286,687	186,043
投资型保单账户利息	31,635	17,407
合计	445,775	323,494

换言之，从当期利润表的角度看，净利润要减去306亿元的短期波动

才可“剔除”短期波动的影响。那么，为何当期净利润向营运利润调整的过程中，净利润只减去了 194 亿元（见表 6－1）？

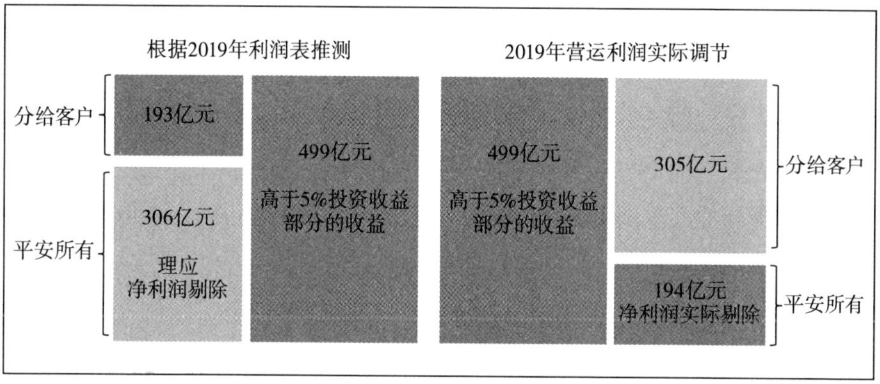

图 6－2　2019 年根据利润表推测与营运利润实际剔除的超过 5% 的部分投资收益

很多问题我们看不到答案，只因看得太短，或者看得不全。

如上文所述，保险公司需要在遵守某些要求的前提下，自行定义不小心多赚的钱，然后把它的 70% 分给客户。这个自行定义赚的钱并不是当期的，而是在保单全生命周期的。对于管理大批量保单的保险公司而言，自然要施展“秋收冬藏”的绝技——在好的年份多提一些，在坏的年份少提一些，以此平滑公司的业绩。隔壁银行业最喜欢干的事情也是这样，经常在好的年份把多余的利润藏在为不良贷款准备的“拨备覆盖率”里。

若我们把平安自 2016 年起[①]披露的“剔除短期投资收益波动”与对应年份里的“投资收益率高于 5% 的部分”放到一起看，会发现一个非常有趣的现象，见表 6－5。

表 6－5　对比分析　　单位：亿元

项目	2016 年	2017 年	2018 年	2019 年	求和
总投资收益高于 5% 的部分（总和）	48.04	205.23	－308.72	499.09	443.65
剔除的短期投资收益（归属平安）	21.68	45.32	－128.53	193.54	
计提保单红利（归属客户）	26.36	159.91	－180.19	305.55	311.64

① 2016 年数据由中国平安 2017 年追溯调整而来，在 2017 年年报中可以找到。

若我们假设高于5%的部分要按一定比例分给客户，那么披露于每年的净利润向营运利润调整项的“剔除的短期投资收益”就是给客户分完后剩下给保险公司的。上表的“计提保单红利”等于前两者相减，说白了就是分给客户的部分。当我们用“计提保单红利之和”除以“总投资收益高于5%的部分”时（311.64÷443.65×100%），四舍五入后正好是70%。

70%是个巧合吗？大概率是的。

一是平安承保的保单显然不全是分红险，所以不可能把超出5%的部分一定按70%分出去；二是我们也不知道分红险“自行定义”要分的70%对应的投资收益率区间是什么，有可能是4%～6%，也有可能是5%～7%，这都将使上述计算的逻辑不成立。

但70%的计算结果丝毫没用吗？不见得。至少能说明从4年的时间长度看，净利润向营运利润调整过程中的“剔除的短期投资收益波动”是可靠的且合理的。虽然它在2019年当期实际只计提了194亿元，比当期投资收益率高于5%的部分减去当期保单红利少了不少，但从长期来看这个比例还是会回归的。

作为投资者，很多时候我们可以做到“看不短”，但永远解决不了“看不全”的困境。

这也是保险行业乃至金融行业投资者的一种无奈。

调整折现率变动影响：净利润加上132亿元

在第三章“让人讨厌的各种准则”里的“会计利率与会计准备金”一节，我们曾提到保险公司的准备金包括未到期责任准备金和未决赔款准备金两类。提取这两类准备金的动作也蜷缩在“赔款及保户利益”中，占当期营业收入（已赚保费）的50%以上，轻微动静就能让净利润“吓出冷汗”。

会计准备金的计提与折现率有莫大关系。折现率上升，意味着保险公司的潜在投资收益率上升，同时意味着保险公司无须在现在准备那么多钱，准备金自然下降。

在计量标准上，折现率以“750 个工作日十年期国债收益率曲线的移动平均”为基准外加一个“流动性溢价”。为方便讨论，我们把前者简称为“750 日国债”。中国平安 2019 年年报有如下描述：

本集团对未来保险利益不受对应资产组合投资收益影响的长期寿险和长期健康险保险合同，考虑保监会财会部函〔2017〕637 号文等相关规定，以中央国债登记结算有限公司编制的“保险合同准备金计量基准收益率曲线”为基础，加上税收及流动性溢价确定折现率假设。2019 年 12 月 31 日评估使用的即期折现率假设为 3.29% ~4.60%（2018 年 12 月 31 日：3.28% ~4.75%）。

2019 年中国平安年报的会计变更给了我们一个研究此调整科目的绝佳机会。关于此次调整，中国平安公告如下：

中国平安保险（集团）股份有限公司监事会关于会计估计变更的专项说明

根据上海证券交易所《关于做好上市公司 2019 年年度报告披露工作的通知》的有关要求，中国平安保险（集团）股份有限公司（以下简称“公司”）监事会对《公司 2019 年年度报告》中因执行中国财政部《企业会计准则解释第 2 号》的有关规定所涉及的保险合同准备金会计估计变更相关内容进行了审议，具体如下：

公司在计量长期人身险保险合同的保险责任准备金过程中须对折现率/投资收益率等经济假设和死亡率、发病率、退保率、保单红利及费用等非经济假设作出重大判断。这些计量假设需以资产负债表日可获取的当前信息为基础确定。公司于 2019 年 12 月 31 日根据当前信息重新厘定上述有关假设（主要是保险合同负债评估的折现率基准曲线变动及综合溢价调整），并对未来现金流的估计予以更新，所形成的相关保险合同准备金的变动计入本期间利润表。此项变动增加 2019 年 12 月 31 日寿险及长期健康险责任准备金人民币 20,774 百万元，减少 2019 年度税前利润人民币20,774百万元。

公司监事会认为公司根据《企业会计准则解释第 2 号》并基于资产负

债表日可获得信息所作出的上述会计估计变更是合理的。上述会计估计变更对2019年度税前利润的影响为减少税前利润合计人民币20,774百万元。

中国平安保险（集团）股份有限公司监事会

2020年2月20日

按年报披露的会计变更说明，2019年末由于准备金折现率的下调，导致保险合同负债变动，因此需要在当期多计提约208亿元的准备金，税前利润受到对应损失。这208亿元落到税后，就是132亿元。由于这是折现率的一次性调整，因此视为净利润向营运利润的一次性调整项进行剔除，这理由说得过去，但调节的动机，就“细思极恐”了。

为什么这么说呢？我们看看构成折现率的两个因素，先是750日国债。

图6－3　债券市场十年期国债到期收益率走势

从图6－3中可以看出，2019年全年十年期国债到期收益率是向下走的，但750日国债却是向上的（因为750天的十年期国债到期收益率平均值是向上的）。按理说，750日国债向上，折现率也应该上调，可平安的操作却是下调。此举引来各大媒体和分析师铺天盖地的报道分析，认为平安故意藏利润，但真的如此吗？

问题出在构成折现率的另一个调节因素：流动性溢价。

从图6－3中我们可以看出，虽然750日国债向上，但2019年全年十年期国债到期收益率是向下的。站在平安的角度，完全有可能认为未来预期收益率要走低，因此可以加大对流动性溢价这个参数的调节（负方向），使两个参数之和小于零，从而使折现率下调。

那么，究竟是因为判断未来预期收益率走低而调节，还是为了藏利润而调节呢？

这是个好问题，但如本书前面遇到的诸多问题一般，属于“看不全”窘境中的一类。

这种看不全，不仅是我们对平安调节背后的意图看不全，更是哪怕我们摸清了管理层的意图，拿着刀架在董事长马明哲或者首席精算师姚波先生头上，让他们告知心里的答案，也无法看全未来几年十年期国债的走势。

那么我们究竟该如何看待这件事呢？

这牵扯到另一个话题，在信息不对称或者未来不可知的情况下，如何保障我们的投资。

作为在信息获取方面天然处于劣势的个人投资者，当我们穷尽力量却无法对管理层背后的意图做出大概率正确的判断时，我们可以采用“有罪推定”的方式——认为管理层做此事是出于私心考虑。在此基础上，对公司未来的预期增长或者整体估值打个折扣，以此保护自己。

那么这件事，管理层的私心是要藏利润，还是要未雨绸缪，就有赖于每个人对行业和公司的洞察了。比如宏观经济分析师会说，长期利率水平较低，这件事更倾向于未雨绸缪；比如金融圈“狗仔队”会说，由于2019年首席保险官李源祥先生跳槽到友邦，所以恶意做低全年利润，主要是为了藏利润……老东则认为此事有60%是为了未雨绸缪，40%是为了藏利润，就此对公司估值打个折，这件事就算过去了。至于这个比例是怎么来的，自然是产生于持续的阅读、交流和思考的过程。

税改带来的一次性汇算清缴损益：净利润扣减86亿元

这件事有点麻烦，我们还得从纳税说起。

作为自然人，公司给我们发工资时，有些项可以税前扣除，有些项是在税后扣除的。比如社保和公积金，是可以税前扣除的（更专业的说法叫抵扣）；员工在公司餐厅吃饭的餐费，住宿的住宿费和水电费，则不可以税前扣除。

税前和税后扣除的差别，在于税前扣除后对到手收入的影响小，税后扣除的影响大。比如某人月收入3万元，公积金缴3000元，社保缴2000元，则经过税前扣除后，扣税基数变为了25000元。在这25000元基础上按一定税率进行扣除，就得到税后收入，假设是22000元。至于餐费500元、住宿费2000元等支出，就全要从22000元里直接扣。

什么东西税前扣除，什么东西税后扣除，由财政部规定。

落到保险公司头上，也是相同的逻辑：在2019年5月29日之前，各大保险公司遵循的纳税条例是财政部〔2009〕29号文，文中规定人身险公司业务手续费高于10%（财产险公司是15%）的部分，不可税前列支且需要纳税调增。

在个人所得税里，餐费500元、住宿费2000元直接在税后扣除。而在保险公司的这个案例里，扣除的方式便依赖于所谓的“纳税调增”——一种计算财政部从保险公司口袋里再掏多少钱的方法。这招多年以来让保险公司苦不堪言，特别是财产险公司[①]。

比如，某公司的手续费费率为20%，则其中有5%[②]需要“纳税调增”。额外增加的税＝保费收入×5%×所得税税率（所得税税率为25%）。以平安财产险2018年2119亿元已赚保费而言，需要额外扣除约26亿元。要知道，2018年全年平安财险税前利润才198亿元，“纳税调增”占比约13%。

幸运的是，2019年5月29日，情况得到了改善。

2019年5月28日，财政部、国家税务总局发布公告，明确保险企业

① 财产险公司由于商用车饱和度到达瓶颈、产品同质化等原因，竞争激烈，大家都在拼手续费。

② 此处为案例假设，实际上2019年以前税前扣除比例为15%。

发生的手续费及佣金支出的企业所得税税前扣除政策，自 2019 年 1 月 1 日起执行。政策里规定了保险企业手续费及佣金支出税前扣除比例由 15% 提升至 18%。超过限额部分允许结转以后年度扣除。

于是乎，我们会看到 2019 年保险公司的业绩得益于这条政策，都有了不错的增长。

但问题来了，这政策以后都会这样执行，很明显是个常规动作，那么为何要在净利润向营运利润的调整过程中，认为是一次性重大项目，而要剔除呢？

这还得从公司的缴税方式说起。

作为自然人，我们是每个月在工资里扣除个税。但作为公司，特别是金融公司，采用的是税费预缴——公司每个季度根据经营情况预估要缴的税，缴给税务局，最后由税务局在次年的 5 月 31 日前进行汇算清缴，多退少补。

值得一提的是，税务体系收税的原则有点像现金流量表遵循的收付实现制，汇算清缴时理论上对公允价值波动但还没实现的收益（比如股票没卖出）是不需要在当期纳税的，因此往往会在财报上产生一项递延所得税，并生成对应的递延资产和负债。

如此，我们大概清楚为何这次税改带来的是一次性正收益了：

2018 年 4 个季度都是按照原来的纳税条例进行税费预缴，按原来的规定测算，2019 年 5 月 31 日汇算清缴时出入不大。谁曾想 2019 年 5 月 29 日出了新的条例（新规规定 2019 年后的汇算清缴都按新的规定来），导致平安人寿汇算清缴 2018 年税费时可以退回 86 亿元。至于 2019 年及往后的岁月，都将按此新条例进行，也就不存在什么一次性收益了。

站在平安集团的角度，净利润、营运利润及归母营运利润变化①如下，见图 6 -4。

---

① 图 6 -4 中，管理层认为不属于日常营运收支而剔除的一次性重大项目为 105 亿元，其中 86 亿元是平安人寿因税改带来的一次性汇算清缴损益，剩余的为平安财产险因相同事项导致的损益。

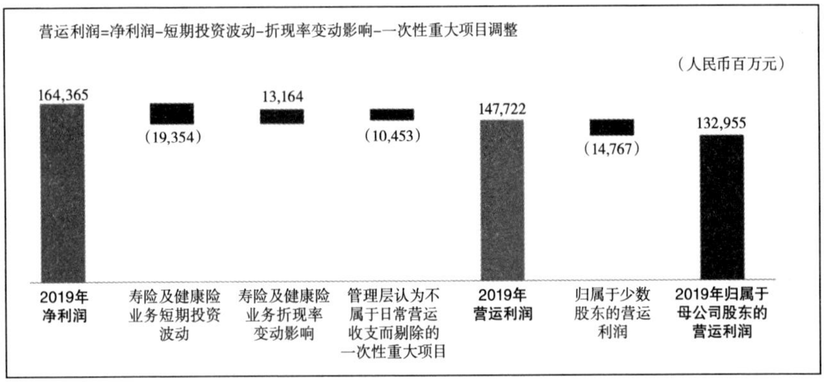

图6－4　中国平安净利润调整为营运利润的过程

自此，营运利润体系松了一口气，露出了谜之微笑，朝一般会计准则作揖，正准备离去，谁知隔壁走来一个庞然大物——“内含价值评估标准”。

好吧，营运利润体系苦笑道，也上去讨好一下这位大哥吧。

讨好内含价值评估标准

剩余边际

在第三章“会计利率与会计准备金”一节，我们曾提到为了增加安全垫，保险公司还会在计算出来的会计准备金基础上增加计提“剩余边际”和“风险边际”两部分。通过会计准备金的计算过程，我们也发现，这两部分从理论上讲是公司不需要为被保险人付出的，却被包含在会计准备金里，属于准备金里的“宝藏”。会计准备金结构如图 6 – 5 所示。

图 6 – 5　会计准备金的构成

三者的含义以及计算方式我们已在第二章讨论过，此处不再赘述。用大白话来讲，剩余边际是公司赚的钱，却偏不让计入当期，所以进入了准备金。风险边际是考虑不利影响额外计提的。合理估计负债是公司为了保单必须准备的钱。从含义来看，前两者特别是剩余边际，颇有点“假负债，真利润”的意味。

遗憾的是，这笔“假负债”不能一次性作为利润释放给公司，而是逐年摊销（有个声音在我们内心嘶吼着：即使不是出于这个原因，也不能一次性摊销吧，否则显得太暴利了）。

按中国平安 2019 年年报内含价值分析章节（第 60 页）所述，剩余边际的摊销模式在保单发单时刻即锁定，摊销模式不受资本市场波动影响。由中国平安公开日披露的信息可知，剩余边际摊销的模式，每年摊销多少，与保单的类型有着较大关联，见图6－6。

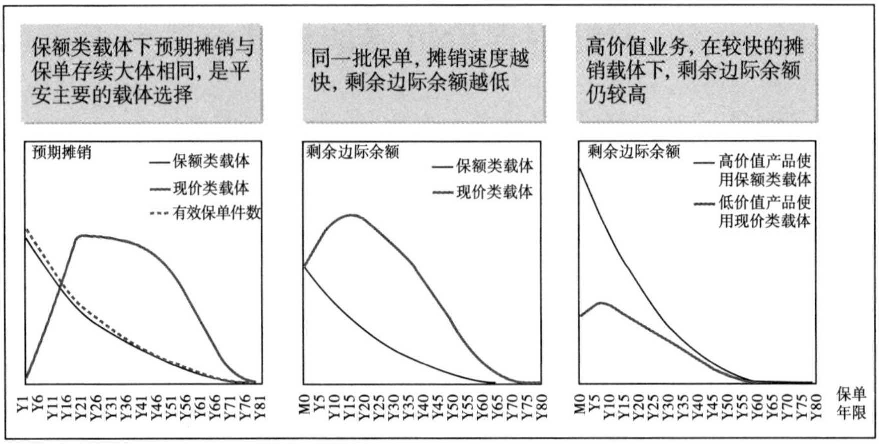

图6－6　中国平安公开日披露的几类产品摊销模式

注：不同载体摊销模式不同，高价值业务在较快的摊销模式下，仍能保持较高的剩余边际余额。

如果我们把产品按保障类（图6－6中的保额类，可认为是第一章介绍的纯消费型产品）和现金价值类（图6－6中的现价类，可认为是第一章介绍的年金险，但是期限较短）划分，二者的剩余边际摊销大概可以理解为“20、16、10、4、1”和“20、30、24、18、14、9、5、1”这样的过程（数据仅供参考）。由此可见，带有储蓄功能的产品，往往具备的剩余边际比较多，在摊销过程中摊销得也比较多。所以我们得出的第一个结论是：从剩余边际余额的大小来看，保障类＜现价类。

另外，高价值保障类（图6－6中的高价值产品，具有分红功能，可以认为是第一章介绍的长期分红险）具备更高的剩余边际，在摊销过程中摊销得也会更多，因此我们可以得出第二个结论，不同产品具备的剩余边际余额有如下特点：保障类＜现价类＜高价值保障类。

具体到摊销模式上，现价类是先低后高再低，保障类和高价值保障类产品则是先很高后面迅速降低。因此若某家公司专注于纯消费型产品，公司必定难产生高的股东回报，同时会将盈利能力差的问题传导到偿付能力充足率上。这类产品的设计一般出于打造“爆款”并借助互联网传播的目的，因此我们可以看到，近些年主打这些产品的非上市公司，如百×人寿的偿付能力充足率并不乐观；若公司主打分红险产品，如年金险等，虽然股东回报会差些，但盈利能力还是有的，偿付能力也不会有大问题，而且能迅速起规模，从某种含义上还可向股东汇报说抢占了市场，这种类型的公司以老牌国企保险公司为主。当然，无论是哪种类型的公司，都期望向销售高价值保障类产品转型，从而取得更高的价值回报。

剩余边际余额

抛开风险边际不谈，剩余边际是营运利润源源不断的重要来源之一。若我们把它的余额想象为一个蓄水池，水池的出水口即是剩余边际的摊销，水池的进水口则是每年承保的新单里蕴含的利润。那么，这个蓄水池的蓄水情况、进水量和出水量分别如何呢？

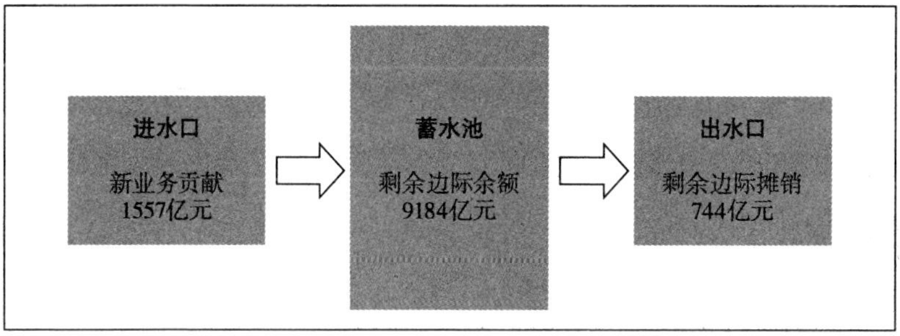

图6－7 平安人寿2019年剩余边际余额与其增加量和减少量

按中国平安2019年年报数据，进水口新业务价值贡献1557亿元，是出水口剩余边际摊销744亿元的约2倍。总的蓄水池剩余边际余额9184亿元，这是白花花的“银子”，将来大概率是会给股东作为营运利润的，现在隐藏在负债中。

蓄水池9184亿元的规模是个什么概念呢？

以中国平安为例，其2019年年报的股东权益是8523亿元。要知道，这8523亿元的净资产，还是合并了整个集团，包括人身险、财产险、银行等一堆公司的净资产。可隐藏在负债中的净利润就足足有9184亿元，这些都会在将来转换为股东权益或归属于股东的分红。此外，这个蓄水池由于进水口和出水口吞吐量的差异，每年还以20%左右的速度增长（与新业务价值增长有关），“锅里的肉”分量有多重，由此可见一斑（见图6-8）。

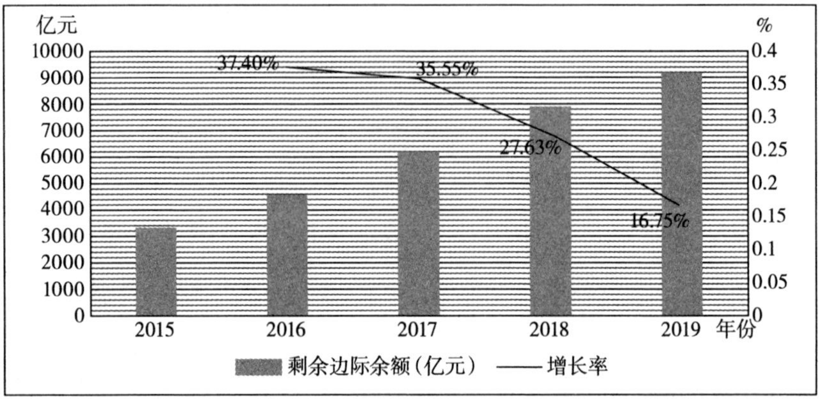

图6-8 平安人寿历年剩余边际余额增长情况

资料来源：2015—2019年中国平安年报。

营运利润的构成

为了讨好内含价值评估标准，营运利润也祭出了一套内含价值的书写方式。以中国平安为例，在其2019年年报内含价值分析章节（第59页）可以找到这样的表述。

表6-6 按来源划分，寿险及健康险业务的营运利润分析 单位：百万元

	2019年	2018年	说明
剩余边际摊销[1]	74,454	62,287	
净资产投资收益①[2]	11,738	8,959	
息差收入②[3]	3,947	5,048	为应对2018年资本市场波动,保持产品的竞争力,公司主动降低收取的息差水平,影响延续到2019年
营运偏差及其他[4]	10,406	21,749	主要由于公司持续加大科技、队伍建设等战略投入,以及保单继续率③短期波动导致营运偏差下降

续表

	2019 年	2018 年	说明
税前营运利润合计 [5] = [1] + [2] + [3] + [4]	100,545	98,043	
所得税[6]	(11,595)	(26,698)	公司因执行财政部、税务总局发布的《关于保险企业手续费及佣金支出税前扣除政策的公告》导致有效税率下降
税后营运利润合计 [7] = [5] + [6]	88,950	71,345	

注：因四舍五入，直接计算未必相等。

①净资产投资收益，即净资产基于内含价值长期投资回报假设（5%）计算的投资收益。

②息差收入，即负债支持资产基于内含价值长期投资回报假设（5%）计算的投资收益高于准备金要求回报的部分。

③指继续续保的保单比率。

在这套讨好内含价值评估标准的表述中，营运利润是按来源进行分拆的，由剩余边际摊销、净资产投资收益、息差收入和营运偏差构成。从“推背图”来看，它们与销售、营运和投资的对应关系见图 2－3。

（一）剩余边际摊销对应销售

若把保险公司的保单比喻成苹果树，剩余边际就是苹果树未来结出的果实扣减各种支出后的贴现值，这是保险公司多赚的钱。因为审慎原则，须将这“多赚的钱”计入准备金，而在未来苹果树真的结出果实的岁月，逐渐释放，此为剩余边际摊销。

（二）净资产投资收益和息差收入对应投资

保险公司用于投资的是资产，按资产负债表的对应关系，资产对应的成本端应是净资产＋负债。因而，“净资产投资收益”对应的是净资产按5%的投资回报率假设获取的收益（营运利润为了讨好内含价值，保持了与其相同的投资收益率假设），“息差收入”对应资产端投资扣除“负债成本”后多赚的钱，如图 6－9 所示。

按中国平安 2019 年年报定义：“息差收入，即负债支持资产基于内含价值长期投资回报假设（5%）计算的投资收益高于**准备金要求回报的部**

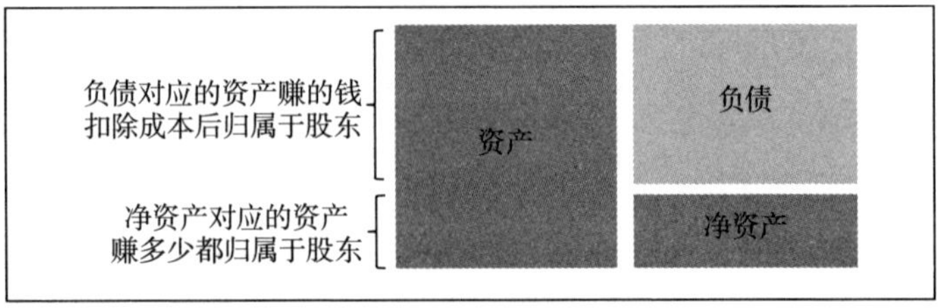

图6-9　净资产投资收益和息差收入对应的可投资产

分。”此处的“负债支持资产”就是图6-9中的“负债对应的资产”，赚的钱要扣除成本后才可归属于股东。为了更好地理解“息差收入”与“剩余边际”的关联与区别，我们仍以第三章中的“老东保单2.0”为例进行说明。结合表3-5和表3-6以及第三章的分析，老东这张保单定价是28514元。在首年初时，合理估计负债是23732元，合理估计负债+风险边际是26008元，合理估计负债+风险边际+剩余边际是28514元。剩余边际余额为2506元。

在第二年初时，投资收益（5%投资收益率假设）产生了1426元，负债端的准备金自然生长导致支出了778元，产生了净利润648元。由于首年公司净资产为0，而保单也没有费用，故而没有营运偏差（后文介绍），因此648元的来源一是剩余边际摊销，二是息差收入。

在第三章中，我们已假设了剩余边际是均匀摊销的，因此到了第二年合理估计负债是24681元（第一年合理估计负债乘以1.04），合理估计负债+风险边际是26918元（第一年此二者乘以1.035），合理估计负债+风险边际+剩余边际是29292元（第一年前两者乘以1.035+第一年剩余边际余额-第二年剩余边际摊销）。此处，剩余边际摊销为132元。

故而，我们知道息差收入为648-132=516（元）。

在此基础上，我们还可以试图找出“准备金要求回报的部分”对应的利率（就叫它“准备金要求回报利率”），把它放到利率口径下进行分析。

若会计准备金只按合理估计负债计提，则准备金要求回报的利率应该是4%，否则无法覆盖老东保单2.0的赔付。在考虑了风险边际后，会计准备金因为超额计提，所以不需要那么高的回报率就可以覆盖赔付。此时的准备金要求回报利率是3.5%（还记得吗？在第三章我们是按3.5%推导出的风险边际）。如果再考虑剩余边际，则准备金要求回报利率会更低，我们且称呼它为盈亏平衡利率吧，按中国平安股东会的披露，在2%左右。

上面这段话也可以换个角度理解。

我们知道，人身险公司的主要负债是会计准备金。会计准备金中包含了假负债——两个“边际”，以及真负债——合理估计负债。

如果人身险公司的负债全是真负债，即把两个“边际”都当作真负债处理，把合理估计负债+风险边际+剩余边际都当作为了赔付客户准备的资金，则人身险公司大概需要2%的投资收益率。当然，若投资收益率低于此值，公司就开始亏本。

如果人身险公司的风险边际是真负债，但剩余边际是假负债，即把合理估计负债+风险边际当作为了赔付客户准备的资金，则人身险公司大概需要3.5%的投资收益率。换言之，**只要我们预期公司能达到此收益率，就可以认为剩余边际就是股东们“锅里的肉”**。

如果人身险公司只有合理估计负债是真负债，则人身险公司大概需要4%的投资收益率。换言之，只要公司能达到此收益率，就可以认为风险边际+剩余边际归属于股东。

在营运利润体系下，由于剩余边际摊销被单独拎出来，而把合理估计负债和风险边际放在准备金要求回报的部分，因此准备金要求回报的利率显然是第二者（在老东保单的例子中，可近似认为是3.5%①）。从结构来看，可以概括为图6－10。

在图6－10中，随着人身险公司的投资收益率提升（向右），在超过2%时，公司就可以赚取剩余边际；在超过3.5%的时候，公司不仅可以赚足剩余边际，还可以赚取部分息差收入；在超过5%后，多赚的部分便不会计入营运利润（当然，还是会计入净利润的）。

① 在本例子中应该比3.5%要低，因为剩余边际前后差异导致投资收益率不需要那么高。

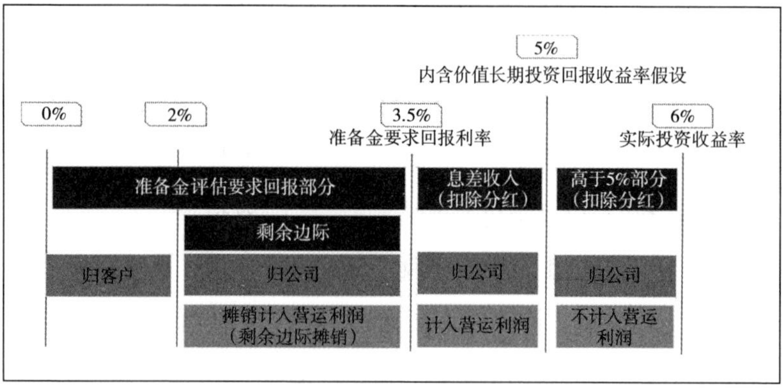

图6－10　各类投资回报率对应的收益

（三）营运偏差对应营运

营运偏差对应营运，而与投资端无关，说白了就是花在公司营运上的钱比预想的少。

顾名思义，保险公司的营运部门主要是负责核保、承保、退保和理赔。当然，除此之外还有支撑公司运作的各类职能部门，如精算部、市场部、财务部、培训部、IT 等。因而，此项主要涉及一般会计准则中保险公司的费用（业务及管理费、保单佣金支出、保户利益支出）中少支出的钱，即营运经验优于假设，见图6－11。

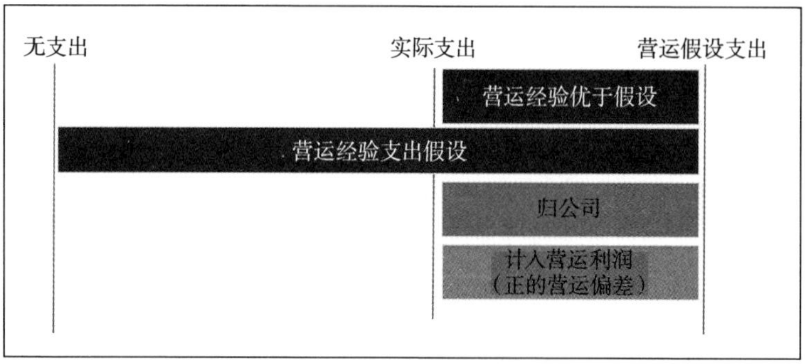

图6－11　营运偏差的含义

还有个疑问，剩余边际定义的是公司的承保利润，即保费收入扣除各种营运成本后公司多赚的钱；净投资收益及息差收入定义的是公司的投资利润，即投资收入扣除刚性成本（如有）后公司多赚的钱，二者定义的都是“多赚的钱”。营运偏差定义的也是比营运经验假设支出多赚的钱，那么“营运经验假设支出”被囊括到哪去了呢？

答案当然是被囊括在剩余边际计算中扣除的成本里了。

从实际经营的角度，公司在确定全年关键绩效指标时，会要求销售部门定下当年的新业务价值指标并拆解为新单保费及对应人力成本（包括内勤和外勤人员），当各销售部门指标汇总到总精算层面，公司会把全公司其他职能部门的人力成本也加入保单成本。因而，“营运经验假设支出”是在计算剩余边际时被剔除了。

来自另一个世界的投影

一方面，为了讨好一般会计准则，营运利润采用的是由一般会计准则调整而来的姿态，通过净利润扣减很多一次性的科目，最终到达营运利润的彼岸；另一方面，为了讨好内含价值评估标准，营运利润自隐藏在保险准备金里的剩余边际出发，构建了一套对标内含价值评估标准的方案，实现了两个世界的连接。

值得再好好细品的是剩余边际这个蓄水池。你是不是越看越觉得它似曾相识呢?

如果我们把进水口类比于新业务价值贡献，出水口类比于有效业务价值转换为调整净资产的部分，那么蓄水池是不是有些像有效业务价值? 猜得没错，剩余边际的进出水口结构，正是仿照内含价值评估标准里的有效业务价值进出水口结构设计的。

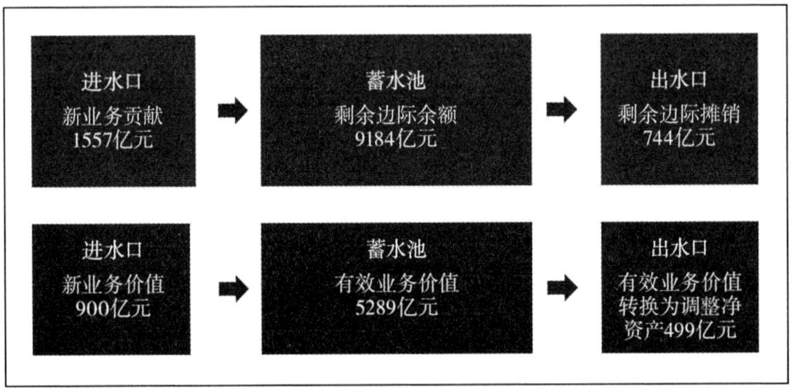

图 6－12 基于中国平安 2019 年年报中披露的剩余边际与有效业务价值相关数据整理的“进出水口结构”

若我们将中国平安2019年新业务价值[①]（考虑扣偿，考虑风险分散效应）、期末有效业务价值和有效业务价值转换为调整净资产部分（以有效业务价值预计回报代替），便可得到图6－12。在图中我们可以清晰看到，无论是进出水口的比例，或是上下两条路径其中每一项的比例，二者都表现惊人的相似。

为了让投资者更充分地认可营运利润体系，中国平安没少向外披露各类资料。从中国平安开放日的资料中我们可以知悉，剩余边际借助“税收和资本差异”“贴现率等经济假设差异”和“其他差异”，居然真的搭建了一条美丽的“鹊桥”，借此实现了有效业务价值向营运利润的投影，其中就包含本书前文曾提过的“剩余边际是税前，有效业务价值是税后”这一观点。

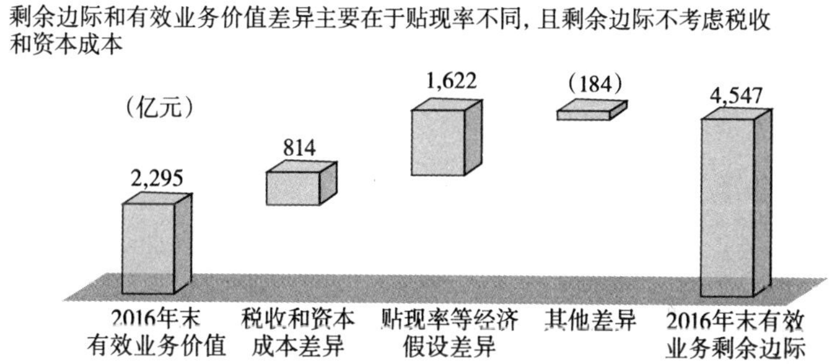

主要差异项目	剩余边际	有效业务价值
税收和资本成本	不考虑税收和资本成本	考虑税收和资本成本
贴现率	基于国债收益率和投资收益率	风险贴现率11%

图6－13　中国平安披露的剩余边际与有效业务价值的差异

既然剩余边际是有效业务价值向营运利润体系的投影，二者大概率也是踏着相同的节奏迈向未来。让我们看看前文所说的剩余边际摊销模式：以高价值长期保障型险种为主导的公司，其剩余边际摊销会在开始时迅速

① 考虑扣偿，考虑风险分散效应，也称“新业务价值创造”，详见中国平安2019年年报第55页。

进行。由此我们也可以知悉，该类公司在有效业务价值的预计回报上，也会表现为早期迅速摊销，晚期摊销速度变慢。

在上述结论基础上，我们也可以得到另一个推论：高价值长期保障型险种的剩余边际余额虽很大，但若未来它失去了新业务价值源源不断的“补血”，无论是剩余边际摊销速度，还是有效业务价值预计回报（指有效业务价值转换为调整净资产的部分，别和有效业务价值×11%混淆了），都会开始变慢（尽管二者因为中间的差异，可能表现为时间上的异步）。**我们不应认为有巨大的蓄水池，公司就能给我们带来可观的回报率。**

以中国平安为例，2019年新业务价值增速放缓（扣偿后增长5%），考虑风险分散效应后的新业务价值负增长（-3.53%），新业务价值的增速和质量都承压。在当年，剩余边际摊销的增长率就由2018年的25%下降为20%，出水口占总蓄水池的比例也由2018年的10.1%下降为9.5%。

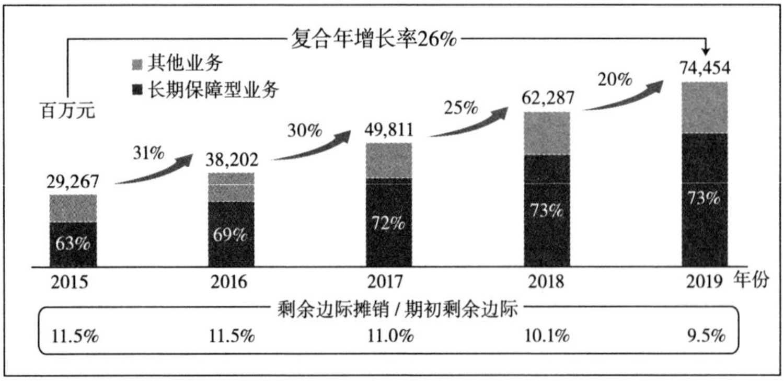

图6-14　平安人寿2015—2019年的剩余边际摊销比例

新业务增长放缓，最终将拖累营运利润的增长，随后拖低公司的分红率，从而影响投资者拿到手的真金白银，最后传导到对公司的估值。因此，纵然我们可以通过分析营运利润体系、分析内含价值体系、分析一般会计准则下准备金里的利润，在这3个绚丽多彩的世界来回跳动，试图证明冰山之下还隐藏着很多宝藏，但是，那些失去了未来的保险公司，也会如无源之水，最终只落得被沙漠吞噬的厄运。下回听到某些言论再提及“即使保险公司不再产生新业务，内含价值也有×××%的增长”时，我们需要打起十二分精神，警惕它是否是个价值陷阱。

一般会计准则、内含价值评估标准、营运利润，三者迷人而美丽的结构，暗喻三者不可解耦的内在联系。对于其中一者而言，另两者看起来就好像它在另外两个世界的投影。对于其中一者而言，它也时常会思考自己在那两个世界的投影究竟会是如何。

这种玄妙的逻辑演化，不仅限于保险公司的经济计量世界。在更大的尺度上，从古至今，仰望天空的智者们也都时不时发起类似的思考——三维世界在二维的投影，会是如何呢？

比如在科幻作品《三体》中，作者就给出了他的答案：当来自遥远宇宙深处的神级文明到达银河系时，它们施展了恐怖的降维打击，将太阳系从三维变成了二维，书中如是描述：

“星环”号飞出冥王星和卡戎构成的峡谷，把两个暗冷的世界甩在后面，飞进浩渺的太空。这时，她们看到了二维太阳的全貌，木星的二维化已经基本完成。现在，除了天王星，太阳系的绝大部分都已经二维化。“天啊，《星空》”，AA 失声喊道。程心知道她说的是梵高的著名作品——《星空》。像啊，太像了。她脑海中那幅画的记忆，与眼前的二维太阳系几乎完美地重叠在一起。太空中充满了巨大的星体，这星体所占的面积甚至大于它们之间空间的面积，但星体的巨大并没有给它们带来实在感，它们像是时空的旋涡。宇宙中，空间的每一处微小的部分都在惊惧和疯狂中流动着、翻滚着、颤抖着，像燃烧的火焰，却只散发出酷寒。太阳和行星，所有的实体和存在，只是这时空乱流产生的幻象。

借此，作者向我们诉说着对《星空》的理解——知识都是相通的，艺术与科学之间也有千丝万缕的联系。往大了看，万物是如此。往小了看，一般会计准则、内含价值评估标准、营运利润这三者，又何尝不是如此呢？

第七章

构建保险能力圈

我们花了六章，从一般会计准则，到内含价值，再到营运利润体系，将保险公司的经济价值掰开揉碎，终于大致知道了计量保险公司内在价值的方式。不过能读到这里的读者估计已经累得够呛！太复杂了，该怎么办呢？

金庸名著《倚天屠龙记》中有一个桥段。彼时，赵敏郡主带着几位武功盖世的仆人压境武当山，张三丰身受重伤无法亲自上场，于是当着敌人的面临场教会张无忌太极剑法。

在即将学成之时，百岁高龄的张真人问了自己的徒孙张无忌几个问题：

“无忌，我教你的还记得多少？”

“回太师傅，我只记得一大半。”

“那，现在呢？”

“已经剩下一小半了。”

“那，现在呢？”

“我已经把所有的全忘记了！”

“好，你可以上了！”

张无忌学太极剑，不记招式，只是细看剑招中“神在剑先，绵绵不绝”之意。

看完一路剑法，张无忌已忘记了一小半。低头默想之后，已忘记了一大半。再看张三丰演练一遍，再经沉思玩味，终于忘得干干净净。

当全部忘记之时，也是张无忌学成之时。张无忌心中的太极剑法，已由最初的只是记得，转化为彻底的本能，终能不受原来招式所限，随意出招自成章法，最终大败赵敏旗下号称“八臂神剑”的剑术大师方长老。

每读到此段，老东都深以为然。

任何复杂的事物，如果我们无法把它简化为抽象的模型，显然是自己对该事物的理解不到位。这种不到位往往是将自己置于过多的计算和理解细节之中导致的。

因此，为了更好地理解人身险公司，老东希望大家在这里就如我们的张大教主一般，暂时性忘记前文的种种计算细节。让我们回到梦开始的地方——那个农夫种苹果树的故事。

第一回：一般会计准则

故事始于一片荒地，一位神神秘秘的农夫来到这里。

农夫也不是什么穷人，大概有点像“采菊东篱下”的陶渊明。为了打发时间，他请人过来种下一棵苹果树。他坐在小土丘上，看着工人铲啊铲的动作，满眼是自己十八岁时的样子。

不久后苹果树就种好了。

为了奖励工人的辛苦劳动，农夫支付了工人费（给代理人的钱）。为了保护苹果树苗壮成长，农夫又雇用了园丁，需要定期支付营运费用（给员工的钱）。农夫又考虑种树是个“靠天吃饭”的活，难免遇到自然灾害、虫吃鼠咬，因此需要计提一笔维修准备金（给客户的钱），算是打了个

“老天的白条”吧，这笔钱估计迟早得还给老天。

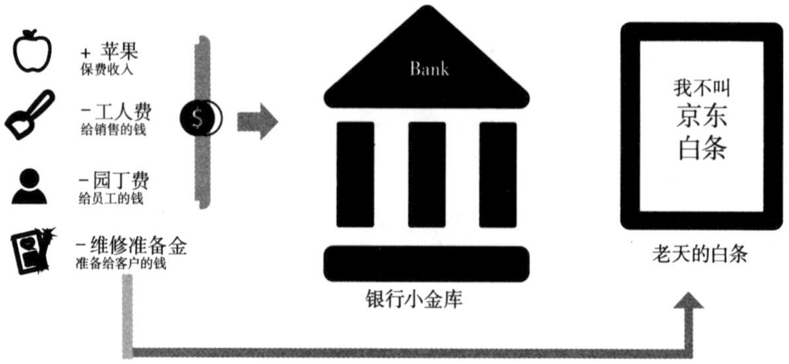

为了应对不可测的天灾，保守的农夫首年计提的维修准备金要大于首年苹果变卖后（扣除工人和园丁费用）的收入。因此，第一年农夫的账面大概率是亏钱的。

不过账面归账面，现金归现金。实际上，农夫收获了不少苹果，苹果变现后，支付了工人费用和营运费用，还剩了不少现金。问题是这些卖了苹果、支付完费用后留存下来的钱，该怎么处理呢？

稍微懂点金融知识的人都知道“金钱永不眠”的道理，农夫自然也不例外。他想要不自己开一家类似银行的投资机构，把钱拿去投资。至于投资什么，农夫也想得比较透彻——已经退休了，也不想追求太高收益，就80%买债券，20%买类似股票的权益类资产吧，能稳健保值才是王道。

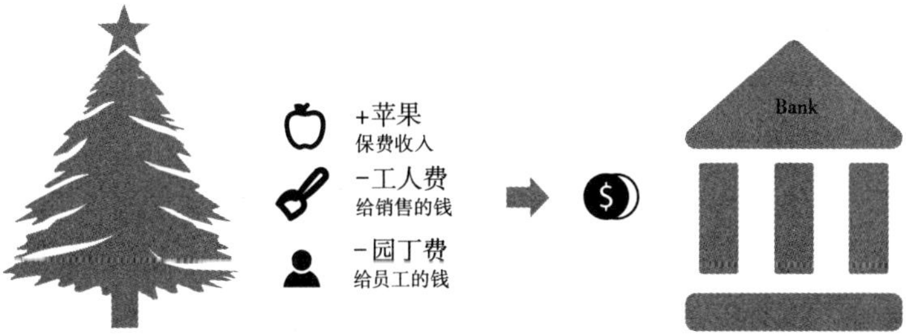

农夫为自己的明智决策感到非常满意。苹果树结出苹果，扣除各种费用后，拿去自己的小银行进行投资。红彤彤的苹果走出去，白花花的银子利滚利。

折腾到这儿，农夫对种果树这事儿算是弄明白了。一方面，苹果树是给他带来利润的，结出红苹果，支付两种费用，再计提一笔维修金，如果还有多的，就是利润。另一方面，苹果变现并支付两种费用后，是有留存现金的，这些钱就是他的资产。至于那不知道何时要还给老天的维修金，则算是向老天打了个白条，暂时先欠着，这是他的负债。

时间到了第二年。

这一年苹果树又结了果子（第二年的期缴保费）。此外，因为果树还

有一些边角料需要再处理，农夫给了一点点工人费用（给代理人的钱），并支付常规的园丁费用（给员工的钱）。考虑到果树年龄老了一岁，因此增加了一点点维修金的计提（准备金自然生长）。小银行方面，第一年留存的现金又复投，产生了投资收益。这一年账面可能还是不赚钱的。

但在这一年，农夫的钱袋子是变鼓的。毕竟一方面投资产生了不少收益，另一方面维修准备金仅是欠着老天的，并不消耗真的现金。于是乎，农夫继续把钱投向自己的小银行。

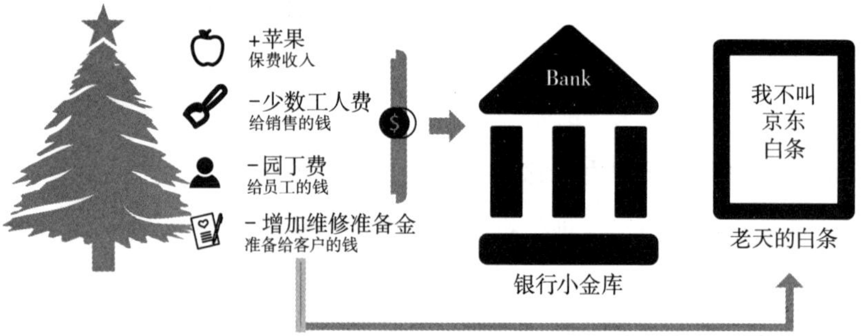

到了第三年工人费不用给了，园丁费是固定费用，维修准备金平稳增长，但投资收益产生复利，因此农夫账面也开始盈利了。当然，对比账面，钱袋子鼓得更大，一箩一箩的苹果摘下来，一堆堆的钞票投进自己的小银行。

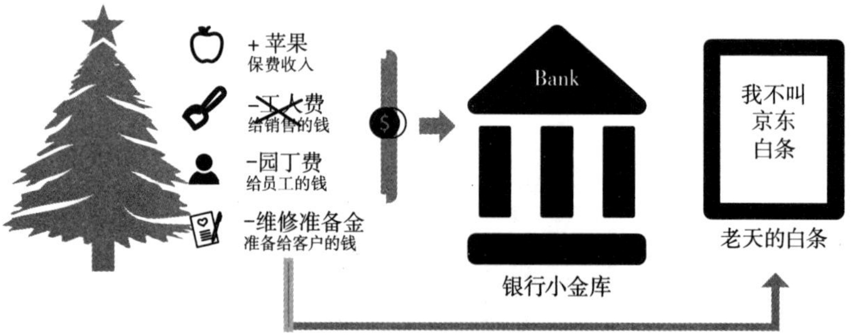

往后几年发展得顺风顺水。农夫没想到自己退休后搞个农场也能搞出“第二春”。当然，欠债还钱天经地义。个别年份真的会有自然灾害，这时候农夫就要考虑归还向老天打的白条了。

就像我们拿出自己的钱包去还京东白条一样，农夫这会儿只能从银行小金库里乖乖把钱拿出来，以便对苹果树进行维护。

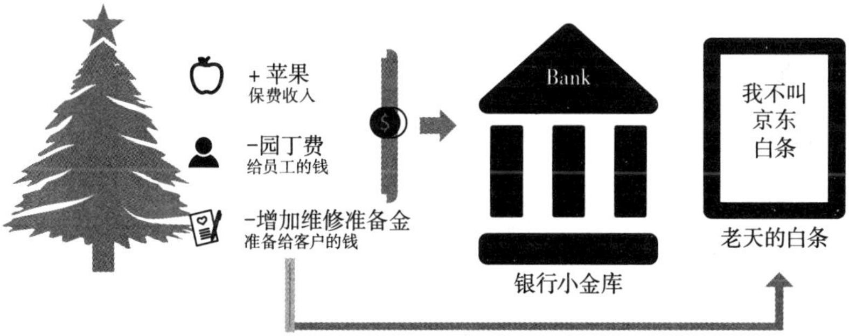

当然，归还一部分白条后，银行小金库难免变小，可同时白条会减少。

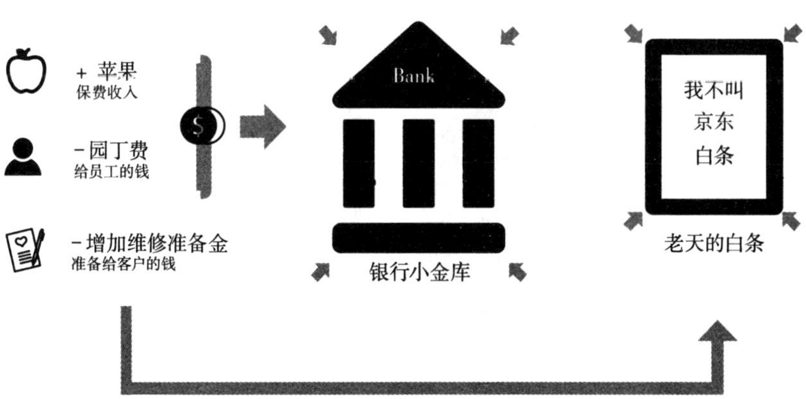

当夜幕落下，农夫总会在灯光下审视他过去几年的战果。这棵苹果树自种下的首年，账面是巨亏的，第二年略亏，自第三年后就扭亏为盈，随后一直保持盈利。

“不容易啊不容易”，农夫呵呵笑道。突然他灵光一闪。

“种苹果树这个赛道那么好，为什么不多种点苹果树呢?”

农夫顺着自己的思路，开始种植越来越多的苹果树。没多久，荒地已经蔚然成荫，成了农场。

根据过去的经验农夫知道，树种得越多，在早期亏得越多。工人的种植费（给代理人的钱）也就算了，主要就是影响前两年。可是从资产负债的角度看，种的树越多，也代表向老天打的白条越来越多，银行小金库扣除这部分后，留存下来的净资产也就越少。

旧愁未去，新忧又来，有强迫症的农夫又多了件苦恼的事情。

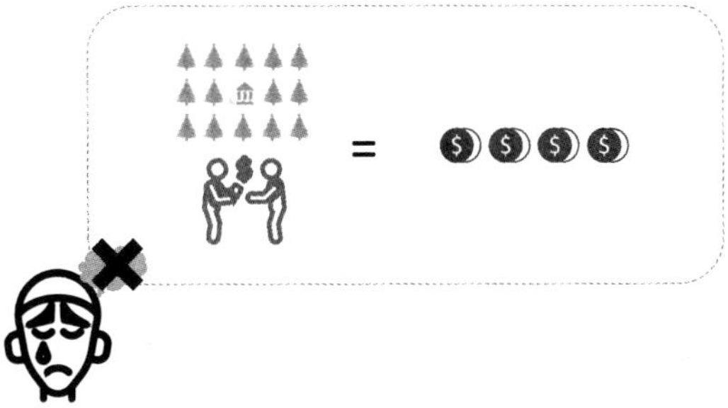

“这样种下去不对啊，越种负债越多，农场从账面看起来越不值钱啊！”

“农场的价值严重被低估！不行，我得想办法解决这个问题才行。”

可是为什么低估呢？

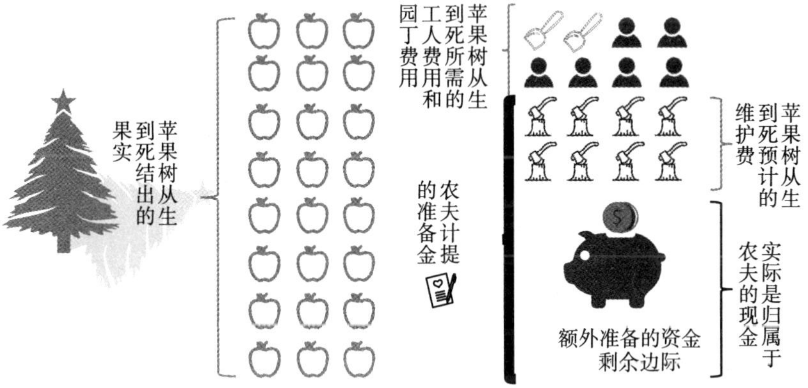

这与农夫的“性格”有关系。

农夫是个非常保守的人，这种保守甚至到了苛刻的境界。为了避免不可预料的天灾，在种下苹果树的首年，他计提准备金的思路大概是这样的：

（1）预估苹果树从生到死可以结出的苹果数并计算出它们的现值；

（2）预估苹果树从生到死需要花费的种植工人费用和园丁费用的现值；

（3）用（1）减去（2），就得到他需要计提的维护准备金了。

从上图我们可以看到，准备金仅需要计提苹果树从生到死所需的维护费就行了，农夫过度计提的维修准备金中蕴藏着一大笔额外准备的资金。这笔资金对应上图左侧苹果数量区域，正是农夫从苹果树中可以获得的利润。

这张图同时也是为何苹果树种下后，头两年会亏的原因。比如在首年，实际上苹果树只结了第一年的果子。果子变现后，扣除两项费用，还要尝试去覆盖这种“过度苛刻”的维修金，这显然是很困难的。毕竟这维修金是全部苹果的现值扣除全部费用的现值后，才能覆盖得了的，而第一年苹果太少了。

因此，苹果树种下的首年一般不会产生利润（甚至可能亏损），这些多余的维修费用只有在往后的岁月才会慢慢体现。后世是这样来描述这件事的：“在保险合同初始确认日产生首日利得的，不确认该利得，而将首日利得作为剩余边际计入保险合同准备金。”

我们知道，种植苹果树是个先苦后甜的活。在早些年往往整个农场的净资产只有几个苹果，可只要停止种植更多的苹果树，源源不断产出的苹果变现后就能低耗损地转换为利润，最后留存到净资产里，因此用初期的净资产来衡量农场价值太不合理了。

停止种植几年后

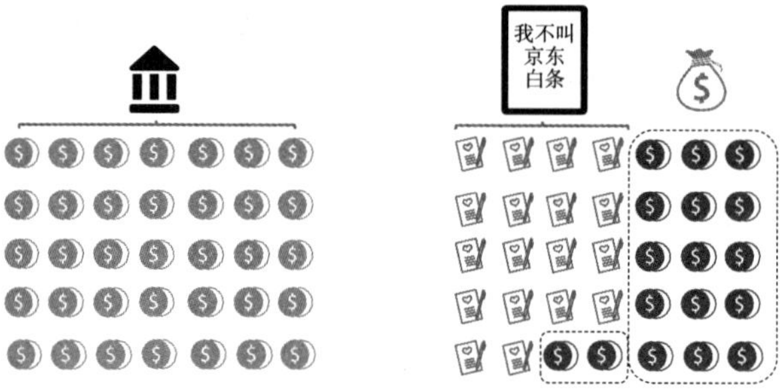

农场外的人会说，为什么不停止种植一阵子，这样苹果变现后留存的钱就会多很多，估值不就上去了？可问题是这个买卖种的越多赚的越多，为什么要停下来呢？农夫不理解。

“怎么办？”农夫看着夜空，忽然一颗流星飞过。

第二回：内含价值评估标准

农夫回想起来那些他曾经在华尔街的光荣岁月，那些日子虽然让他功成名就，却也让他每天活得像个赚钱的机器。每天醒来，什么现金流的收付实现制、净利润的权责发生制，各种业绩和财务信息就像纸片一样飞来。可谁曾想，隐入深山，还是逃不开这些东西。

“我看不透的，是这个轮回。”他想起了《诛仙》里周一仙的这句话。

“是时候表演真正的技术了。”他大锄一挥，走回屋子里去。

他在桌面上写下了两句话，这也是巴菲特主张的考量公司经济价值的基本原理：

如何最合适地评估一家公司的价值？

公司价值等于这家公司未来能产生的自由现金流的贴现值。

农夫在想，假设纯粹从现金流的角度，苹果树结出来的苹果在支付工人费用和园丁费用后，算上投资收益，每年能进到自己口袋的都是现金流。当然，有些年份出现天灾，需要支出维护费用，这会导致现金流减少。从此角度来思考每棵苹果树和银行小金库的组合，可认为它们是一张支付利息不是很稳定的债券。

每年自由现金流

俗话说得好，万木成林。

那么将许许多多苹果树视为一个集合，又会是怎样一幅光景呢？

因为大数法则的存在，农场的现金流可预测性将非常强。当然，这基于农夫对工人费用率和园丁费用率（费率）、维修发生的概率及费用率（发生率）、小银行投资收益率（收益率）预测的可靠程度。如果太不靠谱，则现金流的预测将变得毫无意义。

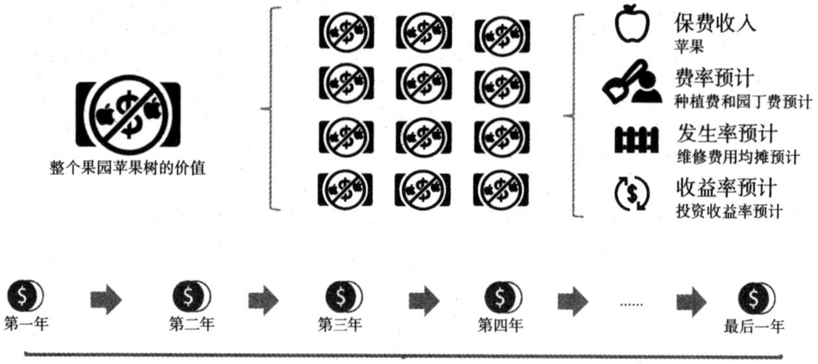

因为大数法则，农场的现金流具有非常强的可预测性

源源不断的自由现金流如何堆砌成为一张可靠的债券呢？自然是用贴现的方式。

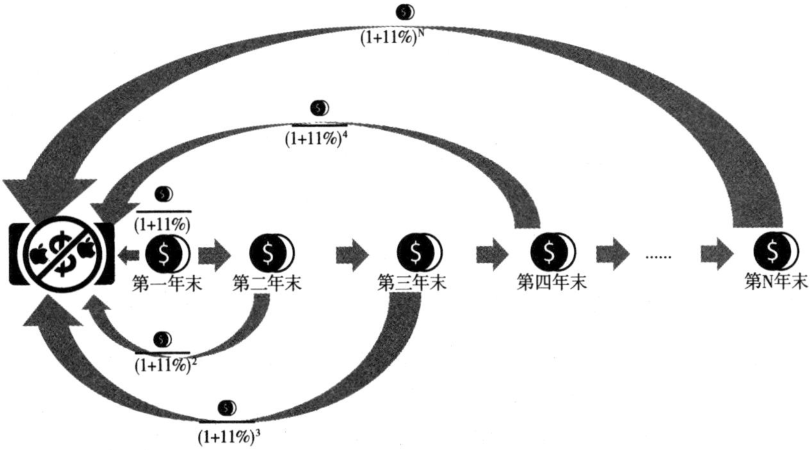

农夫龙飞凤舞地画了上面一张图，显示未来某年的自由现金流如何转换为现值。这个转换为现值的过程，有一个关键的参数——未来自由现金流向现在的“贴现率”（11%）。农夫给这张代表整座农场生产力的债券取了个名字——有效业务价值。

就如前面所说的，苹果树的生意赚钱的概率非常高，因此农夫每年还是会新种不少树。

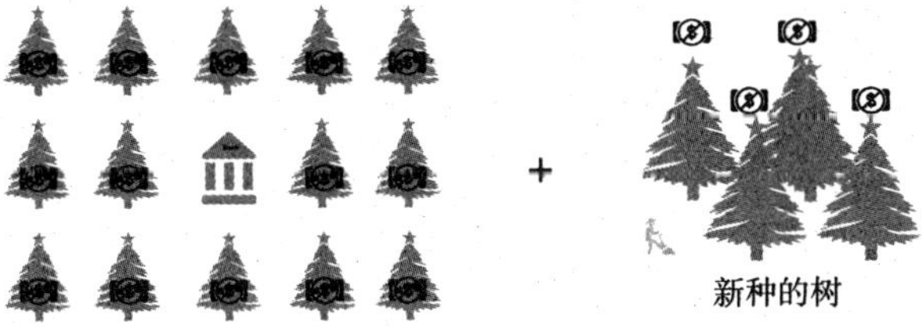

新种的苹果树未来结出自由现金流的能力也可以浓缩为一张债券——它叫新业务价值。新业务价值和人一样，在第二年就会变老，变成有效业务价值。

夜已深了，但农夫丝毫没有困意。

这种把果树结果的功能浓缩成一张可靠性高的债券的成就感，让他兴奋不已。他做梦都没想到，这退休生活过着过着，又让自己找回了退休前的快感。

接下来农夫想弄明白的是：这代表着许许多多苹果树的有效业务价值，每年是如何结出自由现金流果子的呢？

这些果树集合每年都会结出一定量的苹果，转换为真正的现金流，落入农夫的钱袋子（调整净资产）中。但是，果树集合未来产出果实的能力是会逐渐衰落的。这个衰落的速度和未来自由现金流向现在的“贴现率”正好相同，是11%。

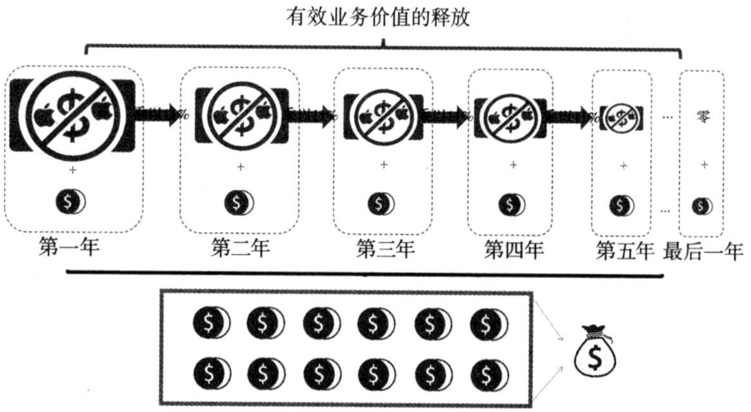

上述过程被农夫称为“有效业务价值的释放”。

民间谣传农夫造了一片永远会按照11%速度释放自由现金流的苹果树林。果林是如此繁盛，以至于生生不息。但是，哪有永远不衰落的苹果树林呢？从上图中看出，到后面果子明显越来越少了。

农夫终于了却了一桩心事，安然入眠。

谁料，好日子没过几天，又有事情发生。

林业保护协会找上门来。他们认为农夫的农场已经是当地经济重要的支撑产业，为了确保农场持续稳定地给当地经济做出贡献，农夫必须缴纳一笔“保护费”。言外之意就是哪天农夫跑路或者突然“挂了”，林业保护协会至少可以拿这些“保护费”顶一下，确保农场的维护资金还是充足的，这样不至于让这片果林荒废了。

这部分“保护费”不需要真的缴上来，而只是冻结在农夫的账户里。这部分“保护费”也不是永久性被剥夺，而是与果树的质量和生命周期有关。在果树老去的过程中，它对当地经济的重要性也降低，“保护费”可以逐步还给农夫。

农夫心想这样不行，这钱是我的啊，凭什么被你们冻结了，我还要拿去投资呢！

林业保护协会的人也心虚，毕竟他们也没给农场做啥贡献，手段太强硬可能激怒农夫。

农夫久经职场，他知道“房间里的大象”已经出现，不能像那些碌碌无为的管理层一样什么都不做。他首先打破了宁静，提议这些苹果可以“名义上暂时”冻结（实际上也是“暂时”冻结，前面说了要在苹果树渐渐老去的过程中释放），但仍允许他用于投资。

林业保护协会的领头人是巴塞罗那的球迷，也是个业余足球爱好者。他深知一眼能看穿对手动作的球员是多么可怕。于是他深吸了一口气，便点头应允了。

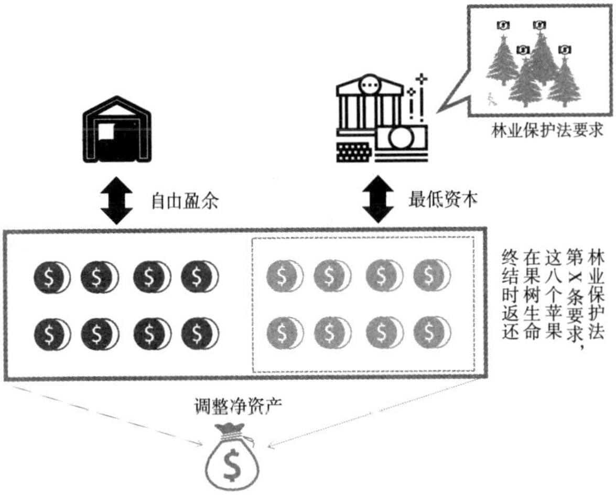

于是，农夫虽然仍是将这些仓库（调整净资产）里的苹果（自由现金流）用于投资，但也遵守了约定在仓库账本上将这些“名义上暂时”冻结的苹果记录下来。当然，他如果自己要用钱（分红），也是不会动这些苹果的。

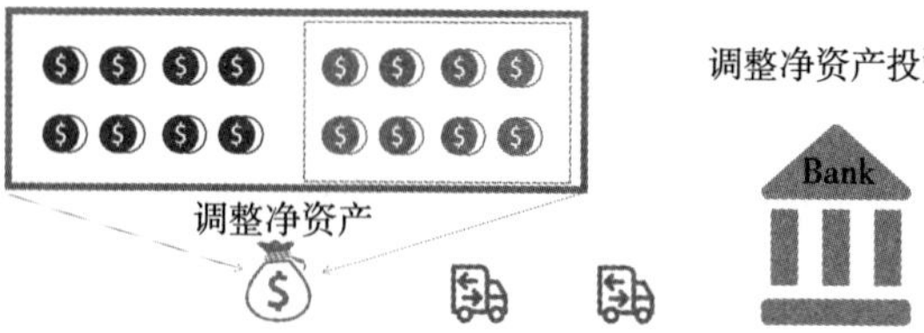

抛开林业保护协会这件事不谈，站在农夫开的小银行角度，它在实际上和名义上分别承接了两拨可投资产。一拨是来自农夫钱袋子的，货真价实的苹果。这里包括了仓库里农夫能自己动用的苹果（自由盈余），也包括那些被林业保护协会暂时性冻结的苹果（最低资本）；另一拨则是有效业务价值里假设的将来的投资，这个实际上是小银行没有收到的，只是在账面计算农场价值时，被考虑在农夫的假设模型里。

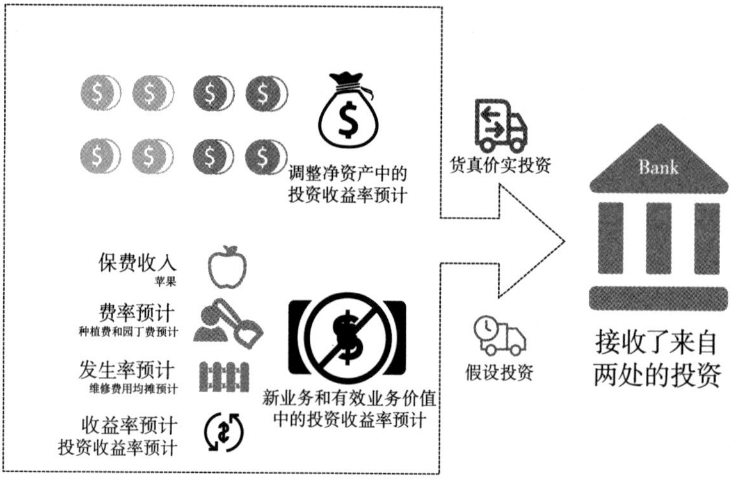

自此，农夫心里终于对农场的价值有了数。

这个价值由三部分构成，第一部分是新业务价值，第二部分是有效业务价值，第三部分是农夫的钱袋子——调整净资产。这个结构里令人难理解的是，前面两个价值每期是如何释放的，以及那个钱袋子的现金是如何名义上被划分的。但是，农夫心里已经跟明镜似的了。

农场的结构

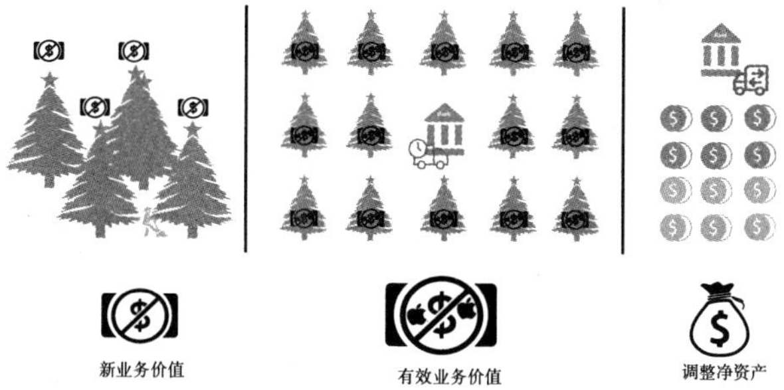

农夫认为，现在的农场价值至少可以从两个角度来考虑。

一个是农场固有的价值，这部分由已种的果树（有效业务价值）和农夫钱袋子里的现金（调整净资产）构成，被称为内含价值。另外则是扩张的能力，可以用农场新种苹果树多少棵来衡量——新业务价值乘以一定倍数。

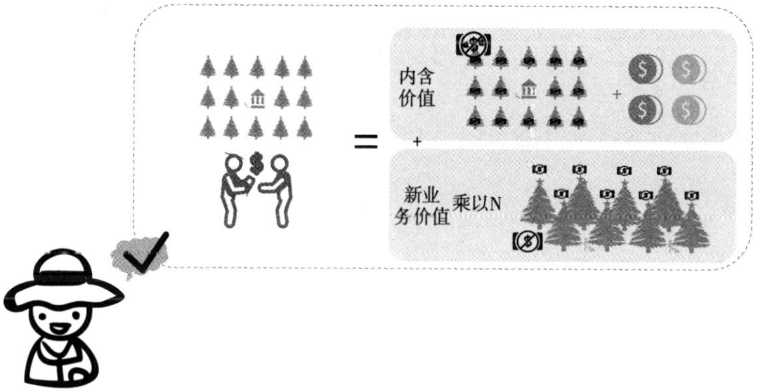

兴高采烈的农夫把自己的想法告诉了新雇来的经纪人，希望以此向市场展示农场的价值。这样至少自己百年之后，可以把农场卖给隔壁邻居，或者捐给慈善机构，都挺好的。

谁曾想，经纪人奔波了一圈，灰头土脸地回来了。

他告诉农夫，他们所在的大区金融市场发展相对落后，市场的买家对这些复杂计算过程无法接受，他们不觉得这样计算农场的价值是靠谱的。

“怎么办?”农夫没想到自己的退休生活还是不能安宁下来。

第三回：营运利润体系

农夫深知，某件事如果在专业领域找不到解决方案，正确的方法应该是带着问题去其他领域寻求启发。他平时酷爱武侠，金庸、古龙的书没少读。这天早晨，他翻看古龙的小说《绝代双骄》。书中有一门奇特的功法，名曰“嫁衣神功”。练这武功的人功力越高，所受的苦也越来越深，直到把一身功力转注到他人体内，才能化解痛苦。其名字出自秦韬玉的诗作《贫女》最后两句：“苦恨年年压金线，为他人作嫁衣裳。”

读到这时，他突然大叫，拍案而起——这是属于他的“尤里卡时刻”！

是啊，为什么不用一种新的功法，来嫁接大众认可的“一般会计准则”和能合理反映农场价值的“内含价值”呢？就像那“嫁衣神功”一样，就叫它营运利润体系吧。

这套模型的引入，农夫期望尽可能地朝一般会计准则倾斜，只要能修正一般会计准则，使它能充分表现农场持续经营的能力，其他的原则都可以按大众能理解的来。

妥协并不意味屈辱，真实世界的许多规则都是妥协出来的，“三国杀”里赵云不也喜欢念叨那句来自佛经的话，“能退能进，实乃真正法器”。

既然大原则是按大众能接受的准则来，维修准备金还是要按原来的思路进行计提的。不过农夫期望传递一种可持续、可预期的信号，因此他建议将农场偶尔（大概 1~2 年一次吧）大幅调整维修准备金计算标准导致的当年一次性大幅亏损或盈利的部分剔除。

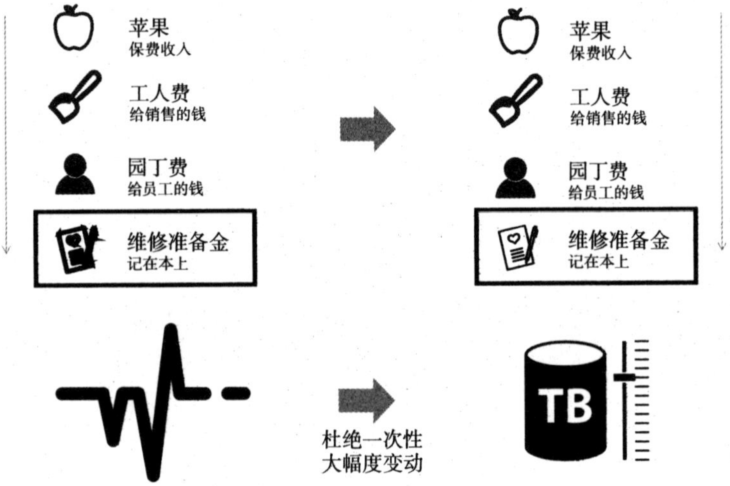

第二件要做的事，是将银行小金库的投资收益率按可持续、可预期的假设收益率（如 5%，前提是要靠谱）来考量，这样有利于大家理解存在银行小金库的钱，从长期而言会按照某一比例增长，而不是因为外部金融市场的波动而上上下下，让人胆战心惊。

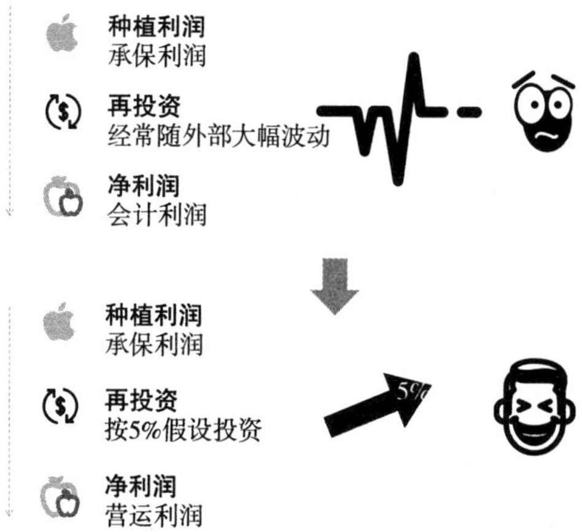

做完这两件事，在大众眼里，农场每年增加的苹果就相对可预测了，因此也能给出对应的农场估值了。这是营运利润体系嫁接一般会计准则的故事。

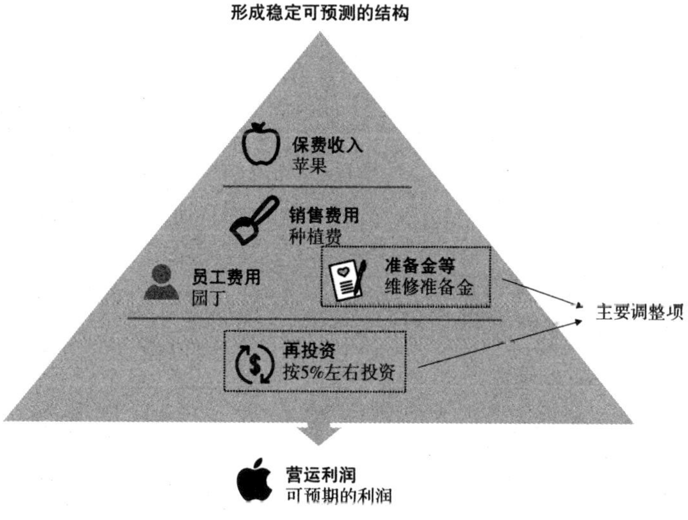

既然是向一般会计准则靠拢，自然就无法从内含价值角度来推导出农场的营运利润。就拿维修准备金一项来说，内含价值里压根没有种树就计提这个概念，而是模拟果树结果的生命周期，在整个生命周期去平摊。不过虽然神不似，但还是要做到形似——这样有利于引导当地人理解内含价值，从而更好地理解农场的价值。

“接下来还是要将这套模型尽可能按内含价值评估标准的模式展现，

这样有利于引导大家更多地关注内含价值评估标准，那才是理解我这农场经济价值的正路啊！”农夫心想。

内含价值评估标准里，考量农场价值的出发点是假设，比如假设工人和园丁的费用（费率），假设维修费用（发生率），假设投资收益率。但考量农场价值的终点是多赚了多少钱，比如新业务价值就是想表达新种的树多赚的钱的现值。因此农夫也期望从“多赚钱”的概念出发，来思考营运利润。

对于农场而言，多赚的钱无非来自三部分：

（1）种树：维修准备金里，额外准备的资金。

（2）维护：实际的工人和园丁的费用，若低于预计的工人和园丁的费用，就能多赚钱。

（3）投资：投资多赚的钱。

我们一个个来看。

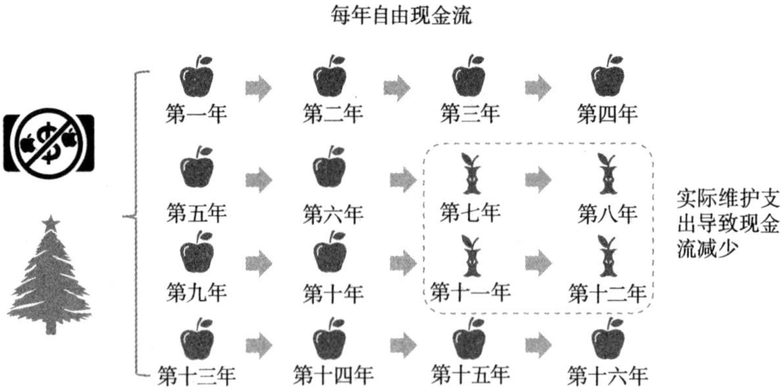

前文曾提过，农夫对维修准备金的要求极其苛刻，乃至于将果实剔除各

种费用后冗余的部分，完全计入了维修准备金，以防天灾的发生。这冗余的部分被称为“剩余边际”。那么这只“金猪”每年又是如何释放的呢？

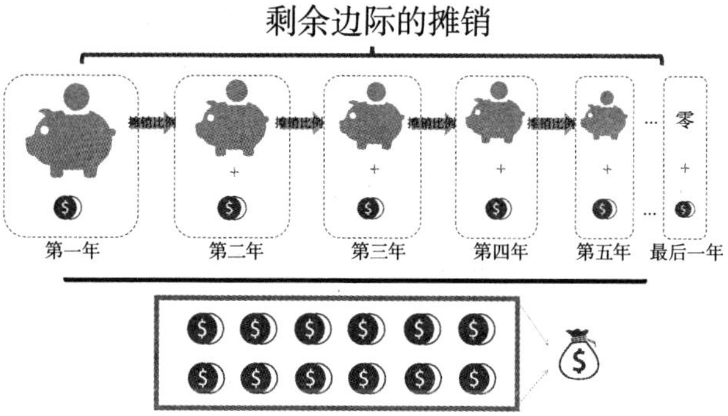

在果树的生命周期，头几年发生事故的概率低（有可能因为个子还比较矮），在它壮年期的时候出事故的概率高（有可能长太高了容易被风刮倒），因此苹果树每年的预计维护费用是不同的，从而每年冗余的部分是不同的。

所以，虽然剩余边际有着和有效业务价值类似的“每年释放姿态”，却不是和有效业务价值一样，保持严格的11%释放比例，而是因果树的形态不同，摊销的节奏也不同。

每过一年，维护准备金里冗余的部分就会摊销出来一定比例的现金。这些现金与内含价值评估标准里的类似，都会进入农夫的钱袋子（净资产），最后用于投资。

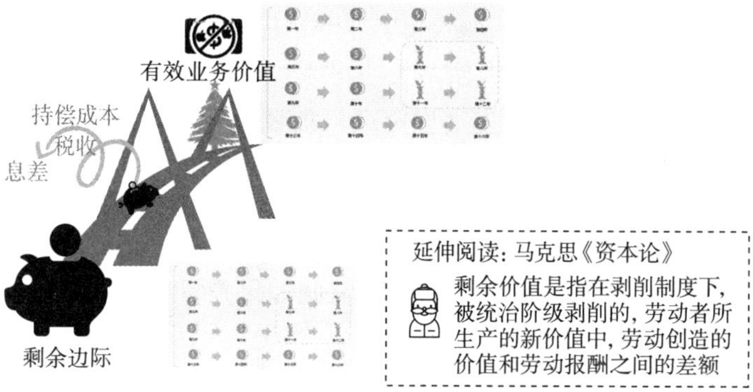

农夫经过一番推演后发现，虽然剩余边际与有效业务价值生长于不同的体系，却有异曲同工之妙。剩余边际与有效业务价值的不同在于，前者一般数值较大，没有扣除税费，也没有考虑林业保护协会要求的最低偿付能力。除了这些细节外，最大的不同是有效业务价值对这些果树采用的是相同假设，像极了一种理论畅想。剩余边际则是写实派，在它这儿每棵树的情况都有差别，并没有采用统一的假设。

这就是第一部分“种树多赚的钱”——剩余边际。

农夫在起名时是非常讲究的。“剩余”两个字有点效仿马克思《资本论》中“剩余价值”的味道，“边际”两个字则对标的是巴菲特的老师格雷厄姆在《证券分析》中提到的“安全边际”。

第二部分“维护多赚的钱”，考量的是实际发生的费用比预计费用少的部分，这包括了实际发生的工人费用和园丁费用。如果这两部分实际费用比预计费用低，就能从“金猪”中挤出多赚的钱——农夫叫它营运偏差。

第三部分“投资多赚的钱”来自投资，又分为两部分。一部分是农夫的净资产；另一部分是农夫负债对应的那部分资产，结构如下：

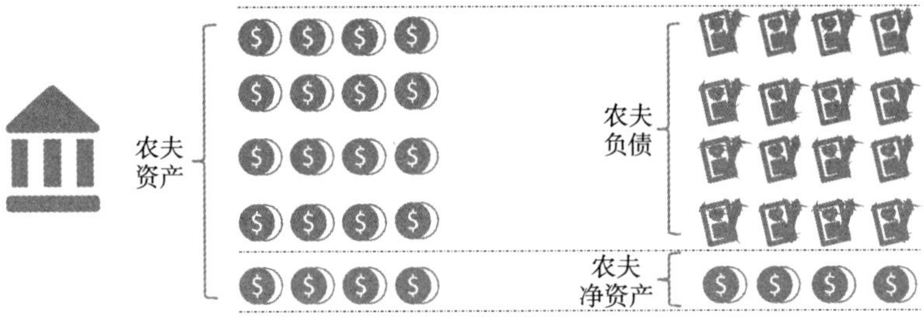

第一，农夫自己钱袋子里（净资产）的钱用于投资，自然算是自己多赚的钱，这部分叫“净资产投资收益”。

第二，对应负债那部分的资产，每年产生的收益还需要满足负债成本的要求（维修金需要的投资回报率），因此如果投资做得不错，也会产生超额收益，这部分叫“息差收入”。

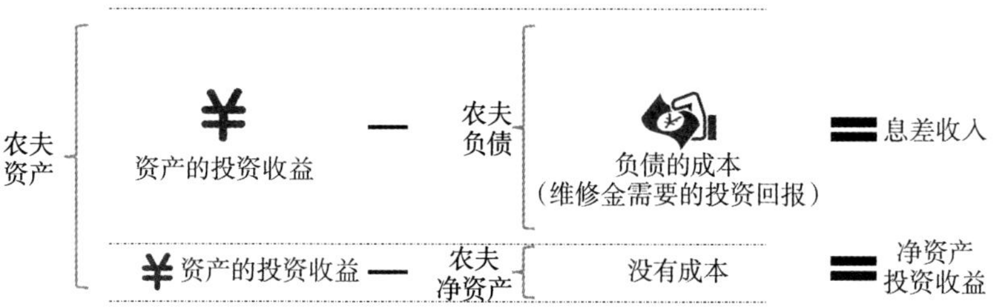

自此，农夫借助营运利润表述了农场可预期的经营模式，它由剩余边际摊销、营运偏差、净资产投资、息差收入四部分构成。

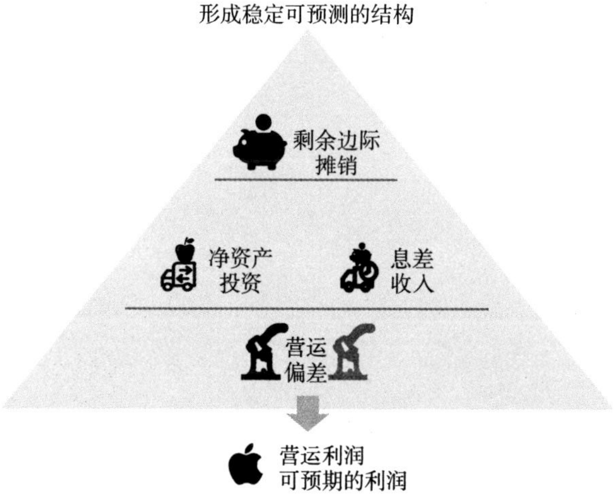

当农夫合起他那有些皱巴巴的笔记本时，终于大松了一口气。

“这下总能说得明白了吧，谁爱看哪个看哪个吧。”他自言自语道。

他刚要起身，忽然一个灵感涌出——这三种计量农场价值的方法，倒确实像三种人。

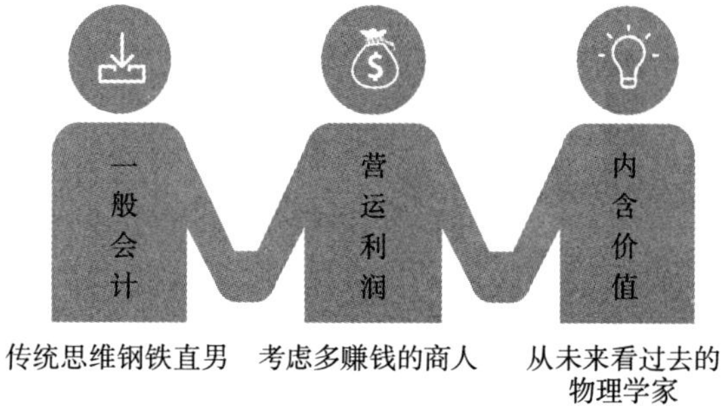

一般会计准则像极了传统思维里的“钢铁直男”，从当期农场的结果，剔除各种费用，最后得到农场的净利润，从而进行估值。内含价值评估标准则因为“贴现”的特点加上逻辑缜密的推理，有点像从未来看过去的物理学家。至于最后诞生的营运利润，倒是像个十足的考虑多赚钱的商人。这家伙左右逢源，虽说逻辑不如内含价值缜密，目前体系也存在不少需要优化的地方，却让人感觉更接地气。

“把书写活了，大概就是这种境界吧，哈哈！”农夫仰天长笑出门去。

第八章

各家保险公司的三生三世

三生三世保险公司

在上一章中，我们回溯了保险公司的 3 个评价体系。从具象化的角度来看，它们像 3 类人看世界的不同角度。从保险公司的角度来看，又是公司自身在这 3 个世界的投影。

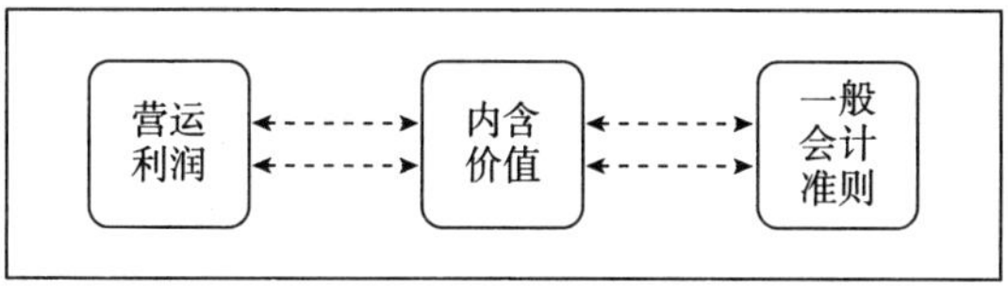

图 8－1　看人身险公司的 3 个角度

在本书的前面六章，我们花了非常大的工夫才从右到左将 3 个世界的细节及其映射关系厘清。每当我们沉浸在其中一个世界时，想要脱身而去，总有种恍如隔世的感觉。

比如当我们在一般会计准则里提到新单保费时，它对应的是保险公司营业收入的一部分（另一部分是续期收入）。顺流而下，我们想到的是营业支出，里面包括给客户的钱、给员工的钱和给代理人的钱，最后再加上投资收益，就可以得到会计利润。这个世界提及的每一项，如给客户的钱，又可细分为提取准备金、退保、赔付和分红等，可谓“乱花渐欲迷人眼”，值得我们看的内容太多了。

同时，新单保费在另一个世界，如内含价值评估标准里，意味着新业务价值的重要组成部分；在营运利润体系的世界，又意味着新业务贡献的剩余边际增加额。一项科目可以颠过来倒过去从不同角度看，颇有点“看遍世间繁华”的味道。

然而繁华是要看的，铅华却是要洗去的。

能有效帮我们洗去铅华，不为乱花迷眼的，是要时刻谨记销售、营运

和投资 3 条主题。

这 3 条主题像极了《三生三世十里桃花》中的女主和男主，虽然在每一世中他们都是不同身份，却总会不由自主地爱上对方。这是作为保险投资者的我们逃不出的“孽缘”。那么，面对如此纵横交错的三生三世，我们都应该关注哪些关键指标和内容呢？

为了回答这个问题，让我们再次回看图 2－3 的“推背图”。

第一世：一般会计准则

从保险业务收入到已赚保费

在第二章“保险公司的故事”里曾提到，从营收利润角度看，保险公司的营业收入是已赚保费，营业支出是给客户、代理人、员工的钱，外加投资收益，就得到税前利润。为了更加全面地理解这一世中保险公司发生的事情，我们还有保险公司利润表中常见的几个问题需要补足。让我们回看图 2－7，平安人寿 2019 年利润表。

首先，在得到已赚保费之前，我们至少会遇到三只拦路虎——规模保费、原保险保费和保险业务收入。上述四者是递进的关系，先有规模保费，再有原保险保费，随后是保险业务收入，最后才得到我们想要的已赚保费。

规模保费：保险公司收取的新单保费和续期保费之和。

原保险保费：规模保费减掉一些不像保费的保费。

保险业务收入：原保险保费加上分保收入。

已赚保费：保险业务收入减去分保支出，再减去不属于今年的保费。

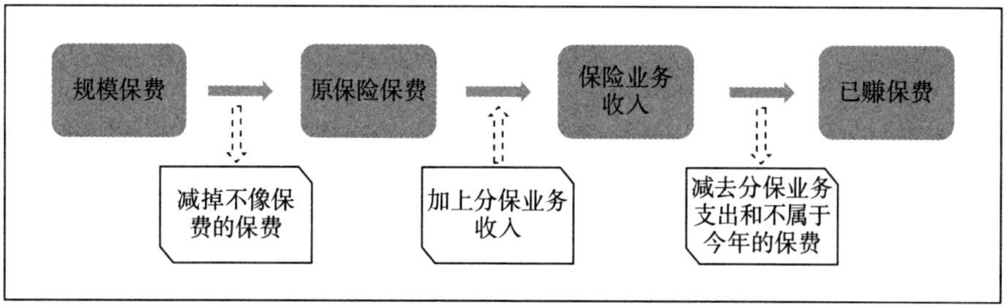

图 8－2　四种保费口径的差别

别急，我们一个个来。

规模保费的含义没什么好说的，公司收了多少钱就是多少规模保费。

原保险保费是在规模保费的基础上减掉了一些不像保费的保费。具体而言，一是未通过重大保险风险测试的保费，二是保险混合合同分拆后的保费。为什么扣除的是这两项呢?

我们知道，保险公司的产品中有两种赫赫有名的偏投资型的险种，即“投连”和“万能”。这两个险种中，客户投资的钱是单独放在投连或者万能账户中的，这些钱的目的是“司马昭之心路人皆知”——用于投资，因此当然要扣除，这是所谓的“万能、投连产品分拆至保费存款的部分”。至于“未通过重大保险风险测试的保费”也是类同的原理：财政部有一套《保险合同相关会计处理规定》，其中说明了某种测试方法，如果测出来某部分保费潜在对应着巨大收益，也不能算作原保险保费。

原保险保费从名字上也能顾名思义，“原”就意味着“原汁原味”，要避免把那些已经明目张胆说要用于投资的钱搅和进来，省得保费失去了纯真的味道。

保险业务收入的含义是在原汁原味的保费之上，再加上分保收入。所谓分保收入，是指保险公司承接了来自其他保险公司的保费收入，当然同时承接了对应的保险责任。分保业务在财产险或短期险中较为常见①，保险公司们为了避免自己对较大的被保物（如核电站等）承担过度单一且集中的风险，故会寻找再保险公司进行分保。在平安年报中虽未找到对应分保收入说明，但我们大概可以猜到人身险此部分的分保收入是指平安健康险及寿险承接了来自其他公司短期医疗险，特别是互联网的百万医疗险的收入。在中国平安 2019 年年报第 187 页，我们也可以找到对应分入业务的说明：

分入业务

本集团在确认分保费收入的当期，根据相关再保险合同的约定，计算

① 长期险保险责任较为复杂,难以拆分为单一单元,故一般不做分保。

确定分保费用，计入当期损益。对纯益手续费而言，本集团根据相关再保险合同的约定，在能够计算确定应向再保险分出人支付的纯益手续费时，将该项纯益手续费作为分保费用，计入当期损益。

本集团在收到分保业务账单时，按照账单标明的金额对相关分保费收入、分保费用进行调整，调整金额计入当期损益。

有关分保，这里稍微打个岔，讲两个方面：

其一是资质方面，一般的人身险公司都具备分出资质，毕竟“周瑜打黄盖”，只要有愿意挨的对象，银保监“妈妈”才懒得管。但对于分入业务，监管则会要求保险公司有再保险资质，毕竟承接一堆并不起源于自己的保险责任是有风险的。其二是只经营再保险的公司是一群很值得注意的公司。它们扮演着挨打的“黄盖”。再保险公司经常要承接来自保险公司的分入业务，因而具备非常广阔且客观的视野。作为投资者，我们可以在这些再保险公司的网站等公开披露信息的地方，找到对整个保险业翔实的研究资料。比如瑞士再保险会免费定期为公众提供其保险业研究成果——sigma 报告①，而且是中文版。

最后我们要讨论的是保险业务收入变为已赚保费的过程。此过程中，比较容易理解的是保费收入要减去分出业务收入。可是还要减去的“不属于今年的保费”是什么呢?

以中国平安为例，其在“合并利润表”章节披露了已赚保费诞生的过程，如图 8－3 所示。

虽然合并利润表中未披露原保险保费和保险业务收入，但根据前文定义，我们可以看出保险业务收入转换为已赚保费之前，被扣减了“分出保费”和“提取未到期责任准备金”。

按第二章的知识，责任准备金不是都在营业支出中给客户的钱（赔款及保户利益）里进行提取吗？怎么跑到已赚保费前面去了？采用伟大的顾名思义法（在本书中屡试不爽吧），按您老的意思，这个在已赚保费前提

① 该报告中的数据经常大篇幅地被券商引用。

	附注八	2019年度	2018年度
一、营业收入			
保险业务收入	52	795,064	719,556
其中：分保费收入		115	115
减：分出保费		(21,370)	(19,417)
提取未到期责任准备金	53	(24,915)	(22,436)
已赚保费		748,779	677,703
银行业务利息收入	54	176,621	161,714
银行业务利息支出	54	(86,434)	(86,931)
银行业务利息净收入	54	90,187	74,783
非保险业务手续费及佣金收入	55	54,800	46,277
非保险业务手续费及佣金支出	55	(10,570)	(9,086)
非保险业务手续费及佣金净收入	55	44,230	37,191
非银行业务利息收入	56	99,991	88,546
投资收益	57	77,497	74,589
其中：对联营企业和合营企业的投资收益		23,224	18,074
以摊余成本计量的金融资产终止确认产生的收益		45	56
公允价值变动损益	58	44,091	(28,284)
汇兑收益/（损失）		779	(946)
其他业务收入	59	60,172	50,503
资产处置损益		105	(38)
其他收益		3,036	2,785
营业收入合计		1,168,867	976,832
二、营业支出			
退保金		(26,661)	(21,539)
保险合同赔付支出	60	(225,030)	(203,323)
减：摊回保险合同赔付支出		11,263	9,466
提取保险责任准备金	61	(287,028)	(190,990)
减：摊回保险责任准备金	62	107	642

图8－3　中国平安2019年合并利润表

取的“未到期责任准备金”，就是不属于今年的保费呗？

实际上也是如此。

在第三章我们已介绍过，平安年报中定义的“未到期责任准备金”是指非寿险业务的未到期责任准备金。这个非寿险，是广义上的非寿险，或者换言之，应该是第一章中我们提到的一般保险——而在健康险和寿险业务中，指的就是短期（一年期）健康险了。我们大概可以明白了：**保险业务收入扣除分出业务收入后，再扣除的未到期责任准备金，旨在扣除那些不是今年赚的保费，得到已赚保费。**让我们来看看如何完成这个过程。

本书除了顾名思义大法外，还有一个老生常谈的大法——多看财报。以中国平安为例，在其2019年财报的第185页有对未到期责任准备金的详细说明。除了前文提到的广义非寿险外，还有一点值得我们注意的是其确认方式，中国平安 2019 年年报中关于未到期责任准备金的描述如下：

未到期责任准备金

未到期责任准备金是指本集团作为保险人为尚未终止的非寿险业务保险责任提取的准备金。

未到期责任准备金以未赚保费法进行计量。按照未赚保费法，本集团于保险合同初始确认时，以确认的保费收入为基础，在减去佣金及手续费、保险保障基金、监管费用及其他增量成本后计提本准备金。初始确认后，非寿险未到期责任准备金按三百六十五分之一法进行后续计量。

让我们回顾一下第三章中准备金计量“未来法”的底层逻辑。未来法中，准备金等于未来保险责任的折现值减去未来净保费的折现值。在保险公司不赚取任何费用的理想情况下，由于绝大多数保单采用的是均衡保费（每期保费相同）的定价方式，因此在保单的前期，履行保险责任的概率低，保费有冗余。在保单的后期，冗余的保费用于弥补概率提升的保险责任。因此在理想情况（保险公司不设剩余边际也不设风险边际）的未来法中，所谓的准备金，实际上就是现在多收的用于保障将来保险责任的那部分保费。

虽然长期险和短期险的计提算法不同，但未来法的底层逻辑是相同的。对于短期险如一年期的保险而言，按利润表的权责发生制原则，保单承保时即确认整张保单的全年收入。可实际上，**如果保单跨自然年，全年收入中的许多收入是用于保障将来几个月的，自然不能确认为当期收入，因此需要在营业收入中扣除**。顾名思义大法曰：这就是为何平安在对未到期责任准备金（短期险）的详细说明中，称之为“未赚保费法”。

比如某张 7 月 1 日生效的一年期保单（短期险），其保费收入应该归属于今年 7 月 1 日至明年 7 月 1 日，因此会计年度在 12 月 31 日计算时，是不能将全部保费计入当年的，其最佳做法就是总保费减去一半的保费，作为当年的营业收入。而要减去的这部分保费和保险公司的费用恰好是

“未到期责任准备金”，自然要在营业收入中减去。

以此类推，今年 1 月 1 日生效的保单（短期险），其计入当年的营业收入应该等于保费减去 1/365 的保费；今年 1 月 2 日生效的保单，其计入当年的营业收入应该等于保费减去 2 × (1/365) 的保费……今年 12 月 31 日生效的保单，其计入当年的营业收入应该等于保费减去 364 × (1/365) 的保费。这就是平安提及的“三百六十五分之一法”。

行文至此，我们终于从规模保费，到原保险保费，再到保险业务收入，最终抵达已赚保费。已赚保费，再减去三类给不同人的钱，再加上投资收益，最后扣除税，便得到一般会计准则下保险公司的利润了。这一世的“孽缘”，总算走到了尽头。

那么在这一世，各家保险公司又活出了什么样的姿态呢？

分化的销售战略

第一世的销售所处的位置在“推背图”的右上角，放大后，这一世的销售大概长这样，见图 8 –4。

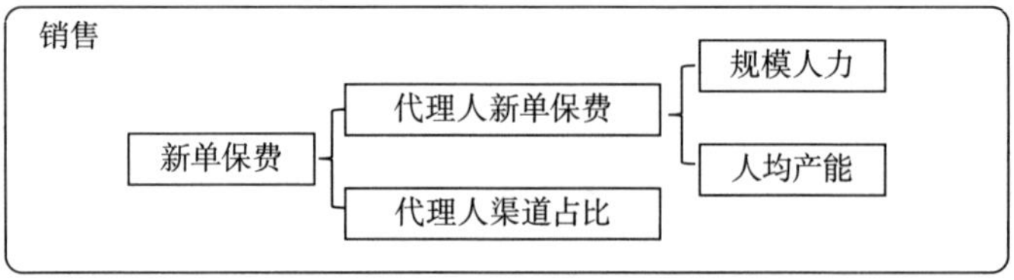

图 8 –4　一般会计准则下的销售关注点

自 2015 年“万宝风波[①]”之后，上市的保险公司们已经达成要做大保障型险种、少做甚至不做给公司带来较大风险的万能和投连等险种的共识。在这样的背景下，我们首先要考虑的是各家保险公司新单保费的情况。新单保费犹如保险公司的第一推动力，纵向承载了各种支出的消耗，

① 指宝能系钜盛华通过旗下前海人寿针对万科的恶意收购事件。此事之后，原银、保监会在政策上加强了对万能险的监管，并不断释放正向利好，引导保险公司朝“保险姓保”的方向发展。

横向又跨越到其他两世，作为它们的力量之源。

表 8－1　2014—2019 年各公司新单保费及增速（规模保费口径）

项目		2014 年	2015 年	2016 年	2017 年	2018 年	2019 年	6 年增速
平安人寿	新单保费（亿元）	751.33	896.12	1420.82	1806.98	1785.06	1762.40	
	增速（%）		19.27	58.55	27.18	－1.21	－1.27	134.57
中国人寿	新单保费（亿元）	1429.20	1723.64	2069.96	2238.60	1711.48	1812.89	
	增速（%）		20.60	20.09	8.15	－23.55	5.93	26.85
太保人寿	新单保费（亿元）	322.50	481.22	593.45	709.17	664.25	569.42	
	增速（%）		49.22	23.32	19.50	－6.33	－14.28	76.56
新华人寿	新单保费（亿元）	441.43	523.89	477.21	318.67	264.35	324.10	
	增速（%）		18.68	－8.91	－33.22	－17.05	22.60	－26.58

资料来源：2014—2019 年中国平安、中国人寿、中国太保、新华保险年报。

2014—2019 年，上述 4 家保险公司的管理层发生了很多变化，平安的首席保险官李源祥离职加盟友邦，中国人寿董事长杨明生退休，太保董事长徐敬惠加盟新成立的大家保险，新华人寿总裁万峰离去。除了始终坚持做大个险的平安和太保外，中国人寿大砍趸交；新华则是一波三折，如今再推规模与价值并举的战略。

4 家公司中，平安人寿在 2014—2019 年新单增长了 134.57%，太保人寿增长了 76.56%，中国人寿 26.85%，新华则是负增长，为－26.58%。这些大历史碾过后留下的足迹，背后是 4 家公司 400 万～500 万代理人和百来万内勤员工的努力，让人读之不由唏嘘。

新单保费之后，我们要重点关注的是代理人所产生的新单保费及其占新单保费的比例。代理人所产生的新单保费越多，占比越高，表示公司保单的质量更高。

表 8－2　2014—2019 年各公司代理人产生的新单保费及增速（规模保费口径）

项目		2014 年	2015 年	2016 年	2017 年	2018 年	2019 年	6 年增速
平安人寿	新单保费（亿元）	533.08	731.97	1016.34	1366.57	1307.15	1246.31	
	增速（%）		37.31	38.85	34.46	－4.35	－4.65	133.79
	占总新单保费（%）	70.95	81.68	71.53	75.63	73.23	70.72	

续表

项目		2014 年	2015 年	2016 年	2017 年	2018 年	2019 年	6 年增速
中国人寿	新单保费（亿元）	402.86	543.25	823.10	1000.82	913.48	999.45	
	增速（%）		34.85	51.51	21.59	-8.73	9.41	148.09
	占总新单保费（%）	28.19	31.52	39.76	44.71	53.37	55.13	
太保人寿	新单保费（亿元）	172.81	257.07	373.93	494.84	467.04	395.94	
	增速（%）		48.76	45.46	32.33	-5.62	-15.22	129.12
	占总新单保费（%）	53.58	53.42	63.01	69.78	70.31	69.53	
新华人寿	新单保费（亿元）	91.71	161.60	206.79	234.04	193.58	196.75	
	增速（%）		76.21	27.96	13.18	-17.29	1.64	114.53
	占总新单保费（%）	20.78	30.85	43.33	73.44	73.23	60.71	

资料来源：2014—2019 年中国平安、中国人寿、中国太保、新华保险年报。

从 2014—2019 年的增速来看，中国人寿的增速最快。虽然其主要增速在 2017 年前取得，但 2019 年随着新的管理层落地，代理人渠道产生的新单保费增速重回正数。

从占总新单保费的比重来看，平安人寿的优势一直很明显，且目前仍保持最高的占比，新单保费质量最好。太保人寿则保持了一贯稳健的风格，新单保费质量排名第二，但代理人新单这两年遇到了不小困难。新华人寿无论代理人新单增速还是占比都排名较靠后。

下一个问题是：代理人新单保费是人力驱动还是人均产能驱动的呢？

为了找到答案，我们首先得有各公司代理人队伍的增速情况，见表 8-3。

表 8-3　2014—2019 年各公司代理人数量及增速

项目		2014 年	2015 年	2016 年	2017 年	2018 年	2019 年	6 年增速
平安人寿	代理人数量（万人）	64	87	111	126	132	120	
	增速（%）		35.94	27.59	13.51	4.76	-9.09	87.50
中国人寿	代理人数量（万人）	74	98	150	158	144	161	
	增速（%）		31.76	53.22	5.33	-8.86	12.01	117.09
太保人寿	代理人数量（万人）	34	48	65	87	85	79	
	增速（%）		40.12	35.48	33.84	-3.09	-6.73	129.65

续表

项目		2014年	2015年	2016年	2017年	2018年	2019年	6年增速
新华人寿	代理人数量（万人）	18	26	33	35	37	51	
	增速（%）		48.00	26.64	6.10	6.32	37.03	189.71

资料来源：2014—2019年中国平安、中国人寿、中国太保、新华保险年报。

从代理人数量来看，各公司在销售上的战略分化明显。6年间，新华人寿2019年代理人数量是2014年的近3倍，增速排名末尾的平安人寿只增长了87.5%，但平安人寿的代理人新单在这6年增长了133.79%，由此可见其代理人人均产能有不少提高。参考表2－3，从人均新单的产能指标来看，平安人寿的增长确实是人均新单驱动的，2014—2019年该公司不断地提高单兵作战能力。相反，排名末尾的新华人寿产能只有原来的约3/4。

有趣的是，人均新单增长率排名末尾的新华人寿，却是代理人数量增速最快的，冥冥中似乎有一股神奇的力量在约束各家保险公司：越是想发展代理人数量，越难提高人均新单。并没有一家公司能做到代理人数量与质量全方位地领先。

在风起云涌的保险业，销售是公司增长的源泉，像极了武侠小说中出招制敌的外功。

在金庸先生的武侠世界，外功的发展方向并非千篇一律。以剑法为例，有依靠聚气内敛，出招浑厚的气宗外功，如大理段氏的六脉神剑、华山气宗的太岳三青峰；也有依靠外延剑招，杀人于无形的剑宗外功，如独孤求败所创的独孤九剑、华山剑宗的夺命连环三仙剑。

与此类似，2014—2019年这6年，保险公司们在销售的发展方向上也非千篇一律，而是发展出两大门派：一种是靠聚气内敛，拥有较高的代理人渠道新单占比，提升代理人质量的“气宗”；一种是代理人渠道新单占比较低，借助外延增援扩张的“剑宗”。6年间的数据也勾勒了双方对决的中场时刻：气宗外功更胜一筹。

只是，第一世的销售虽已近尾声，我们却仍遗留了两个问题：

（1）气宗的胜利是货真价实的，还是徒有其表？

（2）气宗的胜利是会延续并扩大，还是剑宗最终会逆袭？

问题一涉及新单与新业务价值的关系，即领衔气宗的平安人寿是否在价值上也保持总量的领先，我们将在下文“第二世：内含价值评估标准”中去看。问题二我们也需要看过问题一的结果后再讨论。

蕴含经营策略的营运

第一世的营运位于“推背图”右侧靠中间的位置，它主要由给客户的钱（赔款及保户利益）、给代理人的钱（保险业务佣金支出）、给员工的钱（业务及管理费支出）三者构成，见图 8－5。我们再来好好梳理一遍。

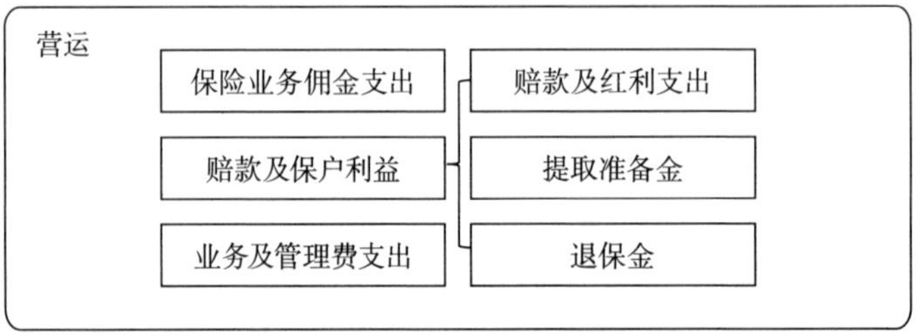

图 8－5　一般会计准则下的营运关注点

三类给不同人的钱中，赔款及保户利益、业务及管理费支出作为给客户和给员工的钱，都是具有持续性的支出，因此和总保费，即新单和续期保费之和的关系较大。给代理人的钱虽与新单关系较大，但也具有长尾效应——在新单的次年及再次年都还要持续支出（虽然占比较低）。考虑在一般会计准则这一世本身就难以精确地表述保险公司的营运情况，因此作为“模糊的正确”，以已赚保费作为总盘子，来考量三者各自的占比，也有一定的意义。

（一）给代理人的钱

收多少钱干多少事，佣金占比与这一世销售里所表现的产能是吻合的。参考表 2－23—表 2－26，从 2014—2019 年数据来看，人均新单保持正增长的平安人寿，佣金投入要高于另外 3 家；中国人寿这两年佣金支出增速很快；相较之下，太保和新华有点不温不火的味道。

再次强调，已赚保费里包含了新单和续期，佣金支出因每年“开门红”策略的不同也有腾挪，诸多因素造成一般会计准则的“失效”，因此老东不建议大家在这一世中去看一两年的变化数据。想借助一两年数据变化考究公司战略的执行情况，建议采用第二世内含价值评估标准中的数据，比如新业务价值。

因此，在采集和跟踪保险公司在这一世的营运数据时，老东建议大家重点观察至少5年的平均数据。比如关于佣金支出这件事儿，可以参考表2-27中的数据。

（二）给客户的钱

这一项会比另外两项复杂些，但原理是相同的。我们需要知悉各家公司赔款及保户利益占已赚保费的比值①，参见表2-10—表2-13。

为了更加清晰地看到2014—2019年这一项的影响，我们计算得到各家公司的平均值，见表2-14。中国人寿在6年里给客户的钱占已赚保费的102.64%，居各家公司之首。居榜末的是平安人寿，占比82.61%。我们知道，赔款及保户利益中既包含了能“偏负面②”反映营运情况的赔款及红利支出，也包含了能“负面”反映营运情况的退保金，更有“中性”反映营运情况的“提取准备金”（很多利润雪藏在此）。因此仅从6年平均的赔款及保户利益占比高低来评价每家公司是没有意义的，我们还需要深入其中去了解其结构。为此，我们还需要统计一下赔款及保户利益的结构。以平安人寿为例，如表8-4所示。

① 为保持统一口径，老东将其他业务成本统一归入赔款及保户利益。各公司对其他业务成本定义不一，通常其他业务成本包括保单红利支出、分保费用、摊回分保费用、利息支出、计提资产减值准备、税金及附加等。

② 赔款及红利支出数值占比大，并不代表公司经营一定不好，可能是因为分红保单做得多。

表8－4　平安人寿赔款及保户利益结构　单位：亿元

项目	2014年	2015年	2016年	2017年	2018年	2019年	6年占比的平均[2]
赔付支出[1]	340.68	396.35	707.93	888.81	994.67	1130.98	26.08%
赔款支出	60.36	81.03	109.15	130.32	158.36	203.81	
年金给付	55.87	58.82	59.07	73.71	227.25	95.57	
满期及生存给付	174.05	187.13	245.20	277.09	221.86	259.83	
死伤医疗给付	84.99	109.53	143.72	188.97	239.66	301.65	
摊回保险合同赔付支出	－34.59	－40.16	－22.86	－20.01	－26.53	－46.23	
保单红利支出	58.71	84.55	112.36	131.29	164.45	193.29	4.41%
提取保险责任准备金	997.10	1273.18	1432.04	1984.28	1864.03	2866.87	62.65%
退保金	101.88	165.78	160.50	205.19	215.39	266.61	6.85%
投资性保单账户利息	—	—	173.65	238.73	174.07	316.35	
合计	1498.37	1919.86	2412.83	3209.57	3238.54	4457.75	

资料来源：2014—2019年中国平安年报。

注：①含投资性保单账户利息。

②各项占“合计”值比例的6年平均，下同。

另外三家公司的情况，老东分列如下：

表8－5　中国人寿赔款及保户利益结构　单位：亿元

项目	2014年	2015年	2016年	2017年	2018年	2019年	6年占比的平均
赔付支出[1]	1183.75	1443.26	2196.20	2160.98	1941.47	1494.05	37.82%
寿险业务	939.80	1137.08	1777.82	1632.99	1303.20	743.27	
健康险业务	119.24	168.50	225.74	292.87	378.60	474.10	
意外险业务	34.67	39.33	47.87	55.02	62.59	61.82	
保单红利支出	248.66	334.91	158.83	218.71	196.46	223.75	5.21%
提取保险责任准备金	1081.96	1114.50	1294.34	1753.22	1917.18	3351.22	36.66%
退保金	976.85	1066.72	739.22	946.29	1162.29	508.51	20.30%
合计	3491.22	3959.39	4388.59	5079.20	5217.40	5577.53	

资料来源：2014—2019年中国人寿年报。

注：①含半年报和年报中的“其他业务成本”，太保与新华也如此处理。

表 8－6　太保人寿赔款及保户利益结构　　单位：亿元

项目	2014 年	2015 年	2016 年	2017 年	2018 年	2019 年	6 年占比的平均
赔付支出	274.72	443.34	410.93	517.59	589.11	733.29	33.00%
提取准备金	476.20	460.26	722.78	1021.85	1053.90	1189.88	53.81%
退保金	290.28	252.17	135.38	101.68	126.32	110.89	13.19%
合计	1041.20	1155.77	1269.09	1641.12	1769.33	2034.06	

资料来源：2014—2019 年中国太保年报。

表 8－7　新华人寿赔款及保户利益结构　　单位：亿元

项目	2014 年	2015 年	2016 年	2017 年	2018 年	2019 年	6 年占比的平均
赔付支出	205.14	280.61	404.37	409.03	533.26	627.77	34.43%
赔款支出	—	—	12.91	17.36	23.34	30.79	
年金给付	—	—	94.83	80.31	98.65	95.00	
满期及生存给付	—	—	256.64	244.98	338.85	413.44	
死伤医疗给付	—	—	32.71	41.14	50.51	67.25	
摊回赔付支出	—	—	－19.65	－6.70	－7.54	－10.45	
保单红利支出	0.00	0.00	0.00	0.04	1.26	0.42	0.02%
提取保险责任准备金净额	460.49	398.55	273.73	308.66	264.22	533.35	32.19%
退保金	490.26	543.36	437.77	339.06	330.39	129.90	33.36%
合计	1155.89	1222.52	1115.87	1056.79	1129.13	1291.44	

资料来源：2014—2019 年新华保险年报。

由于每家公司披露的信息不同，赔款及保户利益下的二级科目详尽程度也不同。比如平安的赔付支出中包含了赔款支出、年金给付、满期及生存给付、死伤医疗给付、摊回保险合同赔付支出；中国人寿的赔付支出则是按寿险业务、健康险业务和意外险业务三类业务口径进行划分。所幸作为投资者，我们没必要那么纠结细节，仅须关注赔款及保户利益下的一级科目。

有了上述各家公司的赔款及保户利益基础数据后，为了更清晰而直接地评估各家公司结构上的差异，我们可以把它们的 6 年占比平均（注意，建议用每年占比的平均值，而不是分子分母求和后的平均）放到一起，见

表2－20。

表2－20是给客户的钱中二级科目在其中的占比。为了更加合理地评估赔付和红利支出、提取准备金和退保金三者的影响，我们更需要考虑的是它们分别占已赚保费的比例。将表2－20与表2－14结合，我们可以得到表8－8。

表8－8　各公司赔款及保户利益二级科目占已赚保费比例（%）

公司	偏负面影响	中性影响	负面影响
	赔付和红利支出	提取准备金	退保金
平安人寿	25.19	51.75	5.66
中国人寿	44.17	37.63	20.83
太保人寿	32.59	53.12	13.12
新华人寿	35.46	31.98	33.09

赔付和红利支出占比高可能是公司真的赔付高，也可能是主要经营分红险所致，所以只能说是偏负面影响。提取准备金占比高可能真是业务所需，也有可能是其中隐含了较高的剩余边际，在这一世无法进行合理评价，因此属于中性影响。退保金高则会造成公司保费规模“虚胖”、经营不连续等一系列问题，因此是负面影响。从表8－8中我们可以看到，2014—2019这6年的数据显示，中国人寿和新华人寿在退保金这方面做得并不理想。

（三）给员工的钱

业务及管理费中主要是给员工的钱，考量该项指标与已赚保费占比的数年平均值，可以评估公司愿意为每一块钱保费支出的员工薪酬，其意义与给代理人的钱殊途同归。相关数据见表2－31至表2－34。

为了方便比较，我们按照惯例算出这6年平均值，见表2－35。整体而言，平安人寿对员工可谓是“给足了钱”；相较之下，中国人寿则颇有国企风格——员工胜在稳定，收入水平较低。新华人寿和太保人寿则处于二者之间。

给足了代理人钱，也给足了员工钱，是否真的能带来公司质量上的飞跃？在这一世，我们也只是在销售端看到平安和太保新单产能较好，在营运的给客户的钱中暂未看到两家明显的负面影响，但是是否真的能给股东带来足够的利润，则要到第二世寻求答案。

各有策略的投资

一般会计准则下的投资位于“推背图”右下角的位置（图 8－6），由净投资收益、已实现收益、公允价值变动和资产减值损失 4 项构成，其中净投资收益是构成总投资收益的大头，也是最能衡量保险公司投资持续性与稳定性的指标。如果说投资收益率是投资端表现的“性状特征”，各公司投资的大类资产结构就是投资端的“内在病理”。分析和研究各公司所投资产的类别和结构，也是分析投资端绕不开的话题。

我们可以看到这一世投资端自右向左的驱动方向：

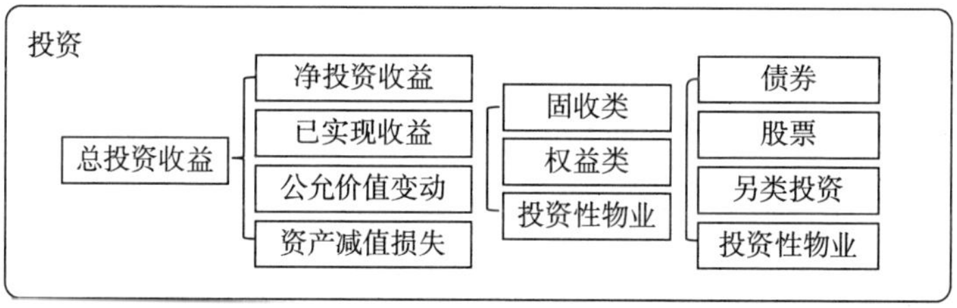

图 8　6　一般会计准则下的投资关注点

4 家上市公司中，中国人寿和新华保险是纯人身险公司，中国平安和中国太保是综合金融保险集团。投资结构的披露方面，大家都是以“保险投资组合”进行披露的，平安和太保并不会单独披露归属于人身险部分的可投资产结构分布。虽然人身险和财产险的资金混合在一起，但由于人身险公司资金占比较高，且公司考虑投资策略时都是通盘考虑，故不妨碍我们用整体投资组合来代替归属于人身险部分资金的投资组合进行分析。

人身险公司将收来的保费支付各种费用后，通过投资内化为公司的经济价值。若我们把销售比喻成人身险公司的“外功”，则投资更像是人身险公司的“内功”。保险业各家高手决战于紫禁之巅时，旁观者看到的更多是让人眼花缭乱的外功招式，而实际上，为外功招式提供源动力的，正是公司的投资内功。

人身险公司的投资对象主要为固定收益类和权益类资产。若按固收与权益的投资比例来考量4家公司的投资结构特点，又会看到泾渭分明的“内功”阵营：一方是乐于投资权益类资产、通过寻找收益与风险错配、不断获取超额收益的投资风格，我们将之称为“吸收式内功”；另一方则是讲究根基稳定、追求固定收益的投资风格，我们将之称为“筑基式内功”。前者往往只配置75%～80%的固定收益类资产，后者会配置80%～85%。

前文我们曾提及，中国平安因为给足了代理人和员工利益，为公司同时带来了亮眼的新单增长和人均产能增长。与销售端相同，投资端的平安也十分进取，是个典型的“吸收式内功”。平安的固收比例长期保持在75%～77%，权益类保持在15%左右，外加不到2%[①]的投资性物业和不到5%的现金，平安的投资组合参见表2－43。

人身险的投资收益有两个关键指标：总投资收益和净投资收益。

总投资收益是在净投资收益基础上，加上权益类（股票为主）的公允价值波动和已实现收益（卖出收益），因此波动性必然很大。相比之下，净投资收益主要是存款利息收入、债权型金融资产利息收入、股权型金融资产分红收入、投资性物业租金收入以及应占联营企业和合营企业损益等，其更能体现公司在投资端表现的稳定性。

根据表2－46，平安人寿2014—2019年的平均净投资收益率是5.53%，平均总投资收益率是5.83%。从稳定性来看，总投资收益率的方差是2.42，净投资收益率的方差是0.12。

“吸收式内功”的另一位人物——中国人寿，固收占比也是78%左右，权益类对比平安稍高些，投资性物业较少（在第二章时曾提过，实际上中国人寿有不少物业，但并未以投资性物业入账）。在权益类中，中国人寿虽然

① 实际上平安在地产上的投资约为5%～6%。其他的隐藏在权益类里的股权投资以及固收类里的债权投资计划中。

占比较高，却较少直接投资于股票，而更多的是进行股权投资，给人一种施展“化功大法”的大侠模样。中国人寿的投资组合情况参见表2－48。

那么这位大侠表现如何呢？如表2－49所示，中国人寿2014—2019年的平均净投资收益率是4.66%，平均总投资收益率是5.02%。从稳定性来看，总投资收益率的方差是1.03，净投资收益率的方差是0.02。无论是总投资还是净投资，都表现出高出平安一筹的“稳字当头”的特性，为此付出的代价是，净投资收益率少了接近90个基点，总投资收益率也少了80个基点。

“吸收式内功”两位老大哥身后的是新华保险。如表2－50所示，新华保险也配置了78%左右的固收，但在平安和国寿的基础上加大了权益类投资，2014—2019年6年平均值达19.02%。也因此，新华保险没有投资性物业且保持了较少的现金。

投资收益率方面，如表2－51所示，新华保险6年的平均净投资收益率是5.02%，平均总投资收益率是5.52%。从稳定性来看，总投资收益率的方差是1.10，净投资收益率的方差是0.02。新华保险用与中国人寿几乎相同的稳定性，取得了高出40个基点的净投资收益率和总投资收益率。

与“吸收式内功”的高手不同，中国太保一直以来有“固收高手”之称。如表2－44所示，这位修炼“筑基式内功”的大侠配置了84.23%的固收，只配置了11.85%的权益类资产，投资性物业的配比也较少。

配比较低的固收产品并没有拖累中国太保的收益率。对比中国人寿和新华保险，中国太保的净投资收益率平均值是5.18%，总投资收益率是5.67%，都要高出一筹（见表2－47），总投资甚至直逼平安人寿，仅落后16个基点。谁说只有配置更多权益类才有高收益？稳定性方面，中国太保的净投资收益率方差是0.05，总投资收益率方差是0.87，对比中国人寿和新华保险各有胜负，但远胜于平安人寿。

将各家公司的投资收益率及其方差放到一起，我们可以有个更加直观的感受，见表8－9。

表 8 – 9　2014—2019 年各公司总投资收益率和净投资收益率平均值及方差

公司	净投资收益率（%）	净投资收益率方差	总投资收益率（%）	总投资收益率方差
平安人寿	5.53	0.12	5.83	2.42
中国人寿	4.66	0.02	5.02	1.03
中国太保	5.18	0.05	5.67	0.87
新华保险	5.02	0.02	5.52	1.10

从投资回报的角度来看，平安人寿是几家公司中表现最好的。从稳定性的角度来看，平安人寿也是几家公司里波动最大的。相反，中国人寿可以被认为是波动最小的（除了总投资），但也是收益率最低的。老东则更看好平安人寿，毕竟人身险公司的精算假设基础在于净资产投资收益率。这项指标达标与否相比稳定性而言更为重要，更何况 0.12 的方差在数学上已经意味着极小的波动了。

除了投资收益率的达标情况外，我们还需要跟踪各家公司及行业平均的久期缺口问题（见表 2 – 54）。这些信息并没有在年报中直接披露，而是或出现于业绩会和股东会，或出现于上市公司开放日以及券商的调研中。老东建议大家尽可能建立自己的信息渠道，更有利于全面认识公司。

第一世的总结

销售、营运、投资，这是研究保险绕不开的话题。在这一世我们得到的数据中，比较利于直接判断的是销售和投资这两头的数据——它们表现为公司的“外功”和“内功”。

销售是公司的外功，是公司最直接的表现。在外功（新单保费）的对决中，受益于“天下熙熙皆为利来”的底层逻辑，代理人渠道新单占比较高、以人均产能（人均新单保费）驱动的“气宗高手”平安人寿取得领先，而代理人渠道新单占比较低、依赖队伍扩张的“剑宗高手”新华人寿则暂时落后。另外两位高手中国人寿和太保人寿则表现平平。

投资是公司的内功，保费盈余借此内化为股东盈余。在内功的比拼中，依赖吸收超额收益的“吸收式内功高手”平安人寿①、中国人寿和新华人寿②在与讲究稳定性的“筑基式内功高手”太保人寿③的比拼中，各有胜负。总体而言，平安人寿和太保人寿仍处于前两名。

若将这些公司投射到金庸先生的世界，他们的大致画像如图 8 –7 所示。

	平安人寿	中国人寿	太保人寿	新华人寿
销售	强调内生	强调外延	强调内生	强调外延
参考外功	六脉神剑	独孤九剑	太岳三青峰	夺命连环三仙剑
投资	强调权益	强调权益	强调固收	强调权益
参考内功	北冥神功	化功大法	易筋经	吸星大法

图 8 –7　一般会计准则下的各家公司形象

在营运端，由于这一世会计准则的失效，我们只能大概推断出中国人寿和新华人寿存在赔付率高和退保率高的问题。但从前述 6 年间的数据也可以看到，中国人寿在“重振国寿”的战略下，经营效率也在不断提高。虽然这两家公司有历史包袱，但从另一方面讲，也意味着有较大的弹性空间，部分短期投资者或许会比较有兴趣。

这一世我们要留存并跟踪的内容包括：一是销售端，新单保费增长情况，即表 8 –1。二是营运端，三种钱占已赚保费的比例，即表 2 –27、表 8 –8、表 2 –35。三是投资端，净投资和总投资收益率及其波动，即表 8 –9。

① 指基于中国平安投资组合的分析结论，但为保持与“销售”上一致称呼，此处用平安人寿代替中国平安。

② 指基于新华保险投资组合的分析结论，但为保持与“销售”上一致称呼，此处用新华人寿代替新华保险。

③ 指基于中国太保投资组合的分析结论，但为保持与“销售”上一致称呼，此处用太保人寿代替中国太保。

第二世：内含价值评估标准

一般会计准则像一位让人又爱又恨的“直男”。他总会冲到高高的山坡上，回望来时的路，然后再奔回我们身旁，吧啦吧啦地诉说着过去发生了什么，并顺着“过去看未来”的思路得出未来会怎么样的结论。相反，内含价值评估标准就像经典物理学家眼中的那只“拉普拉斯的魔鬼”①，也像诸多修真小说最后掌握万物准则的大神主角。它通过大量假设和演算堆砌起一道虫洞，从而站在时间的终点，总是“通过将来看现在”，给人一种讳莫如深的感觉。

如果资本大鳄索罗斯说的“人类的经济就是充满欺骗和谎言的历史”成立，那么内含价值评估标准就极可能成为其中的“谎言”——毕竟它是建立在假设上的科学。但抛开这点不谈，内含价值评估标准是最能客观反映保险公司价值的计量方式，也是我们绕不开的话题。

从“推背图”来看更是如此。内含价值评估标准位于“推背图”中间的位置，连接了一般会计准则和营运利润体系，起到了承前启后的作用。

气势如虹的新业务价值

这一世的销售——扣偿后新业务价值，如图 8－8 所示。为避免重述，本节下文所述的新业务价值皆表示考虑了持有偿付能力成本后的。

在第一世的销售中，从人均新单的角度看，以“内生”为代表的公司略胜一筹。但新单保费并不能代表归属于股东的利润，我们也不知道“气宗”是否真的打败了“剑宗”，从而能为投资者真的产生可观的利润。因

① 法国科学家皮埃尔·西蒙·拉普拉斯所创立的概念。该科学家认为一切物体的运动都是可认知的，可以精确测量的，所以世界的未来是确定的。

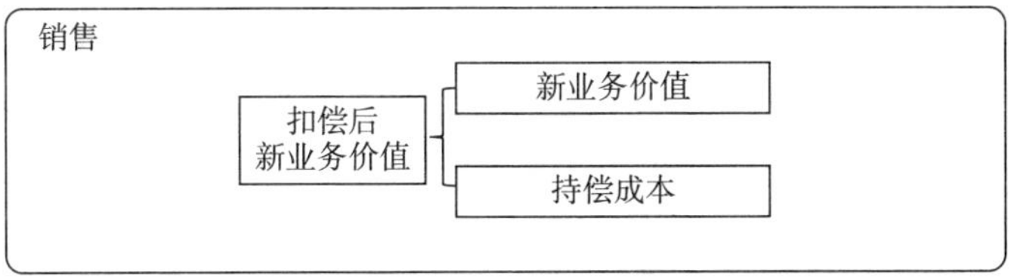

图 8－8　内含价值评估标准下的销售注意点

而我们遗留了两个问题：

（1）气宗的胜利是货真价实的，还是徒有其表？

（2）气宗的胜利是会延续并扩大，还是剑宗会上演逆袭？

回答问题（1）的关键是气宗们是否也能在新业务价值战场取得胜利。

在前一世，我们通过分析得知，平安人寿作为以代理人人均新单产能为驱动的气宗，人数增长虽不如其他 3 位，却在新单保费的总增长上获得了胜利。那么在这一世，外功上讲究聚气内敛的平安人寿是否仍然会保持领先呢？回答这一问题的最佳指标莫过于各家公司扣偿后新业务价值的增长情况（见表 5－3）。

从表 5－3 可以看出，气宗们可谓是“气势如虹”，在这一世的销售中仍然保持了领先地位。为了进一步了解它们领先的原因，我们将新业务价值拆解为“人均新业务价值[①]×人数”。代理人的数量我们已在第一世的销售中呈现过，见表 8－3。用每一年的扣偿后新业务价值除以人数，我们就得到人均新业务价值，见表 2－4。

至此，我们至少可以回答第一个问题：气宗的胜利是货真价实的，不仅在新单保费上胜利了，而且在新业务价值的战场也是完胜。胜利的底层逻辑是修炼气宗外功的公司虽然人数赶不上剑宗，但单体的战斗力十分强劲，前述 6 年间分别实现了 84.39% 和 22.77% 的增长。以平安人寿为例，其人均新业务价值在 6 年间增长了 84.39% 。

至于问题（2），即气宗的胜利是会延续还是昙花一现，只依赖财报里

① 指人均扣偿后新业务价值。

的数据是得不到答案的，需要我们自行思考。老东将在第十章“互联网保险公司与新物种”同大家探讨。

常规与非常规动作下的营运

我们多次强调，内含价值考虑问题的出发点是预期利润的贴现，在这一世的营运中也是如此。从内含价值评估标准的角度来理解营运，无非常规动作——保单预期产生的利润，以及非常规动作——公司管理得好，从原本已经要支出的费用中又挤压回来一些。

因而，这一世的营运处于“推背图”正中间的位置，主要包含常规动作——扣偿有效业务价值，以及非常规动作——营运经验偏差。

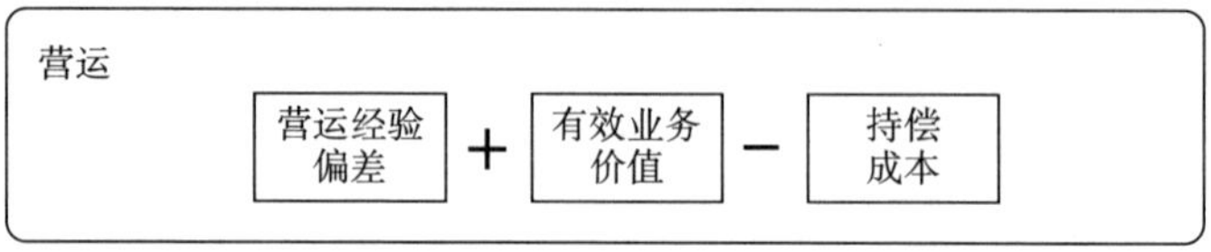

图 8－9　内含价值评估标准下的营运的注意点

（一）常规动作

在农夫种树的故事里，有效业务价值实际上就是果树生命周期所有果实变现后盈余的折现，像一张可以预测利息的债券。这张债券的常规动作是每年释放 11% 的价值，远高于同样构成内含价值的小伙伴——调整净资产投资所得的 5% 左右收益率。因此，有效业务价值在内含价值中的占比，可以反映每家公司内含价值“外强中干”的水平。为了得到这个数，我们必须先整理出每家公司内含价值和扣偿后有效业务价值的情况，再计算出其占比。以中国平安为例，见表 8－10。

表 8－10　2014—2019 年平安人寿有效业务价值与内含价值

项目	2014 年	2015 年	2016 年	2017 年	2018 年	2019 年	6 年占比均值
扣偿后有效业务价值（亿元）	1668.65	2033.20	2303.62	3124.49	4003.01	4899.36	
内含价值（亿元）	2642.23	3254.74	3603.12	4963.81	6132.23	7574.90	
扣偿后有效业务价值占比（%）	63.15	62.47	63.93	62.95	65.28	64.68	63.74

资料来源：2014—2019 年中国平安年报。

另外三家公司分列如下：

表 8-11　2014—2019 年中国人寿有效业务价值与内含价值

项目	2014 年	2015 年	2016 年	2017 年	2018 年	2019 年	6 年占比均值
扣偿后有效业务价值（亿元）	2606.70	2915.49	3025.30	3636.73	4089.98	4592.95	
内含价值（亿元）	4549.06	5602.77	6520.57	7341.72	7950.52	9420.87	
扣偿后有效业务价值占比（%）	57.30	52.04	46.40	49.54	51.44	48.75	50.91

资料来源：2014—2019 年中国人寿年报。

表 8-12　2014—2019 年太保人寿有效业务价值与内含价值

项目	2014 年	2015 年	2016 年	2017 年	2018 年	2019 年	6 年占比均值
扣偿后有效业务价值（亿元）	753.50	921.32	1030.47	1367.49	1697.14	1908.44	
内含价值（亿元）	1257.37	1519.18	1816.03	2140.37	2584.28	3055.21	
扣偿后有效业务价值占比（%）	59.93	60.65	56.74	63.89	65.67	62.47	61.56

资料来源：2014—2019 年中国太保年报。

表 8-13　2014—2019 年新华人寿有效业务价值与内含价值

项目	2014 年	2015 年	2016 年	2017 年	2018 年	2019 年	6 年占比均值
扣偿后有效业务价值（亿元）	422.85	338.33	481.37	602.64	742.59	821.19	
内含价值（亿元）	852.60	1106.50	1294.50	1534.74	1731.51	2050.43	
扣偿后有效业务价值占比（%）	49.60	30.58	37.19	39.27	42.89	40.05	39.93

资料来源：2014—2019 年新华保险年报。

经整理，我们可以得到表 8-14。

表 8-14　2014—2019 年各公司扣偿后有效业务价值占内含价值的比例（%）

项目	平安人寿	中国人寿	太保人寿	新华人寿
扣偿后有效业务价值占内含价值的比例	63.74	50.91	61.56	39.93

从上表可以看出，中国人寿和新华人寿的扣偿后有效业务价值占比较低，但我们还需要考虑各家公司贴现率不同。按各家公司在年报里披露的敏感性测试，贴现率若降低 0.5 个百分点，新业务价值和有效业务价值提升幅度在 5 个百分点左右；前者降低 1 个百分点则后者提升 10 个百分点左右。为了保持统一口径，我们按不同贴现率对占比进行统一调整。

表 8 - 15　2014—2019 年各公司扣偿后有效业务价值占内含价值的比重（调整后 6 年平均）（%）

项目	平安人寿	中国人寿	太保人寿	新华人寿
扣偿后有效业务价值占内含价值的比重	63.74	50.91	61.56	39.93
贴现率	11	10	11	11.5
调整后占比	63.74	约 41	61.56	约 45
调整后贴现率	11	11	11	11

平安和太保在资本市场取得较高的资本回报率是有其底层原因的。由于有效业务价值在内含价值中占比较高，总体内含价值的回报率就相对高——投射到一般会计准则里则是 ROE① 也较高。

（二）非常规动作

非常规动作方面，在这一世我们要关注的是“营运经验差异”。

在第五章“内含价值评估标准”中我们曾讨论过，“营运经验差异”是指公司的营运水平大于“营运模型”，从而在模型中“挤”出来的利润。持续较大的正偏差意味着公司的营运假设相对保守，持续的负偏差意味着假设相对激进。但若某些公司的偏差总是时正时负，意味着公司还在找步调踏准实际营运情况。

既然要关注“营运经验差异”，那么是否也要关注营运假设变动情况呢？毕竟，一家经营成熟的人身险公司，营运假设应该是经得起时间考验的。营运假设变动频繁，意味着公司对内部管理并没能做好前瞻性预测。

遗憾的是，人身险公司们的“营运假设”是与“投资模型假设和发生率模型假设”掺杂在一起进行披露的。一家公司无论调节三者中的哪一个，都只会向外披露“营运假设及模型变动”，而不会单独披露其中一项。关于“营运经验差异”与“营运假设及模型变动”情况，可以用图 8 - 10 展现。

为更加清晰地认识这种无奈，我们可以把模型变动偏差一并统计。以

① 指一般会计准则下的净资产回报率。

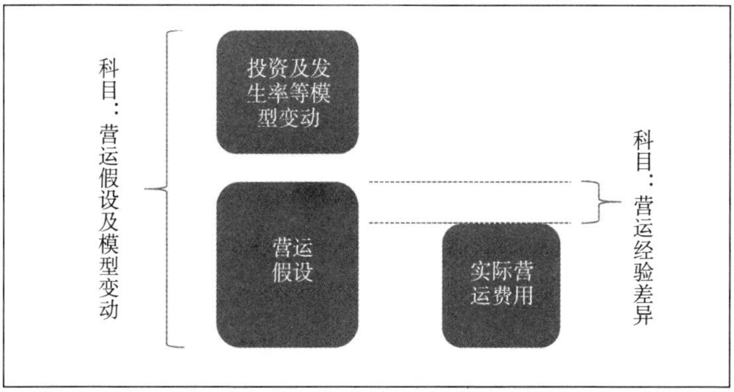

图 8－10　营运差异指实际营运费用减去营运假设及营运模型变动

中国平安为例，我们可以在公司年报“内含价值分析”章节中找到“营运经验差异”和“营运假设及模型变动”，见表 8－16。

表 8－16　2014—2019 年平安人寿内含价值、营运假设及模型变动、营运经验差异

项目	2014 年	2015 年	2016 年	2017 年	2018 年	2019 年
内含价值（亿元）	2642.23	3254.74	3603.12	4963.81	6132.23	7574.90
新增内含价值（亿元）	611.85	612.51	348.38	1360.69	1168.42	1442.67
营运假设及模型变动（亿元）	23.17	－2.46	－421.15	－7.58	6.08	18.98
占新增内含价值的比重（%）	3.79	－0.40	－120.89	－0.56	0.52	1.32
营运经验差异（亿元）	2.75	8.25	－2.59	88.86	139.38	36.72
占新增内含价值的比重（%）	0.45	1.35	－0.74	6.53	11.93	2.55

资料来源：2014—2019 年中国平安年报。

在上表中，营运假设及模型变动中包含了营运、投资和发生率模型变动。

投资模型变动方面，2016 年是个关键年份。由于 2016 年前的几年十年期国债利率迅速走低，因此各家公司在 2016 年达成共识，纷纷在当年下调了投资收益率假设，如表 8－17 所示。

表 8－17　2016 年各公司永续收益率假设调整前后差别（%）

项目	平安人寿	中国人寿	太保人寿	新华人寿
2016 年前的旧假设	5.5	5.5	5.2	5.2
2016 年后的新假设	5	5	5	5

资料来源：2016 年中国平安、中国人寿、中国太保和新华保险年报。

由于投资收益率假设的下降，各家公司的“营运假设及模型变动”一

项纷纷出现巨额亏损。其中，中国人寿由于同步调整了贴现率（由11%调低为10%）幸免于难。因此2016年的数据对“营运经验差异”是个很强的干扰项。除此之外，在2016年前后，部分公司也在投资收益率假设的模型上做了些许变动，这也给分析营运模型变化带来了干扰。

发生率模型方面，新华人寿在2018年和2019年[①]表达了对未来疾病的悲观预期，从而在这两年连续调高了疾病发生率的假设，导致分别产生10.96亿元和32.27亿元的内含价值亏损。其他公司也有类似状况。

由此可见，**由于多项投资假设干扰项的存在，用“营运假设及模型变动”一项来考量这一世的营运模型稳定性，几乎没有参考意义**。因此，这一世的非常规营运分析，我们仅能通过“营运经验差异”来捕捉公司营运假设保守与否，而无法通过营运模型波动来评估公司营运假设的稳定性。

但会不会有个问题，即公司故意使用非常保守的营运假设，从而故意做出可以持续释放正的营运经验差异的姿态，来误导投资者高估公司的价值呢？

我们只要想想“农夫种苹果的故事”就知道，如果公司故意调高费用率使营运假设保守，构成内含价值的有效业务价值就会迅速降低，这相当于变相做低自己的经济价值。从这个角度看，有效业务价值和营运经验差异像是一个跷跷板。营运假设越保守，有效业务价值越低，营运经验差异越有可能持续释放，反之亦同理。

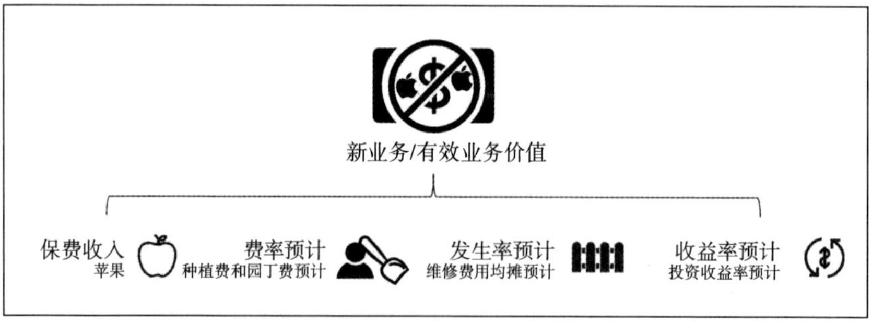

图8－11　新业务价值和有效业务价值中都包含了费率假设

① 指2018年和2019年新华保险业绩会。

因此，从客观事实来看，我们提出的这个问题是无法成立的。因为“有效业务价值+营运经验差异的持续释放”就像硬币的两面，无论调低或调高营运模型假设，投资者都不会傻到看硬币时只看一面。

那么，从主观能动性上，“农夫”会倾向于让营运假设非常保守吗？这就是仁者见仁智者见智的事情了。老东倾向于认为现阶段的内地上市保险公司不会。别忘了当初建立内含价值评估标准的初衷——为了让市场看到它的辉煌业绩。

好了，话题到此，回到我们的主角“营运经验差异”身上来。

把模型假设变动从上文表8－16中摘掉，再通过整理，我们可以得到表8－18。

表8－18 2014—2019年各公司营运经验差异对内含价值的贡献

项目	平安人寿	中国人寿	太保人寿	新华人寿
营运经验差异占比平均（%）	3.68	0.38	2.65	4.63
营运经验差异占比的方差	0.002	0.000	0.001	0.009

资料来源：2014—2019年中国平安、中国人寿、中国太保和新华保险年报。

从上表可以看出，营运经验差异占当期内含价值比例最高的是新华人寿，这家在我们统计周期经历过2次管理层大动荡的公司，在营运模型的假设上做得让人惊喜。营运偏差虽然时高时低，但总体下来还是贡献了比较不错的正收益。贴现率保守，营运模型假设靠谱，值得点赞。

（三）小结

总体来说，这一世的营运要关注两点：一是常规动作方面我们优先盯着有效业务价值在内含价值中的占比，其占比更高，意味着内含价值的质量更好；二是要盯着营运经验差异占每年新增内含价值的比重，以此评估公司实际管理水平的高低。

非常规动作的把握难度稍大，一是营运假设及模型变动调整中不仅包含了费用假设的变动，还包括了投资假设和发生率假设的变动，使我们无法研究模型的调整情况；二是要意识到营运模型调整和有效业务价值之间的跷跷板作用，这对于我们从全局理解内含价值大有帮助。

关注超额收益的投资

这一世的投资可拆分为两部分：基准收益和超额收益。

基准收益是在投资收益率框架下进行的，其一是有效业务价值里包含的投资收益，就如“农夫种苹果的故事”里描述的那样，这部分我们已经在有效业务价值里讨论了；其二是对应调整净资产投资收益的部分，目前A股上市的4家人身险公司永续投资收益率假设都是5%，因此就静态的收益率假设数值本身，大家是相同的。这是基准收益部分。

超额收益部分，由于各公司均不披露经调整后的总资产情况，我们较难通过计算“投资回报差异”对应的“超额投资回报收益率”来评估各家公司在这一世获取超额收益的能力。而只比较“投资回报差异”的绝对量，没有太大意义。此外，通过各种数据去推测调整后总资产金额，再来考量超额收益率，则很可能差之毫厘而谬以千里。

因此这一世的投资看点较少，主要是考量投资收益率的假设变化，及调整后公司在“投资回报差异”上的表现，从而评估公司的调整是否可靠。

这一世所考量的“投资收益率假设变化”位于“推背图”中间的下方，主要影响的是“有效业务价值”和“调整净资产”。

开始前，我们还是要再强调一下这一世的投资以及“投资回报差异”科目。

目前上市4家公司的永续内含价值投资收益率假设是5%，但这并不意味着超出5%部分不会入账。如果公司的实际投资总是高于5%，是会在“投资回报差异”一项中逐年加进内含价值中的；当然，如果低于该值也是要扣减的。苍天从不饶过谁。

以中国平安为例，在公司年报的“内含价值分析”章节我们可以找到这一世投资的相关数据。根据这些数据，我们可以整理得到表8－19。

表 8 - 19　2014—2019 年中国平安永续收益率假设与回报差异

项目	2014 年	2015 年	2016 年	2017 年	2018 年	2019 年
永续收益率假设（%）	5. 50	5. 50	5. 00	5. 00	5. 00	5. 00
贴现率（%）	11. 00	11. 00	11. 00	11. 00	11. 00	11. 00
投资回报差异（亿元）	213. 20	115. 99	- 5. 47	302. 12	- 122. 33	321. 42
变动导致的收益（亿元）			- 421. 15			

资料来源：2014—2019 年中国平安年报。

注：1. 2016 年及以后：假设非投资连结型寿险资金的未来年度每年投资回报率为自 4. 75% 起，第 2 年增加至 5. 0%，此后保持不变。

2. 2016 年以前：假设非投资连结型寿险资金的未来年度每年投资回报率为自 4. 75% 起，以后每年增加 0. 25%，至 5. 50% 并保持不变。

从上表中我们可以看出，平安在 2016 年进行了较大的投资收益率假设的调整（永续从 5. 5% 调整为 5%），导致内含价值产生了 - 421. 15 亿元的变动，这意味着公司对长期利率下行较为悲观，在几年前没预见到此情况。

那么 5% 的投资收益率假设是否可靠呢？从调整后的 4 年我们可以看出，平安分别录得 - 5. 47 亿元、302. 12 亿元、 - 122. 33 亿元、321. 42 亿元的投资回报差异，总和是 495. 74 亿元，已经追回了 - 421. 15 亿元的一次性变动。由此可见，假设调整是相对保守的。

再来说说中国人寿。

表 8 - 20　2014—2019 年中国人寿永续收益率假设与回报差异

项目	2014 年	2015 年	2016 年	2017 年	2018 年	2019 年
永续收益率假设（%）	5. 50	5. 50	5. 00	5. 00	5. 00	5. 00
贴现率（%）	11. 00	11. 00	10. 00	10. 00	10. 00	10. 00
投资回报差异（亿元）	393. 38	205. 91	- 310. 29	- 42. 80	- 444. 62	319. 09
变动导致的收益（亿元）			481. 16			

资料来源：2014—2019 年中国人寿年报。

注：1. 2016 年以后：投资回报率假设从 4. 6% 开始，每年增加 0. 2% 至 5. 0% 后保持不变。

2. 2016 年：投资回报率假设从 4. 6% 开始，每年增加 0. 2% 至 5. 0% 后保持不变。

3. 2016 年以前：投资回报率假设从 5. 1% 开始，每年增加 0. 1% 至 5. 5% 后保持不变。

从上表我们可以看出，国寿与平安一样，在 2016 年进行了永续投资收益率假设的调整。实际上，2016 年下调永续投资收益率假设至 5% 的不止平安和国寿，中国太保和新华人寿也同步下调了投资收益率至 5%。这是因为当时利率下行很快，业内通气后达成的共识（十年期国债收益率趋势参见图 6－3）。

截至本章完稿（2020 年底），十年期国债已由 2018 年的高峰下降至 2.5% 左右，击穿了 2016 年的底部，此时刚从泥潭中爬出，但各公司仍保持了 5% 的永续投资收益率。

与中国平安不同，中国人寿在 2016 年下调投资收益率时，为对冲影响，也下调了贴现率假设（由 11% 调整为 10%）。由此衍生一个问题，中国人寿的操作合理吗？

我们知道，投资收益率和贴现率都以远期市场利率为基石，只不过“贴现率”是“热脸贴冷屁股”，所以往往在“贴”的过程中要求更苛刻，利率要求更高。因此调节投资收益率假设的同时，调节贴现率无可厚非。别人不调那是他们的事儿，中国人寿此举在逻辑上是站得住脚的。

因为贴现率调整的扰动，我们无法准确得知 2016 年因投资收益率假设调整导致的一次性内含价值亏损数值，自然也就无法将其与 2016 年及以后几年的投资回报差异之和进行比较，来衡量“回本”的情况。不过，我们仍然可以观察 2016 年及往后几年的投资回报差异之和的情况，大致评估这次投资收益率假设调整是否相对保守。

遗憾的是，调为 5% 投资收益率后的中国人寿，在往后几年表现得并不好。2016—2019 年“投资回报差异”求和为－478.62 亿元，离转正还很远。

不过，我们也应该看到中国人寿在投资端的进步。2019 年中国人寿投资回报差异录得 319.09 亿元，与同期平安的 321.42 亿元相差无几。虽然中国人寿的可投资产规模比平安还要大不少，但取得这样的进步着实不易——“重振国寿”的战略，并不是一句空口号。

我们再看看中国太保。

表 8-21　2014—2019 年中国太保永续收益率假设与回报差异

项目	2014 年	2015 年	2016 年	2017 年	2018 年	2019 年
永续收益率假设（%）	5.20	5.20	5.00	5.00	5.00	5.00
贴现率（%）	11.00	11.00	11.00	11.00	11.00	11.00
投资回报差异（亿元）	61.65	35.48	-9.67	8.83	2.31	50.42
变动导致的收益（亿元）			-50.90			

资料来源：2014—2019 年中国太保年报。

注：1. 2017 年以后：长期险业务的未来投资收益率假设为 5.0%。

2. 2017 年：长期险业务的未来投资收益率假设为 4.9%，以后年度保持在 5.0% 水平不变。

3. 2016 年：长期险业务的未来投资收益率假设为 4.85%、次年 4.9%，以后保持 5.0% 不变。

4. 2016 以前：长期险业务的未来投资收益率假设为 5.2%，以后年度保持在 5.2% 水平不变。

中国太保的情况与中国平安相似，在 2016 年将投资收益率假设调节为 5%。在调节后的 4 年时间，太保录得合计 51.89 亿元的投资回报差异，对比当初 -50.9 亿元的一次性变动损益，已经“回本”。由此可见，假设调整对于太保来说，也是相对保守的。

表 8-22　2014—2019 年新华保险永续收益率假设与回报差异

项目	2014 年	2015 年	2016 年	2017 年	2018 年	2019 年
永续收益率假设（%）	5.20	5.20	5.00	5.00	5.00	5.00
贴现率（%）	11.50	11.50	11.50	11.50	11.50	11.50
投资回报差异（亿元）	115.67	78.25	-44.14	3.07	-58.91	82.66
变动导致的收益（亿元）			-63.25			

资料来源：2014—2019 年新华保险年报。

注：1. 2016 年及以后：传统/分红险投资收益率假设为 4.5%，次年 4.6%，再次年 4.8%，以后保持 5%。

2. 2016 年以前：传统/分红险投资收益率假设为 5%，次年 5.1%，以后保持 5%。

新华保险的调节情况也是一样的。在 2016 年调节后录得 -63.25 亿元的一次性变动损益。遗憾的是，调节后的 4 年里，新华取得的投资回报差异合计为 -17.32 亿元，离“扭亏为盈”还有一段距离。这似乎与我们在上一世对新华投资的理解不太一致。为了找出问题，我们将上一世新华保险的投资收益率情况重写如下，见表 8-23。

表 8－23　新华保险总投资收益率和净投资收益率（%）

项目	2014 年	2015 年	2016 年	2017 年	2018 年	2019 年	平均值
净投资收益率	5.2	4.9	5.1	5.1	5.0	4.8	5.02
总投资收益率	5.8	7.5	5.1	5.2	4.6	4.9	5.52

资料来源：2014—2019 年新华保险年报。

从上表中可以看出，虽然从这 6 年的平均总投资收益率来看，新华保险的表现不错，但这种表现很大程度上是 2014 年和 2015 年的投资收益率拉抬所致。自 2016 年调节投资收益率假设以来，不知是因为假设调整还是其他原因，新华的总投资收益率一路走低，2018 年和 2019 年两年甚至没有达到 5% 的假设，这也难怪其无法实现回本了。

这一世的总结

这一世，我们的主线仍然是销售、营运和投资。与上一世不同的是，这一世我们可以借助内含价值评估标准更加清晰地认识 3 条主线产生的经济价值情况。这一世我们要留存并跟踪的内容包括：

销售方面，我们可以重点跟踪扣偿后新业务价值的变化。毕竟无论是人均新业务价值变化，还是队伍规模的变化，成效都要落到新业务价值的增长上（见表 5－3）。

营运方面，我们可以重点跟踪扣偿后有效业务价值占内含价值的比重。这个占比数值的高低决定了内含价值的含金量。当然，在比较前我们需要把贴现率和投资收益率调整为一致口径（见表 8－15）。

投资方面，由于我们无法评估公司的超额收益水平，而各家公司的永续投资收益率假设又是一致的，因此，我们跟踪的重点是投资收益率假设的变化，及调整后公司在“投资回报差异”上的表现，从而评估公司的调整是否可靠（表 8－19、表 8－20、表 8－21、表 8－22）。

第三世：营运利润体系

在这一世，保险公司既不是按照一般会计准则执行的“钢铁直男”，也不是从未来看过去的物理学家，而更像是一个崇尚现实主义的商人——在人前人后是个地地道道的两面派。一方面，为了让人们更容易理解，营运利润的计算可以通过一般会计准则调整得到。另一方面，在人后，它又有自己的内在行动逻辑，它们是净资产投资收益、息差收入、营运偏差和最重要的剩余边际摊销。

在开始了解这一世的保险公司前，我们必须重申“现实主义”这个词语的含义。营运利润体系并不在银保监会和财政部的要求下，纯粹是各家公司为了让投资者更好地理解公司所搭建的体系，各家公司口径不一，同一家公司也会在未来就该体系不断进化，因此本书所述的内容有一定的时代局限。我们在研究时，应更加注重对该体系的逻辑理解。

内地上市保险公司中，目前仅有中国平安和中国太保披露了营运利润。其中，中国平安披露历史最长，且披露了完整的营运利润构成；中国太保仅在2019年半年报才开始披露该指标，且未披露完整的营运利润构成[①]。因此这一世，我们的聚光灯将更多地打在中国平安身上。

一般会计准则向营运利润的调整方式前文已讨论过，且一般会计准则那一世的销售、营运与投资3条主线也已系统梳理，因此，这一世我们的关注重点在营运利润体系的内在逻辑上。

① 仅披露了净利润如何向营运利润调整，且仅在业绩材料中披露，未披露剩余边际摊销等营运利润构成。

新业务价值贡献

这一世的销售坐落在“推背图”的左上角。销售所获得的保单因准备金计提的缘故，潜在的“剩余价值”被计入了“剩余边际余额”这个蓄水池中，后续逐年进行摊销。战略稳定的公司，在新单保费、新业务价值和新业务价值贡献的剩余边际上，应该是一致的。

那么已披露详细营运利润构成的平安人寿，在这方面的表现如何呢？

表 8－24　平安人寿新业务贡献的剩余边际、新业务价值

项目	2017 上半年	2017 年	2018 上半年	2018 年	2019 上半年	2019 年
新业务贡献的剩余边际（亿元）	934. 59	1684. 26	924. 55	1774. 85	873. 18	1556. 84
同比（%）			－1. 07	5. 38	－5. 56	－12. 28
扣偿后新业务价值（亿元）	386. 70	673. 57	387. 57	722. 94	410. 52	759. 45
同比（%）			0. 22	7. 33	5. 92	5. 05
考虑风险分散的扣偿后新业务价值（亿元）	485. 44	881. 17	494. 42	932. 37	494. 05	900. 48
同比（%）			1. 85	5. 81	－0. 07	－3. 42

资料来源：2017—2019 年中国平安年报。

2017 年，中国保险行业 134 号文发布，随后监管部门借助各类手段引导保险公司更多地做保障类业务，特别是长期保障类业务。该文发布后的几年，行业新单保费及新业务价值出现不同程度的下滑。从上表可以看到，平安人寿虽然在扣偿后新业务价值上极力挽救下滑趋势，但考虑风险分散后的扣偿后新业务价值增速是低于考虑前的，这意味着此阶段的新业务价值含金量并没有之前高。这一世的投资中，我们关注的新业务贡献的剩余边际，趋势上与考虑风险分散的扣偿后新业务价值更加相近，而不是扣偿后新业务价值。

由于平安未披露上述各项具体结构，我们无从得知上述统计结果是否可以推而广之。但在前文我们曾提及，风险分散效应会考虑保单各方面的相关性，因此考虑了此项后的扣偿后新业务价值比考虑前应该是更加实在的。剩余边际作为营运利润的源泉，而营运利润又可以通过调整转换为一般会计准则的利润，因此剩余边际应该也是更加接近真金白银。更何况，平安的分红基数已经调整为营运利润，太保也表示将来分红基数中，营运利润的比例会越来越重，转而减轻净利润的比例。**因此老东认为，从经济价值的可靠性角度看，“新业务贡献的剩余边际”和“考虑风险分散效应后的新业务价值”，较之“新业务价值”或“扣偿后新业务价值”可靠性更高，建议关注重心放在前两者身上。**

不同含义的常规与非常规动作

新业务价值贡献的剩余边际进入“剩余边际余额”这个蓄水池后，会通过剩余边际摊销的方式释放。剩余边际摊销加上营运偏差，外加这一世投资中的净资产投资收益及息差收入，共同构成了营运利润，从而影响股东实打实到手的分红。

在前文我们提过，上一世的有效业务价值和这一世的剩余边际余额俨然是投影关系。因此，这一世的营运中，我们关注的仍是常规与非常规项——剩余边际摊销与营运偏差。它们处于“推背图”最左侧中间的位置。

（一）常规动作

剩余边际的摊销源于剩余边际余额。而剩余边际余额除了主要源于新业务价值的贡献外，还有预期利息收入增长，后者指的是期初剩余边际在年度间基于会计利率产生的内生增长（在第三章的“会计利率与会计准备金”一节，我们用老东保单 2.0 的例子模拟了剩余边际的增长，当时为求简化没假设剩余边际增长，详见本书第 123 页）。

在第六章“剩余边际”小节中我们曾提过，保单的摊销模式在产品签发时已经确定，并且不同类型的保单遵守的摊销节奏是不同的。以高价值的保障类产品为例，其摊销模式是先高后低，并且下降速度遵循指数。这意味着，公司必须“药不能停”，否则一旦销售乏力，用于计算营运利润的剩余边际摊销将迅速萎缩。

表8－25　平安人寿新业务贡献的剩余边际与剩余边际推销

项目	2017 上半年	2017年	2018 上半年	2018年	2019 上半年	2019年
新业务贡献的剩余边际（亿元）	934.59	1684.26	924.55	1774.85	873.18	1556.84
剩余边际摊销（亿元）	－239.89	－498.11	－295.59	－622.87	－358.40	－744.54
同比（%）			23.22	25.05	21.25	19.53

资料来源：2017—2019年中国平安年报。

如表8－25所示，平安人寿2018年全年新业务贡献的剩余边际达到3年中最高，剩余边际的摊销也是同比增速最快的。随后新业务贡献的剩余边际下降，摊销同比增速迅速下降。上述数据也从侧面反映了平安人寿销售的产品结构至少没发生剧烈的变化，这也与平安人寿年报中每年披露的产品结构相互呼应。

无论是从逻辑上还是数据上，我们都得知了新业务价值贡献是剩余边际摊销的强相关项。**从根本上讲，销售是人身险公司增长的重要动力。无论是这一世的新业务价值贡献之于营运利润，上一世中的新业务价值之于内含价值增长，抑或第一世的新单保费之于净利润，我们都能找到相似的逻辑链条。这是人身险公司投资者最需要关注的**。

保单的摊销模式在签发时固定，比如高价值的保障型产品会先高后低进行摊销，这并不意味着保单的摊销比例也会先高后低。实际上，摊销比例因保单不同，规律是很难总结的①。我们可以模拟以下3种类型的高价值保障型产品，它们的摊销节奏都是先高后低，但首年的摊销比例（当年摊销金额占全部剩余摊销金额之和的比例）未必是最低或最高的。

表8－26　3种不同类型产品的摊销模式

摊销模式：场景1					
摊销金额（亿元）	15	9	6	3	1
已摊销比例（%）	44.12	47.37	60.00	75.00	100.00

① 有依据同类型保单的总保额或者保单件数设定摊销比例的模式，也有类似均匀摊销的模式。

续表

摊销模式：场景2					
摊销金额（亿元）	20	9	6	3	1
已摊销比例（%）	51.28	47.37	60.00	75.00	100.00
摊销模式：场景3					
摊销金额（亿元）	60	9	6	3	1
已摊销比例（%）	75.95	47.37	60.00	75.00	100.00

不少研究员和投资者热衷于寻找剩余边际余额与摊销的关系。在他们看来，剩余边际余额是一张每年可以释放稳定现金流的“债券”，因而寻觅这张债券每年能释放多少比例的现金流成了研究人身险公司的重中之重。

遗憾的是，不同于内含价值，剩余边际是对每批保单单独提取的，受公司的产品结构影响较大，波动性强，故而这个比例在短期内的升高或者降低，对于投资者而言意义不大。比如，为了在这一世也可以感受到类似“有效业务价值按11%释放”的感觉，我们可以统计得到表8－27。

表8－27　2017—2019年平安人寿剩余边际余额与流入流出情况

项目	2017上半年	2017年	2018上半年	2018年	2019上半年	2019年
剩余边际摊销（亿元）	－239.89	－498.11	－295.59	－622.87	－358.40	－744.54
新业务贡献的剩余边际（亿元）	934.59	1684.26	924.55	1774.85	873.18	1556.84
预期利息增长（亿元）	106.78	226.42	135.90	284.98	163.50	338.11
剩余边际余额（亿元）	5453.76	6163.19	7100.32	7866.33	8673.90	9184.16
流出①/余额（%）	4.40	8.08	4.16	7.92	4.13	8.11
流入②/余额（%）	19.09	31.00	14.94	26.19	11.95	20.63

资料来源：2017—2019年中国平安年报。

注：①指剩余边际摊销。

②指新业务贡献的剩余边际＋预期利息增长。

从上表可以看出，摊销比例（流出/余额）与表中其他项的关系是极难寻觅的。我们得知的只有两件事，**一是新业务价值贡献的剩余边际增速放缓（或不增长），剩余边际摊销的增速也会放缓，这将决定短期的投资回报率；二是流入/余额放缓，意味着蓄水池的进水口小了，这将决定长期的投资回报率。**

（二）非常规动作

这一世的营运偏差与上一世的营运经验差异也是投影关系，表达的都是实际营运成果优于假设的情况，但由于定义的差别，经常给投资者造成困扰——这就好比“三生三世十里桃花”的故事，从大逻辑来看每一世都是爱情，但由于每一世主角出身的差异，结局总会不同。

我们且来看看这两世的数据。

表8－28　2017—2019年平安人寿营运偏差与营运经验差异

项目	2017上半年	2017年	2018上半年	2018年	2019上半年	2019年
营运偏差（营运利润体系）（亿元）	89.73	101.08	111.68	217.49	122.19	104.06
同比（%）			24.46	115.17	9.41	－52.15
营运经验差异（内含价值标准）（亿元）	2.75	8.25	－2.59	88.86	139.38	36.72
同比（%）			－194.18	977.09	扭亏为盈	－58.68

资料来源：2017—2019年中国平安年报。

从上表中可以看出，“营运偏差”和“营运经验差异”无论是从绝对值还是增长率来看，都没有表现相关关系。我们**能得出的唯一结论是，平安人寿几乎在持续释放正的营运偏差，营运假设模型是保守的，至于这个偏差的可预期增长率及其绝对值的大小，不仅我们无从得知，老东相信管理层也很难得知。**

如何理解这个现象呢？

首先，“营运偏差”和“营运经验差异”都是实际营运情况与假设的差距。在“营运经验差异”那一世，内含价值是采用统一的三率假设（费率、投资收益率和发生率）。而在“营运偏差”这一世，剩余边际是每批保单算准备金时算出来的（首日利得不能确认，而必须计入准备金），虽说在某一年内我们可以得到一个加权平均的三率，但这个加权平均的三率并不是固定的，而是因公司的产品结构和类型不同而波动。其次，两世间还有折现率、税收和考虑持偿成本与否的差距。

因此，当某年12月31日真实到来时，当年“营运多赚的部分”自然是有差异的——前者会拿实际费率和统一假设费率比较，后者会拿实际费率与当年到期保单集合的加权平均费率比较（比如内含价值假设费率10%，当年实际费率11%，定价加权平均费率11.1%，就有可能前者为正，后者为负）。

说了一大堆，还是那个农夫种苹果的故事。

故事中，内含价值评估标准那一世的人身险公司是个理论物理学家，营运利润体系这一世的人身险公司是个务实的商人。当我们问他们今年分别多赚了多少钱时，前者丢几个参数就扬长而去，后者则要精打细算后再拨几下算盘才能告诉我们答案。

中国平安的董秘在回答为何营运偏差有时会表现出全年低于上半年时，曾表示：营运利润中的营运偏差，指当年到期的保单中，由于实际三差优于保单售出点的三差导致的差异。但也正因为费用存在季节性波动，导致全年的营运偏差经常会低于上半年。当然，营运偏差也和全年的投入节奏变化有关系（比如某年加大科技投入）。

投资与这一世的总结

这一世的投资包括净资产投资收益和息差收入两部分，其定义我们已在第六章讨论过。这一世的投资处于“推背图”左下角的位置。

考虑这一世的投资并没有太多新鲜的东西，我们可以将它们和整个营运利润的构成摆在一起来看。在中国平安历年年报或半年报的“内含价值分析”章节，可以找到数据，老东将它们整理如下，见表8-29。

表8-29　2017—2019年平安人寿营运利润构成　单位：亿元

项目	2017上半年	2017年	2018上半年	2018年	2019上半年	2019年	占比的平均①
净资产投资收益	32.45	73.57	43.10	89.59	52.16	117.38	9.63%
息差收入	24.72	56.37	28.00	50.48	16.28	39.47	5.34%
营运偏差	89.73	101.08	111.68	217.49	122.19	104.06	19.20%

续表

项目	2017上半年	2017年	2018上半年	2018年	2019上半年	2019年	占比的平均①
剩余边际摊销	239.89	498.11	295.59	622.87	358.40	744.50	65.83%
营运利润合计（税前）	386.79	729.13	478.37	980.43	549.03	1005.41	
营运利润合计（税后）	285.54	528.82	355.95	713.45	484.33	889.50	

资料来源：2017—2019年中国平安年报。

注：①指每期数据占营运利润（税前）比例的平均值。

从上表可以看出，营运利润约66%由剩余边际摊销构成，约15%由投资收益（净资产投资收益和息差收入之和）构成，约19%由营运偏差构成。由于营运利润反映的是可持续的"多赚的钱"，我们可以借助其简单理解平安人寿的三差占比——死差66%、利差15%、费差19%①。

从结构来看，平安人寿的最大利润来源是死差，其次是费差，最后才是利差。营运利润体系对投资收益率采用的是统一的假设（5%）②，并且会将实际投资波动少于或多于5%的部分剔除，因此可以认为从长期来看，平安人寿的利润构成是遵循这个比例的。

由于利润构成中利差的比例较小，从某种意义上讲，平安人寿并不像一家金融公司，而更像一家有具体经营性业务的公司——经营范围是"生老病死"。

因此，在这一世，首先要关注的是表8－30，其包含了剩余边际摊销、新业务价值贡献的剩余边际、预期利息增长及剩余边际余额。前三者是剩余边际余额可以源源不断释放营运利润的来源。由于平安人寿的经营特点鲜明，其中对新业务价值贡献的增速需要特别关注。

① 仅是简单理解，该说法实际上是不对的。我们在第三章的"预定利率与产品的开发"中讨论过，保险三差是产品定价体系的产物，不是营运利润体系的内容。

② 平安人寿情况如此，不排除将来变更，也不排除其他公司引入营运利润体系时采用不同的投资收益率。

表 8-30　2017—2019 年平安人寿剩余边际余额变化

项目	2017 上半年	2017 年	2018 上半年	2018 年	2019 上半年	2019 年
剩余边际摊销（亿元）	-239.89	-498.11	-295.59	-622.87	-358.40	-744.54
新业务价值贡献的剩余边际（亿元）	934.59	1684.26	924.55	1774.85	873.18	1556.84
同比增长（%）			-1.07	5.38	-5.56	-12.28
预期利息增长（亿元）	106.78	226.42	135.90	284.98	163.50	338.11
剩余边际余额（亿元）	5453.76	6163.19	7100.32	7866.33	8673.90	9184.16

资料来源：2017—2019 年中国平安年报。

其次要保持跟踪的是营运利润的构成（表8-29）。其中最右一列“占比的平均”值得我们特别关注。它的波动情况，间接表明了公司战略的稳定性，及经营策略是否有调整。

三生三世，信哪个？

行文至此，老东要恭喜您，人身险公司三生三世中那些重要的指标和逻辑，您已经掌握了。这些指标和逻辑在我们分析公司的过程中有两个主要作用。

其一，通过纵向对比某家公司的数据，以及横向对比同一时期不同公司的数据，我们可以勾勒某家人身险公司的画像。比如您可以通过纵向比较公司新业务价值增长，再结合公司有没有对外宣称要为股东创造更多的价值，来看公司是否表里如一；又比如，您可以通过横向比较不同公司的内含价值评估标准中的投资收益率假设与贴现率假设，分析它们究竟谁相对保守，谁又在合理范围进行调节。

其二，也许很多人会问：分析来分析去，还是没明确告诉我人身险公司估值该看哪个啊？只知道一般会计准则不太适合，那内含价值评估标准和营运利润体系呢？我该相信哪个呢？

或许下面这个故事会给您答案：

相传17世纪，贫穷的数学家笛卡儿在斯德哥尔摩的街头邂逅了美丽的瑞典公主克里斯汀。克里斯汀不仅不嫌弃笛卡儿，还和他讨论数学。之后，公主让笛卡儿进宫当自己的数学老师，两人经过相处爱上了对方。

笛卡儿和公主相差34岁，两人之间还有阶层差距，国王大怒，赶走了笛卡儿，软禁了公主。回到法国的笛卡儿坚持给公主写信，但信件全都被国王拦截了。没多久，笛卡儿感染了黑死病，临死前他寄出了自己最后一封情书。

情书中出现了数学坐标方程式：$r = a(1 - \sin\theta)$，而这个方程式解出来就是著名的“心形线”。公主读完后泪如雨下，因此一生未嫁。

这是大多数数学家和物理学家喜欢的版本。

但故事还有另一个版本：

笛卡儿不仅是一位数学家，还是一位哲学家。他不穷，很有名望。已经成为瑞典女王的克里斯汀请笛卡儿进宫当自己的老师，这才是笛卡儿和克里斯汀真正的见面。两人之间根本不存在老国王，因为老国王早就去世了。

然而笛卡儿到瑞典没多久就得肺炎病死了。克里斯汀一生未嫁，这和笛卡儿无关。实际上，克里斯汀虽然是女子，却很男性化，还疑似喜欢同性。

这或许是以现实主义著称的商人更喜欢的版本。

那么，看着这个心形线，您更相信哪个版本呢？

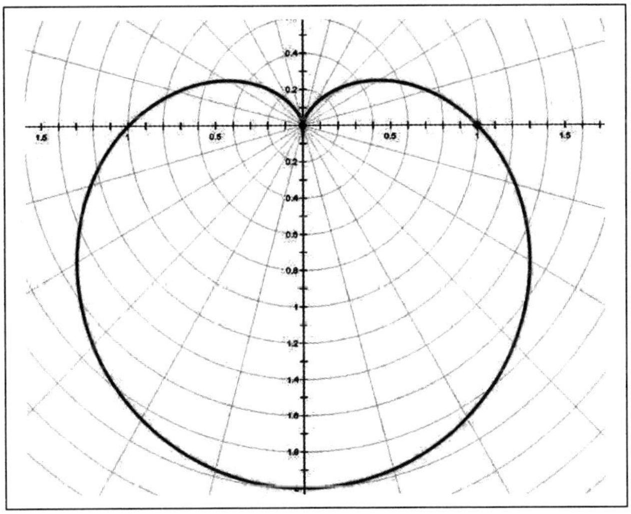

图 8－12　心形曲线

第九章

保险科技

用整整八章，我们梳理了人身险公司的商业模式和估值模型。在数学家笛卡儿的故事中，后者属于写实风格，但故事传递的价值观容易因不同叙述方式而飘忽不定。相较之下，前者更加久远，在人们心中更能形成共识，更经得起“历史”的考验。类似地，在老东看来，抛开失真的一般会计准则不谈，虽然近年来披露“营运利润体系”的保险公司都在努力引导普通投资者关注营运利润，但“内含价值评估标准”已演变数百年，更值得关注。

我们知道，内含价值评估标准建立在“自由现金流折现法”的基础上，而“自由现金流折现法”中的关键参数——折现率和增长率，又建立在企业的可预测性上，若失了此前提，该方法就像空中楼阁，如梦幻泡影。因而，理解人身险行业的非连续性，从而评估其对行业和公司的影响，是本书最后期望和大家讨论的。

人身险作为一个古老的行业，已历经百世。综观当今行业内外部的影响因素，非连续性的诞生之地，莫过于“保险科技”与“互联网保险”。因而，这两方面是作为投资者的我们必须了解的。本章将从“保险科技”说起。

科技的威力

我们的祖先智人自直立行走以来，便如饥似渴地追求科技。

从使用第一根树枝、第一块石头，到制作青铜器、掌握冶金术，可谓是一路狂奔。我们从游牧文明转入农耕文明，接着又发展到封建社会。人类历史历经近两百万年，有无数星光璀璨的王朝，但对人类历史最有意义的一件事，不是发生在那些遥远的年代，而是距今不到两百年的工业革命。

人类文明的发展，说穿了无非为了扩大福祉。而计量福祉最普遍的方式，莫过于人均 GDP。工业革命之所以对我们的影响最大，从人均 GDP 中，我们可以得到答案。

欧洲在古罗马时代（公元元年）的人均 GDP 就达到了 600 美元①左右，但是到了 18 世纪英国工业革命之前，人均 GDP 基本上还是这么多，只涨到 800 美元。与古罗马时代同期，中国正处于西汉末年公元前后的交替时期，人均 GDP 大约为 450 美元，和古罗马在同一水平。

中国在历史上经历了很多太平盛世，比如两宋时期、明朝中叶以及我们今天常说的康乾盛世。在那些时期，中国的人均 GDP 最高能达到 600 美元左右。但是到了 20 世纪 50 年代初，因为战乱等原因又退回到 450 美元左右。1978 年改革开放前，中国的人均 GDP 也只有 800 多美元。

但是，工业革命则不同。

在欧洲进入工业革命后，人均 GDP 持续增长，今天英国的人均 GDP 已经达到了 4 万美元，比工业革命前增长了近 50 倍。而在此之前“坐过山车”的 1800 年里，只涨了 1/3。

① 数据引自英国著名学者麦迪森的研究，下文 GDP 数据相同。

工业革命对中国意义更大。从 1979 年中国全面开始工业化以来，在短短 40 年里，人均 GDP 涨了 10 多倍，而在此之前的 2000 年里，人均 GDP 不过是翻一番而已。

落到投资者身上，想象一下：如果两位投资者投资了两家商业模式在大逻辑上相同的公司，比如都是运输业的公司，一家是工业革命前的公司，比如马车公司；另一家则是工业革命后的公司，比如火车公司。二者为投资者产生的自由盈余，很可能与人均 GDP 的差距相似，差了足足有数 10 倍之多。

科技的威力，可见一斑！

保险科技的三个阶段

人均 GDP 是衡量文明进程对人类经济活动影响程度的指标。那么，就客观衡量科技本身的强大程度，是否也有类似的观察标准呢？

斯坦福大学教授伊恩·莫里斯在其代表作《西方将主宰多久》一书中，对比了不同文明的发展，以及不同时代文明的水平，得到了“能量”这一衡量标准。自此，西方研究文明先进程度经常以“文明总能量”为尺度。而早在伊恩之前，苏联科学家卡尔达·肖夫便以“文明总能量”为尺度，将文明划分为 3 个等级：I 型、II 型和 III 型，并认为地球正接近 I 型。

在老东看来，保险科技作为人类文明的沧海一粟，也有 3 个演化阶段：

第一阶段，科技将赋能运营。这里的运营包括我们在第二章提及的销售、营运和投资 3 个部分的任何一个工作环节。这个阶段既包括传统的前后端开发[①]，也包括我们常提及的 ABCD（人工智能、区块链、云计算和大数据）4 项前沿技术的深刻应用。

第二阶段，科技将改变产品形态，从而改变运营逻辑。其在销售和营运中的作用将更加深化，建立的“护城河”将更加宽广。

第三阶段，科技将改变保险集团的商业模式。

① 后端指数据库、表结构等开发。前端指 HTML、App、小程序等开发。

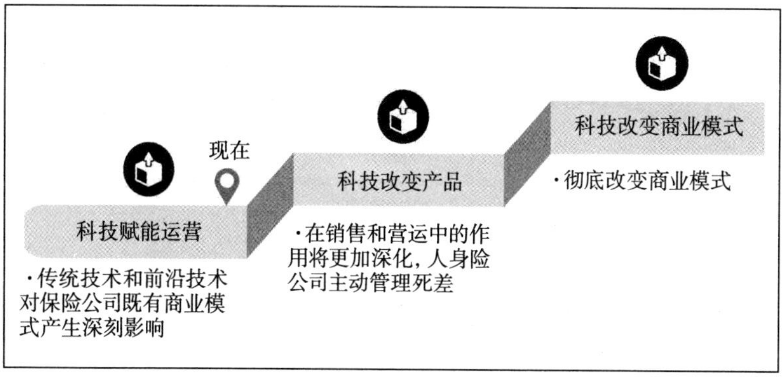

图9－1　保险科技演化路径

就老东的观察，截至2019年，第一阶段已经发生，第二阶段刚刚起步，第三阶段则是“小荷才露尖尖角”。本章将侧重梳理第一阶段科技赋能运营的典型应用项目，也将涉及第二和第三阶段已经起步的科技改变产品形态和商业模式的内容。

ABCD：赋能传统保险公司

我们生活中都会或多或少接触个人电脑和智能手机。因此，从用户体验的角度已经能充分了解传统技术给我们生活带来的便捷。传统技术之外，兴起的前沿技术，如人工智能、大数据、区块链和云计算，在近些年时不时会“左耳进右耳出”，总有点“只闻其声，不识其人”的感觉。因此，开始前，我们有必要介绍 ABCD 技术，以及这些技术是如何赋能传统保险集团的。

许多科学现象会和动物或者鬼怪联系在一起，以便人们能产生足够深刻的记忆。比如巴甫洛夫的狗、拉普拉斯的魔鬼、幽灵效应等。为便于理解 ABCD，老东效仿先贤，特意抓来 4 只苏格兰折耳猫。若我们把传统的保险集团比喻成在泥地上玩耍的这 4 只可爱的小猫，那么它们至少存在 4 类痛点：

一是猫的脑子不太行，非智能化，甚至没有自动化的能力，纯手工作业；

二是猫也没有学习资料，客户数据没留痕或没整理，做事经验主义；

三是猫的活动设施差，各类系统割裂，系统甚至没有灵活的体系架构；

四是猫之间协作困难，缺乏共同协作的机制，出了问题互相推诿。

它们的生存情况大概是这样的：

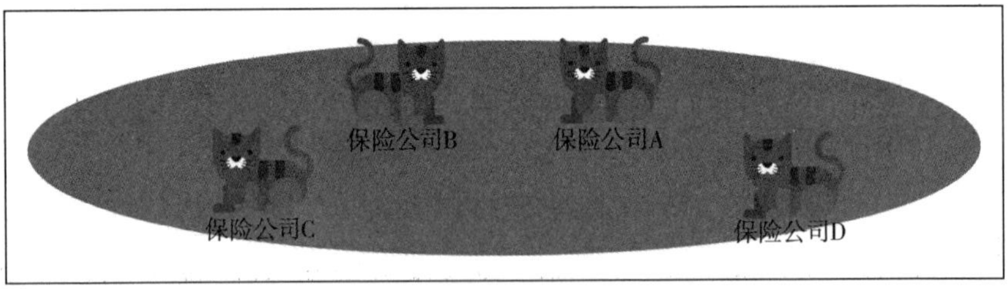

图 9－2　4 只在泥地上玩耍的猫（军心涣散）

ABCD 的出现，对上述 4 类痛点可谓是迎头痛击。

A，即人工智能（AI），解决了猫的脑子的问题：AI 核心在于模拟人类的感知力和理解力，感知力包括声纹识别、语义理解、图像识别等能力；理解力包括自然语言识别、知识图谱和机器学习算法等新技术。

B，即区块链（Blockchain），解决了猫之间的协同问题：区块链的核心在于解决机构间的信任问题，其核心能力的背后是去中心化背景下的共识机制作用；又可拆解为去中心化、分布式存储、共识机制、哈希加密和 P2P 网络等能力，由此衍生其他应用。

C，即云计算（Cloud Computing），解决了猫的活动设施问题：云计算的核心在于增强基础设施的灵活性，以此衍生了平台和服务动态化，包括提供基础设置的设施（IaaS）、提供平台服务（PaaS）和提供完整的软件服务（SaaS）。

D，即大数据（Big Data），解决了学习资料的问题：大数据核心在于分析和采集学习资料，包括数据仓建立、数据分析和数据采集等核心能力。大数据更像生产资料，多数依赖与 AI 的深度结合。

如果把 ABCD 四者放到马克思政治经济学的研究框架里看，那么人工智能带来的是生产力的变革，大数据带来的是生产资料的变革，区块链带来的是生产关系的变革，而云计算则是我们直接对劳动对象进行加工的物件的变革，即生产工具的变革。如此，就不会觉得四者好像是东拼西凑，互无关系了。因而，有了它们后，折耳猫们转身成为乘风破浪的猫神天团，可以成团出道了！

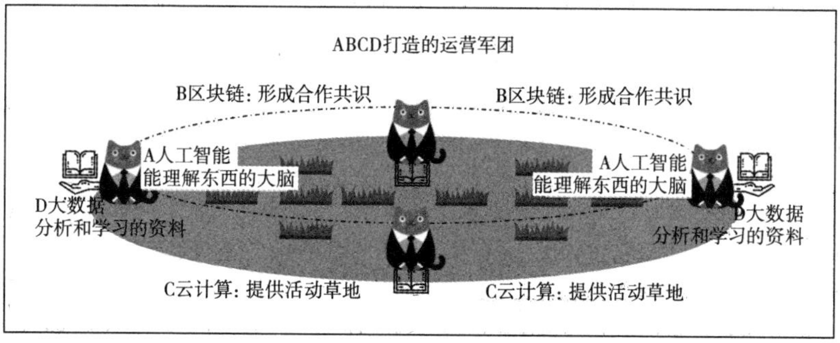

图 9－3　4 只武装过后的猫（战斗力十足）

国内上市保险集团公司中，在科技投入上首屈一指的当属中国平安，固定至少按每年营业收入的1%进行投入。以2019年为例，集团全年营业收入1.17万亿元，这意味着在科技上的投入为117亿元。集团全年净利润为1850亿元，该投入约占利润的6.3%。根据2019年年报，公司有3.5万名研发人员、2600名科学家组成的一流科技人才队伍。公司设立了8大研究院、57个实验室，专利数已破21000项。

其他保险集团虽未提及具体的科技投入，但在战略层面也十分重视。比如中国人寿这几年一直贯彻“科技国寿”战略，在北京稻香湖及上海都设有自己的云服务和计算中心，北京研发中心有近4000名研发人员。中国太保多年以来也在主推“数字太保”，并引入多家咨询公司进行科技化流程再造。

由于中国平安的科技投入力度最大，公开披露的信息最多，后文在讨论科技应用时，老东将以中国平安的案例为主。此外，由于科技进展日新月异，本章难免有一定的局限性。作为投资者，老东建议大家在阅读这些案例时弱化其本身，更多地思考其背后蕴含的逻辑。

关于“科技赋能运营”的故事，我们还得从猫打滚的“草地”说起。

不好上的云

云作为“折耳猫们”活动的载体，是其他技术的基础。为了后文进一步研究其他保险科技，我们得先弄清楚保险公司们云发展的情况。

首先，不得不承认的是，各保险公司的云在对外产品化输出上，离主流的云厂商[①]，如阿里云、腾讯云、华为云等还有非常大的差距。按各类咨询机构的统计，若以收入计量，保险业翘楚平安云在云行业中一般也只能排进 TOP 20～30。国寿云和太保云则压根不对外输出，都是集团内部使用，无从得知相关数据，排名应该更低。

其次，保险公司的云强在金融场景，虽离主流云厂商也有差距，但距离在缩小。按各类咨询机构的统计，在金融云领域，平安云一般可进入 TOP 10，且增速位列前茅。

行业地位的研究我们就此打住。**作为投资者，我们更需要关注的是上云需要的投入，以及上云能为公司带来哪方面的价值提升，两者都是评估公司“护城河”的参考因素。**

以平安为例，公开信息显示，阿里云创立于 2009 年，腾讯云在 2010 年成立，2013 年平安云正式立项。但平安云的故事还要从更早的 2006 年说起。

为顺应现代金融业集约化运营管理的趋势，平安集团通过借鉴外部经验及持续的内部改革，投入大量资源建成了较为完善的集中运营管理体系，实现了后援集中共享作业，降低了成本，为客户提供统一标准化的产品与服务。平安后援中心于 2002 年开始筹备，2004 年正式启动，后成立“集团运营管理中心”，2006 年投入使用。

① 无论公有云还是私有云。

平安后援中心实现了全国3000多个分支机构的后台作业和服务的集中和统一，承担了人身险和财产险的核保、理赔和保全等作业，也承担了财务作业、文档作业、电话中心、机构柜台等业务职能，构建了集中营运作业平台，全面支持后援中心运作，至今为止仍是最大的保险后援中心。业务上的集中让平安顺利过渡到实现后台集中的阶段。这个阶段还有个特殊的名称——“万佛朝宗”计划。

“万佛朝宗”虽造就了“一个客户、一个账户”，但仅在账户层面打通，传统技术的壁垒也开始显现。最大的问题是中台数据不通，这也是大多数保险公司或集团的现状。总公司系统与分公司中层数据不通，同区域内的分公司间中层数据也不通，数据孤岛情况普遍存在。

以图9－4为例，为了打通平安人寿续期信用卡收费与平安银行快捷支付之间的同一个客户数据，需跨越多层系统API，不仅协调沟通成本高，多个系统连接后管理难度也极高。机动性扩容、系统稳定性与安全性都面临巨大挑战。

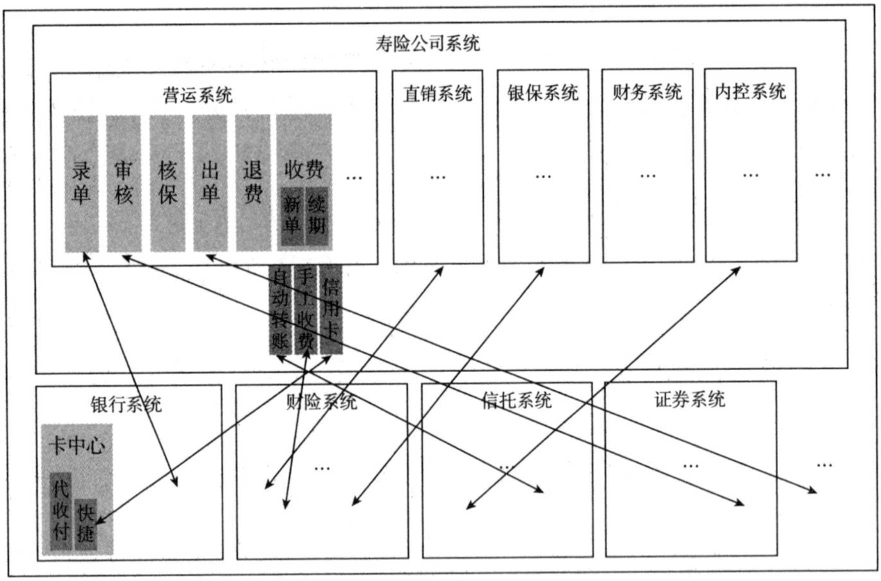

图9－4　错综复杂的寿险公司系统

平安云项目开始于2013年，2014年正式研发上线，集团内部业务和子系统基本完成上云。2013年平安开始大数据中台建设，将线上线下及外部数据采集之后进行清洗存储，从信息化转向数据化。行至2019年，已在平安云上基本实现中台数据打通，形成中台PaaS。

自此，我们可以抽象地画出一条保险公司造云的投入路径，见图9－5。

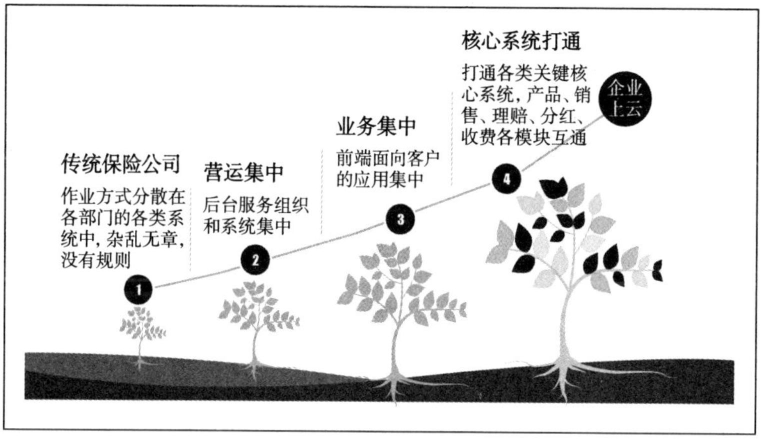

图9－5 保险公司造云投入路径

中间三步落到文字上简单，落到执行上则步步天堑。公司实际经营中涉及的组织利益错综复杂，要打通既有的营运和业务组织，实现组织和人员的互通和共享，影响的既得利益者非常多。以下是中国平安董事长马明哲的自述：

一个客户、一个账户、多个产品、一站式服务说起来简单，做起来极其复杂。要在统一的品牌和架构下，在最短的时间内，为数千万的客户提供标准一致的、高效高质量的全金融服务，我们需要一个庞大的、全方位的系统性改造工程，必须投入大量的人力、物力、心血和时间，需要坚定的信念和持久的耐心。

这便回答了第一个问题：上云的投入。

剩下的问题是：上云能为公司带来哪方面的价值提升呢？

中台数据上云且打通，使集团内任何应用的前端都可以在云上快速部署，同时快速调用集团内任何子公司的数据，灵活度极高。其重要性如同一条城市的快速路，串联起公司的所有后台和前端应用。

关于核心系统上云后效率的提升，全国首个由原保监会验收的基于云（腾讯云）部署核心系统的新晋财险公司——安心财险原总裁钟诚是这样说的："传统财险公司开业时的 IT 投入是千万级别，但安心财险 IT 投入仅不到两百万元。在云上部署的核心系统的弹性和对业务支持的灵活性高得让人吃惊，让安心在业内合作时口碑极高。"

大数据 + AI 带动原力觉醒

我们多次讨论过，人身险公司可以通过销售、营运和投资 3 条主线来进行观察，该结论在保险科技的应用上仍然成立。在这 3 条主线基础上，又可以分为产品定价、市场销售、客户服务、核保、理赔、投资、财务等多个方面。除了应用传统技术搭建各种系统外，保险科技在这些方面的前沿应用都是“大数据 + 人工智能”的组合拳。

目前保险科技正处于快速发展的阶段，各类应用层出不穷，我们自然无法用短短的一章穷尽所有案例。鉴于此，老东将顺着销售、营运和投资 3 条主线，与您分享 7 个典型案例，期望能共同品味保险科技对股东价值的加持。考虑上市保险公司中，中国平安在年报及开放日中披露的科技应用胜于其他公司，为保持案例体系一致性与信息准确性，本节将使用中国平安的保险科技应用作为案例，见图 9 -6。

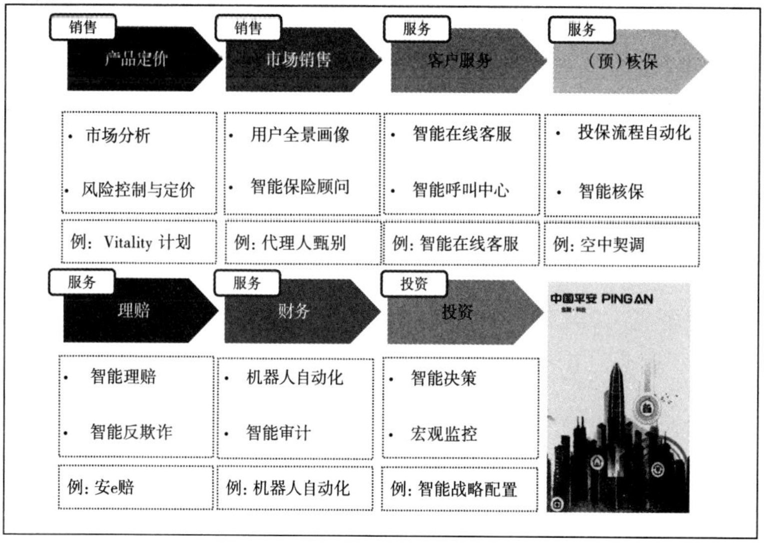

图 9 -6　大数据 + AI 为人身险公司赋能

产品定价

产品定价方面，最经典的案例莫过于财产险中的车险精准定价，人身险产品定价的科技应用案例并不多见。其中，最值得说道的是南非 Discovery 保险集团推出的定价方案：Vitality。

Vitality 是建立在健康科学与保险概念基础上的一体化健康计划，核心是以丰厚的奖励激励 Vitality 会员养成健康生活习惯，提高身体素质，降低发病率，以此来减少保险公司的理赔支出，使公司和客户双方共赢。

具体而言，依赖 Discovery 集团提供的 20 多年沉淀的死亡率曲线等数据，Vitality 通过引入保费奖励、锻炼和戒烟等激励机制，引导被保人进行主动健康管理，最终提升产品“死差”带来的收益，从而提升新业务价值率。

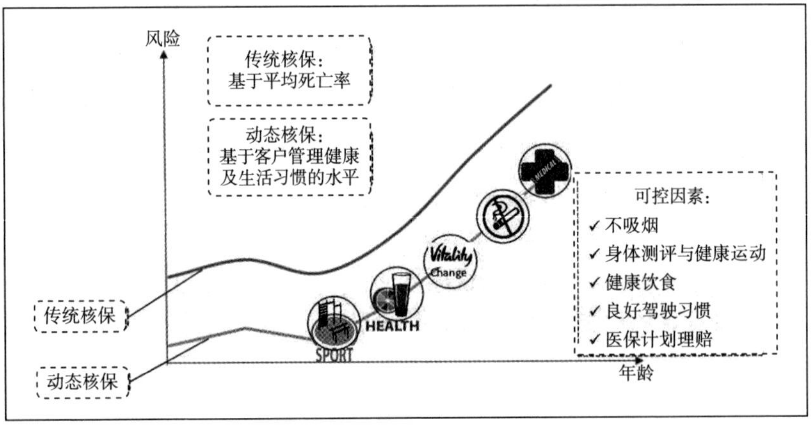

图 9－7　Vitality 背后的算法

2010 年 8 月，中国平安与南非 Discovery 达成合作，后者成为平安健康险的战略投资者。2012 年，平安健康险引入 Vitality 计划①，并正式推出“健行天下”计划。从 2017 年起，平安人寿联合 Vitality 推出“平安 RUN”计划，与公司主打的平安福产品结合，推出一系列基于运动降低保费或者提升保额的方案。例如，2018 版平安福保险合同中就有关于 Vitality 的

① Discovery 已是平安健康险的股东之一。

条款：

我们按照如下约定额外给付身故保险金：

（1）被保险人参加指定的运动记录平台活动，且在本主险合同生效之日起两个保单年度内，累计 18 个月达到每月至少有 25 天每天运动步数不少于 10000 步的标准（运动标准一），我们按照本主险合同基本保险金额的 5% 额外给付身故保险金，本主险合同终止；

（2）被保险人参加指定的运动记录平台活动，且在本主险合同生效之日起两个保单年度内，累计 24 个月达到每月至少有 25 天每天运动步数不少于 10000 步的标准（运动标准二），我们按照本主险合同基本保险金额的 10% 额外给付身故保险金，本主险合同终止。

Vitality 在产品定价上不局限于车险那般基于数据进行此时此刻客户的精准定价，不是一竿子的定价买卖。相反，它寄希望于通过主动管理客户的健康情况，通过优化客户习惯使双方达到共赢，已颇有保险科技第二阶段——主动死差管理的意味了。

市场销售

市场销售方面，AI + 大数据的典型应用包括代理人甄选、代理人培训和代理人销售辅助等。以 AI 甄选为例，赋能思路是通过线上数据库及答案库，建立 AI 面谈官系统。该系统可以实现问题调取、模拟面试和答案反馈，为面试人员答疑解惑，并通过深度神经网络、情感理解引擎、知识推理及意图识别引擎，对潜在代理人进行入司意愿评估。

13 个月留存率是考量代理人留存程度的重要指标。以平安人寿为例，公司在 2019 年 10 月开放日活动中提及，通过 AI 甄选系统的辅助，13 个月留存人员识别率达 95%（见图 9 – 8）。换言之，通过该系统筛选后的代理人中 95% 是可以入职后留存 13 个月以上的。

那么 95% 的留存率是什么概念呢？

根据老东的调研，保险行业的 13 个月留存率大致在 35% 左右，平安

图9-8　中国平安2019年开放日材料中关于AI面试官的描述

注：①所有准增员预估在线面谈总时长。
②模型筛选通过的留存人员在总留存人员中的占比。
③可减少职场费用成本、训练津贴和培训成本总和。

人寿近几年的13个月留存率基本上约40%。平安人寿代理人又分为普通代理人和优才。优才的13个月留存率比较高，约为70%。足见95%的留存率已然非常高了。

当然，月满则亏，高留存率并不意味着一定好。中国平安并未向外透露通过这个系统筛选的代理人数量。想来数量并不会高，且招聘也不可能完全依赖这个系统，否则只能选出凤毛麟角的代理人。整体产能上不去，股东们可不答应。

客户服务

支撑客户服务体系入口的核心功能是核身，即“了解你的客户技术”(KYC)[①]。该技术已经相对成熟，主要由人脸识别、声纹识别和活体检测等AI技术外加背后的大数据支持。在核身之后，典型应用是智能客服机器人。智能客服直面客户，是客户感知公司的最直接窗口。自然语言理解、深度学习和知识图谱这3项能力直接决定了应用的“天花板”。

截至本书完稿时市面上大多智能客服都依赖背后Q&A知识库的匹配，这其实是一种简单填词槽的技术，人工投入巨大，回答僵硬，体验极差。这类机器人并没有脑，它们所做的仅是对信息的匹配。高级的智能客服则

① Know Your Customer，我们常用的人脸识别就是其中一种。

基于知识图谱技术，即是一种揭示实体之间关系的语义网络。这类智能客服是有脑子的，脑子里装满了对外部客观规律的归纳和总结。

前一种机器人，当我们问它小学物理学题目“水多少度会结冰”时，它大概率只会回答你水的定义（除非拥有者提前在系统中配置了该问题的答案）。后一种机器人，它大概率会沿着“水的特性之一是会结冰，冰存在的条件是零度以下”，然后给出“水在零度以下会结冰的答案”。前一种机器人的脑子是一张表；后一种则是一张知识的图谱，图谱中节点间维护的是两个实体间的关系，通过深度学习可以强化或弱化该关系。

按贝叶斯网络创始人 Judea Pearl 在《为什么》一书中所述，除了对因果关系的掌握外，后一种机器人的基本架构及学习方式已与我们的脑子相近了。遗憾的是，要把因果关系预设在 AI 脑子中，难度远超出深度学习和知识图谱技术开发的难度。这也是阻塞保险科技的应用全面踏入第二阶段的重要原因之一。

以中国平安为例，我们在“平安口袋银行”App 右上角可以直接感受到智能客服的发展情况。这个名为小安的智能客服对大多数问题已经可以对答如流，公司应该没少费工夫：

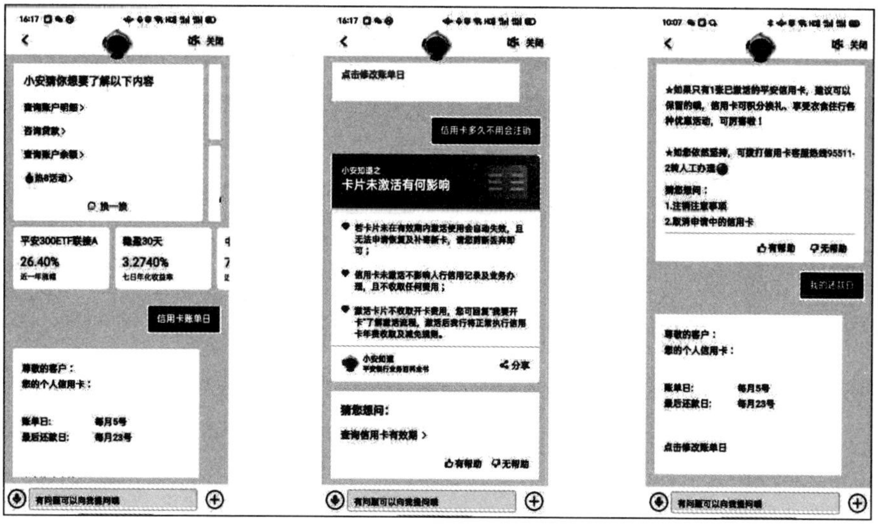

图 9-9　“平安口袋银行”App 中的智能客服

核保

人身险业务由于受到地域限制、个人时间冲突等困扰，客户不便往返公司办理业务。但客户投保成功与否，又依赖于核保过程。因此往往存在代理人好不容易谈好了保单条件，把很多后续工作都做了，可实际上客户并不满足核保要求或者出现需要契调①的情况。此举不免增加代理人展业的时间成本，打击展业积极性。

2018 年，平安人寿智能核保全面启动，智能核保运用决策树、远程视频、生物识别等技术，可以与客户进行实时远程互动，使审核过程更简捷和人性化。智能核保主要包括智能互动、空中契调和在线核保三大模块，其中空中契调最受赞誉。

理赔

人身险理赔的难点在于迅速地论证客户提供资料的可靠性和准确性。

客户在手机端提交理赔所需资料后，首先，公司会借助第三方医疗数据与客户提供的数据进行比对，论证其数据可靠性；其次，公司会借助客户已沉淀在体系内的行为数据，结合已有的智能理赔算法，评价其行为欺诈性；最后，再结合理赔所需的资料论证其内容的完整性，最终提供理赔款。由于人身险公司的赔付流程相对复杂，其“闪赔”响应速率要低于财产险（特别是车险）的秒级别，通常为分钟级别。

以中国平安为例，2019 年平安健康 App 极速赔最快也需要 19 分钟，而植于平安金管家 App 中的平安人寿“安 e 赔”则需十几分钟到半小时左右。

此外，值得一提的是上文所述的“第三方医疗数据”。提供这类数据

---

① 契调一般存在于保额较大或保费较多的保单中，指保险公司核保部门在收到客户保单时，发现这客户“可能有鬼”，因此需要通过问答形式来核实一些问题。

和服务的供应商在保险行业通常被称为“医保公司”（TPA）。TPA 可简单认为是人身险公司的一种外包服务公司，其业务范围涵盖保全服务、处理理赔、提供客户服务、医疗服务机构网络、安排医疗费用结算服务等。这类公司在国外较为成熟，在国内仍处于快速增长的初级阶段，但已有不少公司成立之初便以科技而非“人肉”驱动，很可能成为未来人身险公司在理赔领域探索的破局者。

财务

财务工作中，最烦琐枯燥且耗人工的是将报表的数据进行并表和提取处理，然后填入各类系统。这类系统僵滞难用，多为政府及有关单位强制要求，比如报税、核对税等。

机器人流程自动化（RPA）擅长把工作流程中的重复操作进行自动化，有效提升工作效率，优化企业劳动资源配置。据麦肯锡公司报告，RPA 所属的自动化技术市场预计到 2025 年将产生近 6.7 万亿美元的经济价值。据老东观察，中型以上企业大多会部署 RPA，这个市场的主要玩家包括 IBM、微软、腾讯和阿里等。

以中国平安为例，公司自主研发了 RPA“安小蜂”。该 RPA 可以通过模拟平安财务人员的操作，以比人工高出 30 倍以上的效率完成财务工作。“安小蜂”的工作原理与主流 RPA 类似，一串正常人操作需要 20 分钟的流程，其仅需 45 秒即可完成，可有效降低平安财务人员的无效劳动时间。

投资

第二章我们曾讨论过，保险公司的投资分为战略配置和战术配置。AI + 大数据在投资端的应用，典型案例是通过整合宏微观大数据，借助算法进行“智能战略配置”。

以中国平安为例，其与美国 Conning 公司合作，构建了量化评估系统。

在既有风险偏好体系[①]下，该系统可通过将投资约束和资产数据输入量化模型进行压力测试，再针对不同保险投资账户设定差异化的战略配置方案。

此外，在一些公开演讲中，中国平安也透露，其7所全球研究院也在进行一次重量级的尝试，通过树状结构与知识图谱的能力，结合全球大数据及诸多经济学定律，为平安提供全球风险水平的指导。不过该实验仍处于初级阶段，我们了解即可。

① 一种集团公司管控下属子公司指标、业务、流程、工具和策略的管理方法论。

区块链不是新技术

当我们提及创新时，总寄希望于见到某些天外飞仙般的事物。遗憾的是，真实世界的巨变大多发生于那些起初看起来毫不起眼的事物进行“再组合”的过程。小到原子核外加几个电子就能让原子的特性发生翻天覆地的变化，中到几个磷酸根离子、五碳糖和含氮碱基组合起来竟然能形成我们的遗传物质，大到原本数量不多的智人联合起来最后居然繁衍至可以统治地球，这些无不是“再组合”的杰作。

区块链技术的诞生，也是如此。

区块链不是一项新技术，而是分布式存储、P2P 网络、共识机制、哈希加密等已有技术组合而成的一项新应用。其中，分布式存储的原理早被用于计算机组网，P2P 网络最赫赫有名的应用就是我们常用的迅雷等下载软件，共识机制底层的算法如拜占庭将军问题则源于 1000 多年前，哈希加密早被人多数传输网络使用。有意思的是，这些已有的技术结合起来，居然催化了一项有些让人脊背发凉的颠覆性技术。

区块链的原理说来也简单，核心是通过参与者共同见证并记录交易，来解决机构间交易时抵赖的问题，从而去除交易的中心化。

举个例子，老东想转账给资深保险代理人小赵，在传统方式和区块链方式中的操作将截然不同。

在传统方式中，老东为了避免小赵抵赖，通常需要借助银行。两人分别在银行开设账户，随后老东通过银行账户转账给小赵，这样两人在账户中都留下了记录。此过程中，老东借助了中心化组织（银行）实现了交易，其代价是需要向银行支付一定的费用（无论是手续费，或是向银行提供了行为数据）。

在区块链方式中，老东和小赵召唤一些参与者（比如朋友圈的熟人）来共同见证两人的交易，中心化组织完全可以省去。当小赵抵赖时，参与者就会一起跳出来谴责她，并要求她收回自己抵赖的行为，否则小赵就只能“出圈”了。

由此可见，区块链在组织内部进行应用意义不大。毕竟部门或者兄弟单位间并不存在信任问题。区块链的应用，更多聚焦于解决组织外部的协同问题。

在现阶段，应用区块链较多的上市保险公司是中国平安和众安保险，两家大多将区块链作为一项技术或云上的产品输出给特定的组织，以期解决其常年的痛点（以信任问题为主）。相反，保险的商业模式亘古有之，上下游协作已沉淀多年，并不存在太多区块链能直接解决的痛点，因而，保险公司借助区块链解决自身的外部问题倒并不多见。

以中国平安为例，我们可以看看“智慧医疗”的例子。不过，这还得从我国现行医疗体系的怪现象说起。

随着人口老龄化进程加快，我国住院率和住院费用快速增长。与此同时，政府逐年增加卫生投入，目前卫生总费用占 GDP 的比值已达到 6.3%。遗憾的是，政府增加的卫生投入并未完全“战胜”住院费用的增长。国家统计局数据显示，1985—2019 年农村居民医疗保健支出占可支配收入的比例，从一开始的 1% 已增长至 7.5%；城镇居民的数据稍微好些，从 2.3% 增长至 5%，近 10 年保持在稳定的区间，但也没有下降的趋势。

医疗保健支出占可支配收入比例的增长，一方面是因为人口老龄化，导致实际支出增加；另一方面则是支付方（医保）控费能力薄弱，导致大量的住院费用浪费。

在现行的医疗体制下，服务需求方（患者）、服务供给方（医院）和费用支付方（医保）并未形成一致利益。服务供给方（医院）在服务时并不会过度关注支付方的利益，服务需求方（患者）则因为供给方未伤害到自身利益而默认其行为，使支付方（医保）对费用失控，陷入“我为鱼肉”的窘境。造成支付方（医保）陷入窘境的核心原因是其无法深入服务供给方（医院）的流程，更无法深入服务供给方（医院）涉及的上下游供应链。

借助区块链技术，平安能解决服务供给方（医院）的痛点——以上下游信任问题作为切入口，为其提供医药溯源、电子病历追溯等核心能力。

以此，平安得以深度参与流程，一方面可以为我国医保改革撕开裂缝，为当地政府解决上述的医保控费能力弱的问题，为智慧城市添砖加瓦；另一方面则可以打造人身险直接赔付的优质客户体验，更可以实现费用全流程的管控，缩减公司理赔成本。当然，后面还有平安好医生和医保科技等组合拳跟上，可谓一举多得。

保险科技发展的范式

在自然科学史中，从亚里士多德到伽利略，再到牛顿和爱因斯坦，从物理到化学，再到生物学，每个阶段总存在一个范式，而每一次科学领域巨大的飞跃，总是伴随着此前范式的破坏到新范式的建立。这是科学史家托马斯·库恩在《范式革命》一书中的主要观点。

在老东看来，库恩总结的规律是有边界的。

在社会科学与自然科学水乳交融的经济学领域，在那些拥有颠扑不破的商业模式的行业，建立在自然科学基础上的科技继承了范式革命规律的前者——总有其特有的范式，同时放弃了后者——极少有对范式的破坏。因而，作为投资者，我们特别要关注的是其发展范式，这是理解科技应用的关键。保险科技恰恰属于此类。

保险科技发展的范式，在老东看来分别有业务上的和技术上的两方面：

一是业务上，总以解决痛点为出发点，不为用技术而用技术。

保险科技的研发需要大额且专注的投入，因此主导保险科技的往往是大公司。

这类大公司中，有名副其实的保险公司，如中国平安、中国人寿和中国太保等。要在这类公司中推广某项科技应用，首先要面对“你解决了什么业务痛点”的挑战。没有明确的方向，没有清晰的投入产出比，项目可能直接死于立项阶段。

另一类公司则是这个行业的“赋能者”，如阿里巴巴、腾讯。这类公司常有优胜劣汰的狼性文化。该文化推动团队必须在传统保险公司中找到保险科技的落地点，形成案例，才可以在与其他团队的角逐中脱颖而出。

因而，他们也必须不断思考科技能为传统保险公司解决当前哪些痛点，而不是天马行空地吹嘘自己的科技有多么强大。

但是，无论是传统保险公司还是“赋能者”，要将自己的保险科技成功应用，其范式又不应仅限于解决痛点，而应以此为切入点，逐步向业务渗透，最终形成“科技引领”的趋势，这样才有可能从完成科技赋能运营向科技改变商业模式进发。

二是技术上，总以应用为出发点，以云为载体，以输出为终极目标。

上文所述的 AI + 大数据组合拳产生的各类应用，在解决了业务痛点后，会进入高频迭代的阶段。随着应用越来越成熟，各公司都会组装成产品向外输出，而这些产品的载体，正是那片让“猫儿们”尽情玩耍的“云”。

比如前文所述的“客户服务”中用到的“核身”功能，平安就已经将其产品化并放在平安云上，用户只需几步操作就可以在网站上购买带有“核身”功能的云服务。同样，在平安云上还有智能语音、智能客服乃至财务使用的 RPA 机器人“安小蜂”等多类金融云特有的应用。

当然，较之“赋能者”如阿里云和腾讯云，平安云还是差了不少。比如前文我们提到的区块链，阿里云和腾讯云上就有已经产品化的 BaaS① 服务，用户购买该云服务后，只需要简单的几步操作就可以建立属于自己的区块链和对应的节点，邀请盟友加入。

无论传统保险公司，还是保险行业的赋能者，最终都会将保险科技置于云端，形成产品后以输出给他人使用为终极目标。目标的背后，是为了获取川流不息的新时代“石油”——数据。

---

① Blockchain as a Service 的简称，可以理解为一种拿来即用的、可以快速部署的服务。

第十章

互联网保险公司与新物种

互联网保险公司分类

本章我们侃侃颠覆性创新的第二个可能发源地——互联网保险公司。

我国互联网应用水平堪称世界翘楚，被誉为“新四大发明”的高速铁路、移动支付、共享单车和网络购物，后3项都与互联网强相关。也正因为互联网在我国蓬勃发展，本书不可能用小小的一章穷尽所有互联网保险公司的形态。因此，在拉开架势前，也有必要先澄清一下互联网保险公司的范畴。

互联网保险的划分方式没有统一标准。有根据牌照划分为经纪公司与传统寿险公司的，有根据用户流量大小划分为小型公司与大型平台的，也有根据公司原生于互联网公司或是传统公司划分的方式。作为保险股的投资者，老东在前文不止一次强调过销售端是保险公司源源不断增长的根本，因此这里将采用销售端的模式进行划分。

从销售端看，广义的互联网保险公司可以分为以下3类，见图10-1。

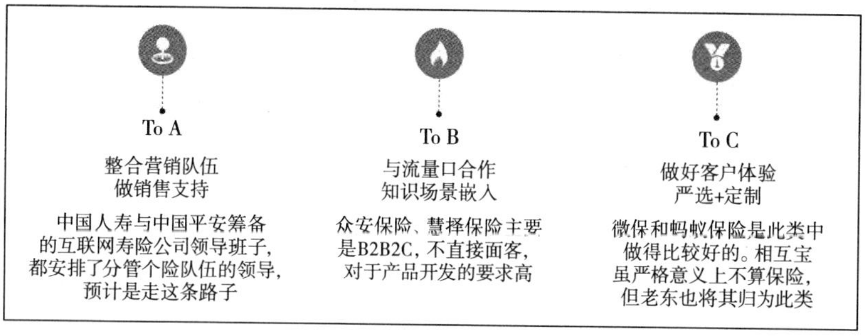

图10-1　互联网保险公司分类（从销售端）

第一类广义互联网保险公司是To A① 型。这类互联网保险公司中，按营业收入计，大体量的还是传统人身险公司。这类公司借助互联网和前沿技

① To Agent，面向代理人。

术，起到“武装到牙齿”的目的，其科技赋能的思路在上一章已讨论过。

作为投资者，研究互联网保险公司是为了弄明白这些新物种是否会给我们投资的传统人身险公司带来颠覆性改变，就如投资大师芒格一直强调的“要知道我会死在哪儿”。因此，本章我们关注的重点自然是后两种互联网保险公司。

第二类广义互联网保险公司是 To B[①] 型，其中的典型就是号称“三马同槽”的众安保险，以及不久前刚在美国上市的慧择保险。这类公司的营业收入大头并不来自于直接面对客户的销售收入，而是通过嵌入其合作伙伴已有的场景，做高转换率，与渠道分成，实现收入增长。

第三类广义互联网保险公司是 To C[②] 型的，典型代表是支付宝中的“蚂蚁保险”和微信中的“微保”。这类公司直接面对客户，以经纪公司为主，本身并不是保险公司。此外，还有一类不算保险的“保险”——互助组织。最不容忽视的是支付宝的“相互宝”。

后两类公司与互联网及前沿技术结合紧密，通常被保险业认为是行业的创新者，也可能是潜在的颠覆者，因此是本章讨论的对象。现在的问题是：我们该怎么研究这两类模式呢？

在塔拉布的《黑天鹅》一书中，曾列举两起引起轰动的杀人案件：

（1）国王死了，王后也死了；

（2）国王死了，接着王后死于哀伤。

很显然，第二个案件更有故事感，看起来像个案例，而不是模式上的解读，更容易被我们记住。

同样，老东觉得很难通过短短一章讨论清楚互联网保险公司全部的发展模式和方向，因而不如通过几个案例，让我们记住互联网保险的弄潮儿们。这样更能在以后漫长的研究保险的岁月里，偶然引发共鸣和产生认知上的延伸。

这些公司各有特点，它们是：微保、众安保险、慧择保险、相互宝。

---

① To Business，面向企业客户或者商户。

② To Customer，面向消费者。

中介、经纪、代理公司，傻傻分不清

在日常生活中，我们时不时会听到“保险中介”“保险经纪”和“保险代理”3个名词。无独有偶，本章我们重点介绍的3家公司中，除了众安在线是原汁原味的保险公司，微保是保险代理公司，慧择保险则是保险经纪公司。因此，在开始介绍3家公司的商业模式前，我们还需要弄清楚“保险中介”“保险经纪”和“保险代理”三者的含义。

保险中介公司包含了后面二者。与我们接触的房地产中介类似，中介公司就是挡在保险公司和客户中间的那位法人，也是供给端和需求端的连接者。区别于传统保险公司只能销售自己的产品，保险中介公司是一个保险超市，可以销售有合作关系的各家保险公司的产品，能更加多元化地满足客户的需求。在第二章中我们曾提过，中介渠道是保险公司的渠道之一，以中国平安2019年的数据为例，互联网和中介渠道规模保费收入占比为12.96%。

在欧美发达国家，特别是美国和英国，通过专业中介代理渠道销售人身险的比例很高，能达到约60%。反观我国，中介公司多年来举步维艰，主要原因是各家保险公司的费率差距不大，行业生存空间有限，且错过了发展的最佳时间窗口。

保险中介中，保险代理公司（如微保）的职责是帮助保险公司更好地代理或代销产品，因此收费对象只能是保险公司；保险经纪公司（如慧择保险）的职责则主要是服务客户，帮客户挑选最合适、性价比最高的保险产品，做好保险服务，原则上收费对象是客户。

监管上之所以要分保险代理和保险经纪两类牌照，是希望市场的生态能多元化，促进市场健康发展。说白了，保险经纪是客户给发工资的，所以和客户是一条心。保险代理是保险公司给发工资的，自然会和保险公司穿一条裤子。这样保险中介行业就不仅有保险公司的代言人，也有客户的经纪人，市场买卖不会一边倒。比如在英国，60%～70%的保单都是依赖保险经纪卖出。客户要买保单前，一般会先付费咨询保险经纪。经纪人给出最佳组合和完成服务后，还要向客户收取一笔经纪费用。当然，在英国，保险经纪人的行业准入门槛也十分高。

遗憾的是，我国保险业发展至今仍未形成经纪“土壤”，大家绝大多数情况下没有付费的习惯（也真有一些向用户收费的保险中介，如蜗牛保险），绝大多数经纪公司还是靠收取保险公司佣金生存，因而难有第三方的独立性和公正性。

“保险中介”“保险经纪”和“保险代理”三者的关系如图10－2所示。

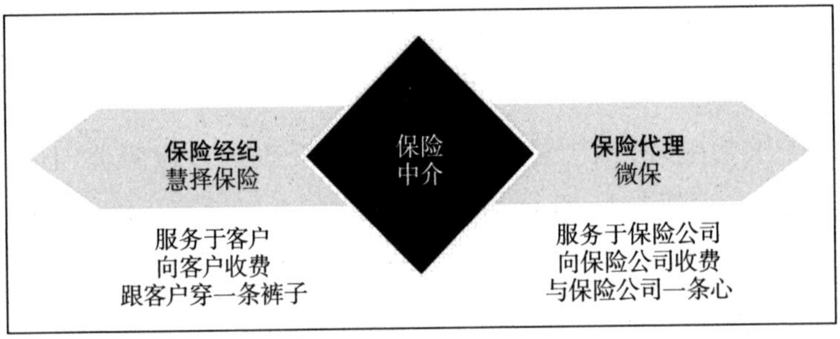

图10－2　保险经纪、保险代理和保险中介的关系

醉翁之意不在酒的微保

2017年底，腾讯控股57.8%的“微民保险代理有限公司”获批经营保险代理业务，微信钱包页面多了一个“保险”入口。微民保险（简称“微保”）旨在为微信和QQ这两个国民级生活服务平台的用户提供触手可及的保险服务。

按微保前COO谢邦杰先生的说法，在微保对外宣布成立前，腾讯内部花了约2年的时间来研讨为什么要做互联网保险平台。作为以社交为“护城河”、以游戏和广告业产生现金流和利润的腾讯控股，不太可能寄希望于将互联网保险做成利润主力军。相反，**腾讯做互联网保险的初衷多是为了丰富微信生态、夯实流量基础、挖深“护城河”。**

既然做微保的初衷是为了丰富微信生态，让更多人接触保险，微保的战略出发点就不会像中国平安和中国人寿等大公司那般大开大合。相反，微保自成立之初就在思考能为社会带来什么，能为微信的用户普惠什么。微保认为，目前保险瞄准的几个主要矛盾包括：

（1）人口老龄化下的抚养比问题；

（2）城乡差距大，弱势群体缺乏抗风险能力的问题；

（3）自然灾害问题；

（4）医疗机构、医疗支付方和患者三者间的问题。

微保关注的这些问题都是国家层面关心的大问题。如果微保能解决哪怕其中的万分之一，就能给平台本身带来巨大的流量。这也是许多互联网公司的一贯思路——跳起来够一下，解决痛点，捕捉流量。至于变现与否，那是以后再说的事情了。业内俗称“跳一跳”战略。

在战略的驱使下，微保开始思考在微信的框架中，哪些是“不需要重复发明的轮子”。思来想去，最后他们得出的结论是：

（1）连接很多商业机构和政府服务的能力，这方面腾讯早就触达；

（2）KYC 能力，这方面微信后台早已有大量技术储备和数据；

（3）大数据与风控，这方面是一样的，要多谢微信支付。

初心有了，势能有了，那么微保具体是怎么做的呢？

传统展业模式中，触达客户都是采用社交圈或陌生拜访的方式（见图 10－3）。一个代理人每拜访 10 个客户，可能只有 5 个愿意听他说。在此基础上，代理人要采用传统的嘘寒问暖方式跟进，以培育客户。这个阶段，5 个客户中也许有 3 个有兴趣。而这 3 个客户，最终大概率只会成交 1 个。因此传统保险公司的模式往往是把人赶出去，通过提高拜访量拉动业绩。这被称为“10－5－3－1”铁律。

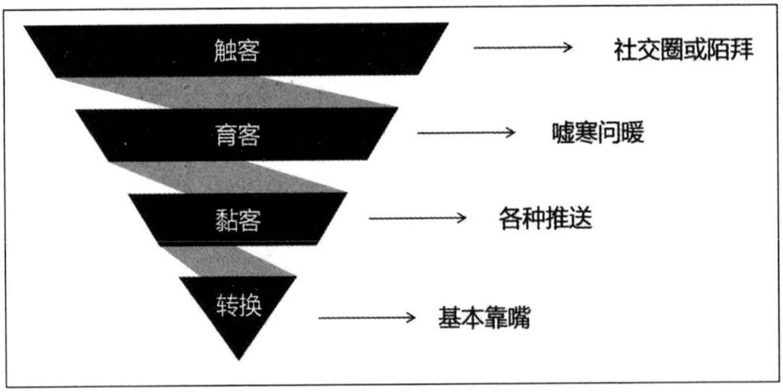

图 10－3　传统的人身险展业漏斗

任何变革的结果，都逃不出这个漏斗，互联网保险亦是如此。为优化漏斗模型，微保打出了一系列的组合拳。

一是获客方面，微保首先背靠“微信爸爸”，生态圈自带流量，又通过近乎免费的航意险和药神保产品，形成了 1 带 4 人（2018 年调研数据）的潜在客户流量。进来的客户都因为这两款产品，特别是后者，形成了对人身险的潜在认知。

二是育客方面，微保打造线上课堂，请了许多保险“大 V”，进行免费互助问答。同时借助一些类似平安 e 生保的百元级产品，培育客户对人

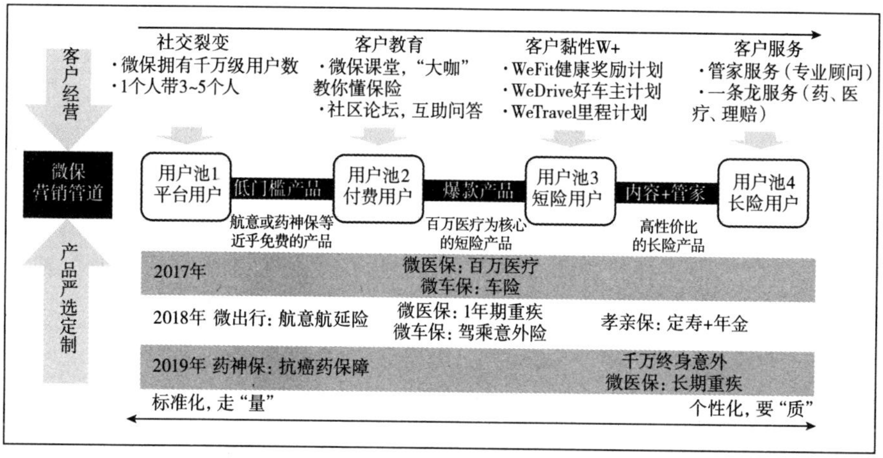

图 10-4　微保的展业流程

身险更加深刻的认识和理解。

三是黏客方面，微保凭借 WeFit（走路送代金券）、养鹅（类似电子宠物）等一系列互联网黏客手段黏住客户，并在其间穿插各类保险知识，建立品牌形象。

四是客户服务，微保此时会引入独特的管家服务，不会主动打扰用户，只有用户主动发问时才会回答对应问题，这时候长期健康险的产品就进来了。

最后也是最重要的，微保以保险服务为阵地，整个流程一气呵成，用户体验也不错，产品也经过严选，让用户很容易放下戒心，成交对应产品。

微保商业模式可概括为：以夯实流量“护城河”为目的，打造线上闭环。

借力打力的众安保险

众安在线财产保险股份有限公司（众安保险）是国内首批互联网保险公司，由蚂蚁金服、腾讯、中国平安等知名企业发起成立，人称“三马同槽”。自成立之初，众安保险的定位就是以技术创新带动金融发展的金融科技公司。既然战略定位于“金融科技”与“互联网保险”，众安在线注定也要走出一条不同于传统保险公司的路子。

首先，在互联网保险方面，众安保险一没有传统公司的代理人队伍，二没有“微信爸爸”的流量入口，因此公司走出了一条“B to B 再 To C”的路子，将自己的产品和服务嵌入已有的互联网各类生态，实现自己面对 C 端客户销售的夙愿。

商业模式上，众安保险将这种“B to B to C”模式划分为了 5 个生态，包括：

（1）**旅游生态**：与在线旅行社（OTA）如携程合作。典型产品是飞享 e 生（意外险）。

（2）**消费金融生态**：通过与消金公司及电商公司合作，同时嫁接银行等资金提供机构，自己收取解决方案的费用。典型产品如马上花（一种消费金融分期产品）。

（3）**生活消费生态**：与电商或手机厂商合作，提供 C 端或者小微商家需要的各类保障。拳头产品如参聚宝（为 B 端提供淘宝保证金）、手机意外险。

（4）**健康生态**：与健康 App 或医疗公司合作，为客户提供类似精准定价的基于运动的健康险。拳头产品如尊享 e 生、步步保（健康险）。

（5）**汽车生态**：与网约车或租车平台合作，为车主提供汽车损坏及被盗的损失险。拳头产品如保骉保险。

“B to B to C”模式是公司经营的商业模式，这一点也可以从保费收入的比例中得到佐证。从众安保险2019年全年业绩来看，公司总保费为146.3亿元，其中仅有11.14亿元来自平台自有。各生态的保费占比从9%到33%不等，其中健康生态占比最高。

其次，金融科技方面，众安保险主要通过运用前沿技术（主要包括云计算、大数据、人工智能、区块链四大技术）搭建了各类赋能保险公司甚至其他金融机构的应用。典型的例子包括云平台无界山、区块链服务应用T系列等。考虑本书的读者们并不完全是科技行业出身，且保险科技演变的底层逻辑我们已经在上一章中讨论过，这里不再延伸，有兴趣的朋友可以去其网站翻阅众安保险公开日的相关资料。

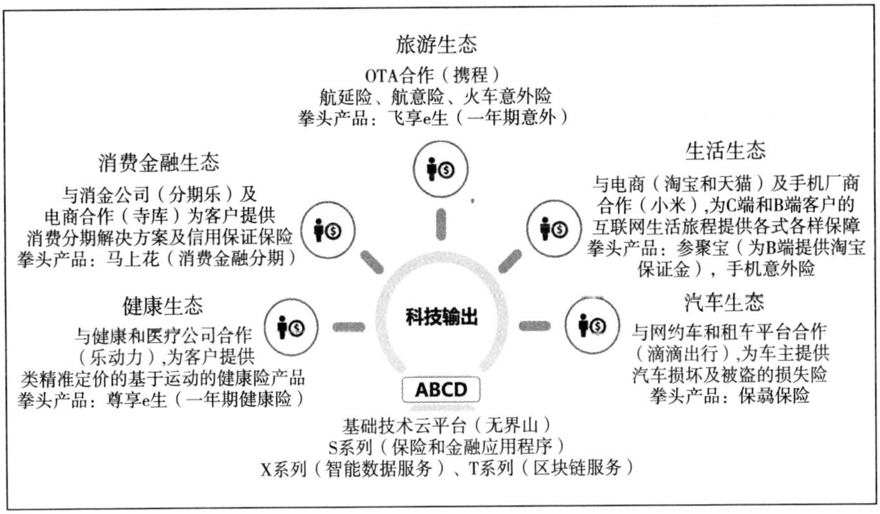

图10-5 众安保险五大生态圈及科技输出能力

既然金融科技是公司的重要战略，科技上的投入自然是小不得。2019年公司总保费收入是146.3亿元，研发投入为9.77亿元，占比6.7%。研发投入也在逐年增长，2019年同比增长15%。那么占比6.7%是什么概念呢？国内非常重视科技的金融机构如中国平安以及招商银行，其研发投入占营业收入的比重分别为1%和5%①。

坚定的科技投入也为众安带来了高速增长的科技收入（尽管占比还很小，且还在亏损）。2019年年报显示，公司科技输出收入2.7亿元，占总收入的1.8%，同比上年减亏0.06亿元。

众安保险的商业模式可概括为：嵌入他人场景，用科技降低自身成本，同时强化科技输出的“造血”功能，以此实现盈利。

① 2019年年报数据。

善于打人民战争的慧择保险

慧择保险是一家专业保险经纪公司，主要商业模式也是和众安保险一样的“B to B to C”。公司不直接对接 C 端消费者（直接对接业务占比小），而是通过与第三方伙伴合作，利用它们的影响力和场景为之引流销售保险产品，获得保险公司佣金收入。

慧择保险的股东中，超过 50% 是风险投资。创始人及 CEO 马存军持股 16.1%，是公司第三大股东。相对众安保险“三马同槽”的豪华股东背景，慧择显得弱了一些。因此，虽然师出同源，但慧择保险的 To B 招式不太一样。

慧择选择合作的 B 端偏小微、偏“草根”，以保险内容博主和“大 V”为主。在供给侧，慧择本身仅是经纪公司，无法输出产品，因此和大量的保险公司建立了合作关系。

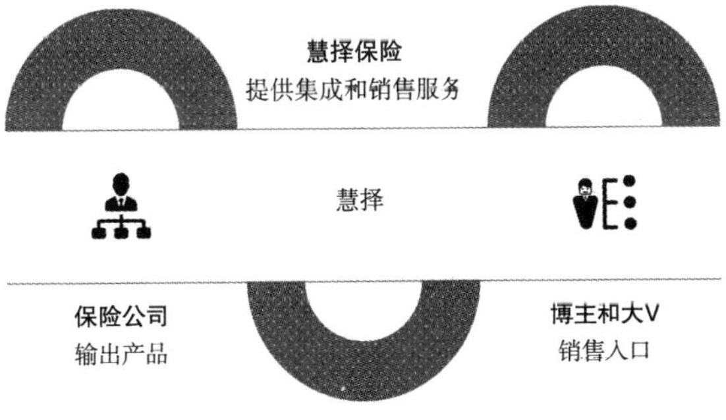

图 10-6　慧择保险的上下游

慧择合作的 B 端基本网罗了目前保险行业所有出名的微信公众号，比如深蓝保、BB 保、大白保等，合计 110 个左右。慧择一般会在微信公众号植入产品入口，其实质是“幕后诸葛亮”的身份。例如，用户通过合作的公众号深蓝保获知产品信息，从进入入口到投保的全流程，都感知不到慧择的存在。没深入研究的用户或许会认为，这是深蓝保微信公众号自己搭建的保险超市。

在供给侧，慧择与很多保险公司建立了业务合作关系。其 IPO 招股说明书显示，公司与 67 家保险公司合作伙伴合作，它们包括了中国持牌保险公司的绝大部分，以中小型公司为主。慧择帮助这些公司销售产品，而这些公司则支出对应的佣金。

那么面对坐地起价的保险公司，慧择如何具备足够的谈判能力呢？

按慧择的公开数据，其已累计为 580 万保险客户提供服务，客户的平均年龄为 32 岁，用户属于互联网弄潮儿这一代。因此，问题的答案自然是他们抓住了传统保险公司的两大痛点——需要庞大的客户群，以及不太懂互联网。

一方面，有 580 万保险客户，意味着慧择的分销能力对于寻求快速增长（指保费规模增长）的保险公司，特别是年轻的保险公司尤为重要。另一方面，慧择通过互联网及大数据等手段定制的系统，整合了保单分销中的关键步骤，例如智能承保和现有的保单管理。这种整合不仅可以为合作伙伴创造价值，还可以反过来增强慧择自身的客户数据积累和风险管理能力，当然，也可以走上众安保险的老路子，对外输出科技。

虽然几百万的客户数量之于平安集团 2 亿多的客户数量不算什么，但对于中小型保险公司则是雪中送炭。以地方性的保险公司为例，成立于 2016 年的横琴人寿目前也仅有 10 多万的客户。要知道，横琴人寿是珠海人身险公司的翘楚，地方政府可是给足了政策红利。横琴人寿经过 4 年辛苦耕耘才获得了这么多客户，足见慧择对大多数中小型保险公司来说可谓吸引力十足。

在财务数据方面，得益于庞大的客户群产生的定价能力，慧择保险的营运收入持续增长。2019 年半年报数据显示，其营收为 4.51 亿元，同比增长 147.8%，接近 2018 年全年 5.09 亿元的水平；净利润 640 万元，同比增长 49.9%。间接销售占比为 74.5%，直接销售占比只有 24.7%。

慧择的商业模式可概括为：拥抱“大 V”，连接保险公司，居间收费。

由来已久的相互宝

2018 年 10 月，蚂蚁金服旗下的“相互保”横空出世，诸多媒体宣称该产品是人身险的颠覆性创新，吸引了大量“粉丝”蜂拥而至。2018 年 11 月底，仅生存了一个月的“相互保”更名“相互宝”，一字之差背后却蕴含着诸多苦果。这还得从“相互”二字说起。

实际上，相互制组织并不是新东西。有心的读者或许注意到了，在本书第一章第一节就提过“古埃及出现首个互助组织”。而后，该形态组织的发展并未中断，中世纪时在欧洲遍地都是赫赫有名的基尔特制度（一种互助制度）组织。如今的人身险公司形态大多源于互助组织，至今全世界仍有不少互助制组织存在。

相互制组织的原理是大家一起加入一个计划，谁出问题，其他人帮忙兜底。只不过兜着兜着总会出现一些问题（比如逆选择①、缺乏合理算法、欺诈等）。后来不少公司都从相互制转成了现代人身险公司的形态。比如日本的第一生命人寿、美国的大都会都曾是互助制组织。

在我国，相互制保险公司起步晚。目前仅有信美相互、众惠相互和汇友相互三家，前者是人身险，后两者是财产险。按收入计，信美相互占据了半壁以上江山。蚂蚁金服 2018 年 10 月发布的相互保，其底层架构正是依赖于信美相互的《互助保险社相互保团体重症疾病保险》。

本书多次提过“创新就是用最新的手段把古老的东西再做一遍”，相互保的腾飞也遵循这个逻辑。相互制发展的最大瓶颈本就是空间导致的加入、理赔和退出的不便利性，互联网恰恰解决了这些问题。截至 2020 年上半年，该计划的参与者已经破亿。要知道，按中国平安在其 2019 年年报中

① 指随着互助计划的发展，留下来分摊的用户越来越多是有问题的用户，导致分摊金额飙升。

显示，其C端客户也才2亿人。若按人数计，“相互宝”仅用了2年时间就走完了平安一半的路程。

遗憾的是，相互保的早期发展过程过于粗犷。一是通过产品参数调整的方式改变了产品费率计算方法以及费率计算所需的基础数据，在监管部门备案是一套，在实际操作中又用另一套；二是存在大量的销售误导，宣称这是一款保险产品。因而，上线不到两个月，蚂蚁金服、信美相互公布对“相互保”的整改结果——产品更名为“相互宝”，成为由蚂蚁金服独立运营的网络互助计划，而与信美相互无关，当然也更与银保监会无关了。

蜕变后的相互宝由蚂蚁金服背书，买它就是相信“马爸爸”。计划设有加入门槛和分摊上限等，目前已衍生了大病互助计划、老年防癌互助计划和公共交通意外互助计划3类。除了与银保监会撇干净关系外，“相互宝”在形态上仍是个赤裸裸的互助计划。它具备了历史上互助计划的诸多优点，如价格亲民、加入退出方便等，也具备了诸多缺点，如逆选择和欺诈等。在老东看来，目前它更像是一种蚂蚁金服旗下保险模块的触客手段。据业内的数据，参与了“相互宝”的用户，再在蚂蚁保险中购买短期健康险的转换率是20%。要知道，普通互联网渠道的转换率可是千分之几。

相互宝的商业模式可概括为：触客手段，服务于转换，存在逆选择风险。

人人都可能成为新物种

互联网保险公司是不是新物种?

人类天然具有聚合思维，或者叫求同思维。这种思维让我们不由自主地将看到的新东西都归类到自己熟悉的东西里面去。比如当我们第一次看到寿司时，会觉得这不就是米饭加鱼片吗?看到比萨饼时，会觉得这不就是把肉放到大饼上面吗?同样，看到互联网进入保险的世界时，天然就会想，这不就是渠道的线上化吗?

在2000年人身险公司的代理人队伍方兴未艾时，银行是主要的产品销售渠道。再观今日，互联网巨头把握了大流量入口，互联网“大V”把握了下沉流量的入口，这与当年的银行把握大部分客户来源，何其相似。销售渠道多了一种，这是互联网带来的最大变化。

本章介绍的微保、众安保险和慧择，无不在这方面取得了较大进展。微保凭借微信流量，搭建了微信专属的保险渠道。众安保险和慧择则借助各类场景渠道，下沉自己的产品和服务。从这个角度，互联网保险就像那句描述创新的老话说的：用新的方法将旧的事情再做一遍。

还有一种和聚合思维相反的思维方式，叫发散思维。它要求我们看到新事物时注意那些新奇的、不同的特点。比如把寿司看成一个整体，认为它是一个新东西。那么便会衍生不少问题：它的蘸料为什么是芥末加酱油?它为什么一般使用三文鱼和金枪鱼?为什么饭团一定要手握?它背后的历史是什么?

从这个角度看，互联网保险便是个新物种了。

两种不同的思维没有对错之分。前者是自然选择的主流结果，保险又是个古老的行业，将互联网看作一种新兴渠道，做好做实，是可预期的。后者虽然有爆炸性的预期，但也可能吃力不讨好。发散半天，投入很大，公司现金流跟不上，股东撤资，最后公司走向死亡。

因而，现实中的互联网保险公司（指 To B 和 To C）往往会在二者中取得平衡。

一方面，将互联网作为一种渠道，做成自己的主业；另一方面，将互联网发散开来，看是否能闯出一条与传统保险公司不同的路子。微保打造线上闭环的漏斗、众安保险和慧择选择拥抱场景和“大 V”，便是在做这方面的尝试。如此而言，它们算得上还在进化中的新物种。

新物种进化的方向

保险是一个古老的行业。行业中蕴含着诸多矛盾，同时孕育着诸多机会。这些孕育机会的土壤，往往是互联网保险公司的“新发地”。在保险公司存在的诸多矛盾中，最为激烈的矛盾当属“不可能三角”，即股东、渠道和客户三者之间的矛盾。

作为保险公司的股东，我们希望产品的利润足够高；渠道（或代理人）要靠产品的佣金来养活自己，虽然大部分渠道推荐产品不会受佣金单一要素驱动，但是如果某个产品的佣金很低，那么产品的推广一定会遇到阻力；保险客户都希望自己买到的产品是最适合自己的。三者间矛盾重重，谁能阶段性地破解“不可能三角”，就可以再次打开成长空间。

从参与游戏的三方利益中我们可以看到，股东的收益源于“保险三差”，即产品定价中高于发生率、费率和利率的部分；渠道（或代理人）的收益源于费率假设；客户的收益则源于保险责任。新物种要想进化，又想要成长得足够强大，多会从此着手。

在大多数传统保险公司，解决问题的方式往往是在原有的矛盾里打转。比如，代理人佣金太高导致客户和股东没利益，那就让代理人减薪或者多背指标——“我只要结果”型的管理者如此说道。这种缺乏思考的

“结果导向”工作方式，只会激化矛盾，并不能化解矛盾。

被誉为问题解决专家的苏联发明家阿奇舒勒在《发明家诞生了》中阐述了一种创新的方法论。该方法论认为，**在解决矛盾的同时，往往会衍生新的矛盾。因此，创新的最好思路不是干掉矛盾，而是想办法去满足已有矛盾的对立面**。

以“不可能三角”为例，我们要满足的是：

（1）既要保险公司股东赚钱；

（2）又要代理人或渠道获取高佣金；

（3）还要客户能买到心满意足的产品。

注意到了吗？矛盾三角中，“保险客户都希望自己买到的产品是让人满意的”而不是“买到市场性价比最高的产品”。换言之，客户希望能买到符合他认知，能打动他内心的产品。

比如一位家中有老人因食道癌故去的中产人士，会特别关注重疾产品中食道癌肿瘤切除程度究竟有多深才可以理赔的规定，即便这款产品不是市面上最便宜的，却有可能是他最想购买的。再比如一位负责风险投资的老板，可能希望的是代理人能迅速捕捉自己的痛点，三言两语就能说清产品的特点，以免浪费自己太多时间。

现在的问题是，无论是代理人还是渠道，都离这些客户太远了。

以代理人为例，根据 LIMRA 的数据，2010—2017 年在职的美国个人寿险代理人的平均从业年限为 7.0 ~7.9 年，已离职人群的平均从业年限为 1.9 ~2.2 年。无独有偶，我国内地保险公司的整体从业年限就是 1 年多。平均从业年限短，随之而来的自然是收入低。

按 2019 年年报的数据，内地上市的保险公司中只有平安和太保比较直接地披露了代理人每个月赚了多少钱，其中平安是 6000 多元，太保算上基本法的激励预计在 2500 元左右。其他公司的年报里都是“犹抱琵琶半遮面”的姿态，读之难免让人产生“不敢披露”的想法。

低收入意味着圈层能级也较低，代理人都不接触客户，又如何快速捕捉对方的想法呢?

从这层逻辑往下，**无论是 To B 或 To C 的互联网保险公司，抑或传统保险公司，都可以找到适合自己的招数进行破局，都可以通过努力变为新物种。**

比如在传统保险公司中，可以通过科技赋能迅速缩短代理人成熟的时间，可以通过基本法和队伍建设方式的变化，提升代理人队伍的整体质量。让代理人到“听得见炮火”的地方去，他们就更有机会击中客户的诉求。保险公司因此有可能规避白热化的产品性价比拼，提高产品的剩余边际，同时能给代理人更好的回报。

再比如在互联网保险公司中，可以通过如微保的线上化议程设置，让客户迅速完成需求觉醒到产品购买的过程，也可以像众安保险和慧择这般，利用独特的场景，让客户迅速决策，从而为公司股东和渠道带来丰厚的利益。

新兴的互联网保险公司有机会成为新物种，老牌劲旅的传统保险公司也有机会成为新物种，这个时代从不会因为某类标签就将某个组织或个人拒之门外。这也是这个时代美妙的地方。

行文至此，老东不由想起日本知名动漫《海贼王》中大航海时代的起源。那缘起于海贼王罗杰被行刑前的一段呐喊:

时代传承的意志，

时代的浪潮，

人的梦，

这些都是挡不住的。

只要人们继续追求自由的解答，

这一切将永不停止。

人们追求自由是如此，公司追求创新是如此，中国梦又何尝不是呢?

后 记

在本书的最后，老东期望能与各位探讨“我国人身险行业空间”这一投资的核心问题。

在不少研究中，我们都能找到以“寿险密度[①]”和“寿险深度[②]”为指标[③]，横向对比国外发达国家或地区（比较对象以欧美、日本、中国香港和中国台湾为主），从而得出我国人身险仍有数倍甚至数十倍发展空间的结论。

比如按美国统计年鉴和兴业证券整理的数据，2014 年美国寿险密度为 1567 美元/人。而按 2019 年银保监会公布的保险统计数据，我国寿险密度[④]为 252 美元/人。美国寿险密度为我国的 6 倍多。若还是采用寿险密度进行比较，较之日本和中国香港等，我们还有 10 倍发展空间。

值得注意的是，从静态来看，由于各国或地区在历史、地理、文化、社会保障体系等方面的差异，使用这类指标时，我们要警惕“直接比较”。

以社会保障体系为例，美国的三大支柱[⑤]就与我国有很大差异。美国的基础医疗保险（类似于我们的社保，也称为第一大支柱）只服务于弱势群体，如老人和小孩，这种医疗保险包括了 Medicare、Medicaid 和儿童健康保险计划（CHIP）等。购买力强大的白领和蓝领阶层并不在此列，因此商业人身险在美国是“刚需”。用美国的密度、深度来推导我国人身险的发展空间，显然是高估了我国。但以文化为例，东南亚有较强的家庭观

---

① 指全国商业寿险保费收入 ÷ 人口数量。

② 指全国商业寿险保费收入 ÷ GDP。

③ 有一些研究报告也会以保险密度和深度、人身险密度和深度为口径。

④ 全国寿险原保险保费收入 22754 亿元，人口为 13.94 亿，1 人民币 =0.1548 美元。

⑤ 可简单理解为我国的社保、企业年金、商业保险。

念、较强的损失厌恶，不同于美国的风俗，因此若抛开社保体系不谈，以美国来对标，又低估了我国。

为了剔除文化因素，一个可行的做法是用日本、韩国或者中国台湾地区来对比，但仍剔除不了社会保障体系差异的影响。据新华保险前董事长万峰在《日本寿险业研究》一书所述，日本的社保体系是不如我国的，因此拿日本寿险密度为2800美元/人①，来评估我国人身险行业的发展空间，显然是高估的。打个半折，5倍空间，老东觉得较为合理。

然而，上述结论是建立在静态比较基础上的。这个答案背后有一个很强的假设：我国的三大支柱，即社保、企业年金、商业保险的结构并不会改变。

遗憾的是，从动态来看，由于社会进化的趋同性，我国的三大支柱大概率也会变化为欧美的结构，从而进一步拉抬商业保险的市场规模，其空间必然超过5倍。

三大支柱结构在社会发展的过程中，首先要发生变化的是第一支柱。因而，我们会听闻有延长退休的方案出台，拉长第一支柱的生命周期；也偶尔会听到有人大代表提案，要盘活个人社保资金，并把部分个人社保余额纳入集体社保。实际上，在三大支柱结构的变化过程中，日本就采用了一系列温和的手段，如把社保从资产池改成个人池、限定高收入者的养老金支付方式、把年终奖等也纳入社保，慢慢将全民基础社保扭转为如今的三层保障体系（基础+雇员+可选择性养老服务）。在三大支柱结构变化的过程中，商业保险的刚需性慢慢被接受，市场空间就再次被打开了。

在更长的时间维度，随着“长寿经济”的来临，因老年人继续参与社会活动带来的生产、消费和创新结构的改变，将为保险业甚至各行各业孕育更为广阔的市场。

现在普遍的观点认为，随着老龄人口的增加，老年人会退出劳动市场，用休息来代替生产、消费和创新。然而，最新针对长寿时代的研究，

① 引自瑞士再保险 *sigma* 电子杂志，为2016年数据。

如麻省理工老龄实验室的约瑟夫·库格林教授的《长寿经济》则表明，长寿时代将有非常大比重的经济活动由老年人主导。

当退休时，大家都很有钱，会通过不断变化的需求推动大量新产品和服务诞生。更为重要的是，老年人的晶体智力处于顶峰。在退休后，他们很可能继续参与劳动力市场竞争，特别是知识密集型的行业。据美国退休人员协会统计，在美国，50 岁以上人士的创业率最高，约为 20 多岁人群的两倍。他们建立了美国近 1/3 的船业企业。而我们熟知的投资大师，如巴菲特、芒格、格雷厄姆和施洛斯等，无不在高龄时仍然乐此不疲地工作。巴菲特的公司旗下赫赫有名的内布拉斯加家具大卖场（全美最大家庭用品超市）的创办者 B 夫人（布朗金），在 90 多岁仍然是个工作狂。在我国，央企保险公司如中国人寿、中国太保和新华保险中，就有不少已到退休年龄的管理层，仍被返聘继续工作。当我国长寿时代全面来临时，这些占比很大的高净值老年人的健康管理又会打开怎么样的未知空间，不由让人期待。

在漫漫投资路上，我们会遇到与上面类同的、非常多的“为什么”。同样地，我们也会找到很多“为什么”的答案，哪怕答案仅是部分或是阶段性的。而无论是今日我们得以窥视答案的一种可能，或是他日我们一定会遇到更好的答案，都不可能只得益于我们单打独斗般的冥思苦想。这些答案是这个“知识交换”的时代对我们最大的馈赠。

喜马拉雅资本创始人李录先生在其《文明、现代化、价值投资与中国》一书中提到，我们的社会财富之所以能以让人瞠目结舌的“指数化爆炸”增长，源于知识交换的力量。

按传统经济学的观点，只要 A、B 双方有“比较优势”，A 和 B 就应该专注于生产各自能生产的最好的产品，然后进行交换，从而使 A、B 的网络产生 1 + 1 > 2 的效果。幸运的是，我们今日之财富的驱动力量，更多源于知识。A、B 在知识交换过程中非但不会因交换而“交出知识”，还可以在保留自身知识的基础上，凭空多了一份知识。这种可怕的交换方式，使社会迸发出远超过工业革命期间的财富创造力，推动我们的文明以指数级速度发展。

我们有幸生活在知识交换的时代，我们更有幸生活在价值投资的时代，能以前人未有之方式，进行认知的变现。最为有幸的是，我们能在此相遇，互相勉励，共同享受这时代赋予的一切。

这让老东想起奥地利诗人里尔克的《预感》，诗中写道：

我像一面旗帜被空旷包围，我感到阵阵来风，我必须承受，我认出风暴而激动如大海，我挣脱自身，孑然独立于伟大的风暴中！

东先生

2021 年于深圳